INVENTAIRE
F 40.[illegible]

AF603519

DES CHÈQUES

COMMENTAIRE

THÉORIQUE ET PRATIQUE

DE LA LOI DU 23 MAI 1865

CONCERNANT LES CHÈQUES

PAR

LOUIS NOUGUIER,

Avocat à la Cour impériale de Paris,

Auteur des *Traités de la Lettre de change, des Tribunaux de commerce*, etc.,

Avec la collaboration de **PAUL ESPINAS**, Avocat.

PARIS

IMPRIMERIE ET LIBRAIRIE GÉNÉRALE DE JURISPRUDENCE.

COSSE MARCHAL et Cie, IMPRIMEURS-ÉDITEURS,

LIBRAIRES DE LA COUR DE CASSATION,

Place Dauphine, 27.

1865

COMMENTAIRE

THÉORIQUE ET PRATIQUE

DE LA

LOI DU 23 MAI 1865

CONCERNANT LES CHÈQUES

(Promulguée le 14 juin 1865).

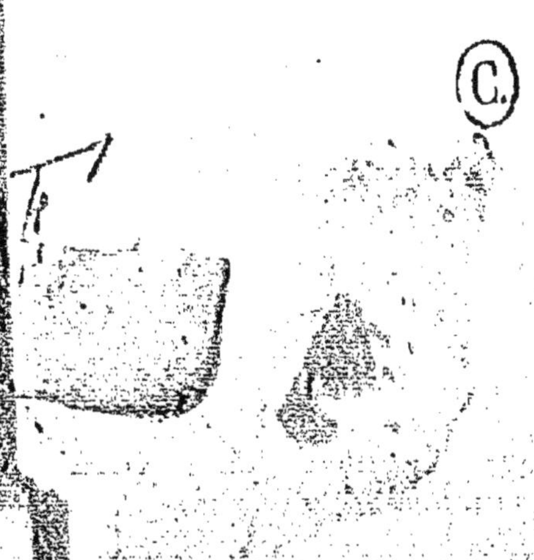

IMPRIMERIE DE COSSE ET J. [illegible]MAINE, RUE CHRISTINE, 2.

DES CHÈQUES

COMMENTAIRE

THÉORIQUE ET PRATIQUE

DE LA

LOI DU 23 MAI 1865

CONCERNANT LES CHÈQUES

PAR

LOUIS NOUGUIER,

Avocat à la Cour impériale de Paris,

Auteur des *Traités de la Lettre de change*, des *Tribunaux de commerce*, etc.,

Avec la collaboration de **PAUL ESPINAS**, avocat.

PARIS

IMPRIMERIE ET LIBRAIRIE GÉNÉRALE DE JURISPRUDENCE

COSSE MARCHAL ET Cie, IMPRIMEURS-ÉDITEURS,

LIBRAIRES DE LA COUR DE CASSATION,

Place Dauphine, 27.

1865

PRÉFACE.

La lettre de change et le chèque sont deux actes parfaitement distincts ; mais ils ont tant de points de contact que, comme pour le billet à ordre, la loi du chèque pourrait être un simple chapitre de la législation qui régit la lettre de change. La forme matérielle est souvent identique ; — Les deux titres sont tirés sur un tiers auquel on donne le mandat ou l'ordre de payer une somme déterminée ; — Si les règles destinées à mettre le tiré en mesure de faire honneur à ce mandat, en déposant les fonds entre ses mains, varient en quelques détails, leur principe est le même ; — L'échéance à vue peut leur être commune ; — Tous deux emploient le même mode de transmissibilité, l'endossement ; — Le refus de paiement est constaté par le même acte, un protêt ; — Les voies de recours et la garantie solidaire de tous les signataires ne diffèrent pas ; — Ainsi, ces deux valeurs, procédant de la même source, ont un air de famille.

Ayant traité avec soin cette intéressante matière des effets de commerce, j'ai cru devoir examiner d'une manière approfondie la loi concernant les chèques. Aidé par un jeune confrère, M. Paul ESPINAS, qui a bien voulu m'accorder sa collaboration, je viens soumettre au public le résultat de nos travaux.

Dans une 1re partie, se trouve, article par article, le commentaire de la loi. — Une 2e partie contient les documents législatifs, qui offrent un véritable intérêt alors qu'il s'agit d'un sujet réglementé pour la première fois.

Depuis longtemps je m'occupais des chèques. Aussi, quoique cette étude suive presque immédiatement la promulgation de la loi, elle n'a point été faite à la légère : au contraire, elle a été sérieusement et consciencieusement méditée. Puisse-t-elle avoir quelque utilité !

Louis NOUGUIER.

Juin 1865.

PREMIÈRE PARTIE.

TEXTE

DE LA

LOI DU 23 MAI 1865

CONCERNANT LES CHÈQUES.

ART. 1er.

Le chèque est l'écrit qui, sous la forme d'un mandat de paiement, sert au tireur à effectuer le retrait, à son profit ou au profit d'un tiers, de tout ou partie des fonds portés au crédit de son compte et disponibles.

Il est signé par le tireur et porte la date du jour où il est tiré.

Il ne peut être tiré qu'à vue.

Il peut être souscrit au porteur, ou au profit d'une personne dénommée.

Il peut être souscrit à ordre et transmis même par voie d'endossement en blanc.

ART. 2.

Le chèque ne peut être tiré que sur un tiers ayant provision préalable.

ART. 3.

Le chèque peut être tiré d'un lieu sur un autre ou sur la même place.

ART. 4.

L'émission du chèque, même lorsqu'il est tiré d'un

*1

lieu sur un autre, ne constitue pas, *par sa nature*, un acte de commerce.

Toutefois, les dispositions du Code de commerce relatives à la garantie solidaire du tireur et des endosseurs au protêt et à l'exercice de l'action en garantie, en matière de lettres de change, sont applicables aux chèques.

ART. 5.

Le porteur d'un chèque doit en réclamer le paiement dans les cinq jours, y compris le jour de la date, si le chèque est tiré de la place sur laquelle il est payable, et dans le délai de huit jours, y compris le jour de la date, s'il est tiré d'un autre lieu.

Le porteur d'un chèque qui n'en réclame pas le paiement dans les délais ci-dessus, perd son recours contre les endosseurs ; il perd aussi son recours contre le tireur, si la provision a péri par le fait du tiré après lesdits délais.

ART. 6.

Le tireur qui émet un chèque sans date, ou qui le revêt d'une fausse date, est passible d'une amende égale à six pour cent de la somme pour laquelle le chèque est tiré.

L'émission d'un chèque sans provision préalable est passible de la même amende, sans préjudice de l'application des lois pénales, s'il y a lieu.

ART. 7.

Les chèques sont exempts de tout droit de timbre pendant dix ans à dater de la promulgation de la présente loi.

OBSERVATIONS GÉNÉRALES.

SOMMAIRE.

1. Nature primitive de la lettre de change. — Analogie avec le chèque.
2. Banques de dépôt.
3. Banques anglaises, dites *joint-stock-banks*. — *Check*.
4. Objet et importance des banques de dépôt.
5. Clearing-House. — Compensations ; leur chiffre.
6. Différence entre les compensations commerciales et les liquidations de bourse.
7. Nécessité d'imiter le système anglais. — Usages français.
8. Le chèque en Angleterre.
9. Le chèque en France ; son origine ; ses transformations successives.
10. Nature actuelle du chèque.
11. Différences principales entre le chèque et la lettre de change.
12. Différences avec la lettre de crédit.
13. Comment on doit considérer le chèque.
14. Citations empruntées aux documents législatifs.
15. Fonctionnement du chèque.
16. Point de départ de la loi nouvelle.
17. Sa pensée générale.
18. Son utilité.
19. Historique de la loi.

1. Que la lettre de change ait été engendrée par les besoins du commerce, ou que, — comme je l'ai soutenu (1), — elle ait eu les Juifs pour inventeurs, toujours est-il que, dans le principe, son unique but était celui-ci : retirer des mains des dépositaires ou débiteurs, par soi-même ou par un tiers,

---

(1) *Traité des lettres de change*, 2e édit., t. 1er, p. 36 à 51.

les fonds et valeurs dont on voulait opérer le recouvrement. —Ainsi firent les Juifs qui, bannis de France pendant les règnes de Philippe-Auguste, en 1181, et de Philippe le Long, en 1316, se réfugièrent en Lombardie ; de là, pressés de ravoir leur argent, confié aux mains de leurs amis, ils se servirent du ministère de voyageurs et pèlerins, auxquels ils remirent *des lettres en style concis et de peu de paroles.* — De même, les Florentins, chassés de leur pays par les Guelfes, se réfugièrent à Amsterdam et se servirent du contrat de change pour rentrer en possession de leur actif.

A l'origine, la lettre de change était donc, non pas un instrument de crédit, mais simplement une cédule de paiement, tirée d'un lieu et même d'un pays sur un autre.

A tout prendre, le chèque n'est pas autre chose.

2. Les versements opérés chez les banquiers, sans être présément un placement, peuvent cependant en affecter le caractère, lorsque le déposant consent à les frapper d'une sorte d'indisponibilité pendant un temps plus ou moins long. Il y a une corrélation nécessaire entre ces deux termes, la disponibilité et le taux de l'intérêt ; aussi le déposant qui renonce à réclamer ses fonds avant un an, perçoit, sous forme d'intérêts, un revenu plus élevé que celui qui n'abdique son droit de réclamation que durant six mois ; et ce dernier, lui-même, est plus favorisé que cet autre particulier qui dépose ses capitaux sous la condition de les reprendre au bout de quelques jours. — C'est en partant de cette idée si simple que le Trésor français établit une échelle progressive pour l'intérêt que rapportent ses bons.

3. Quoi qu'il en soit, depuis plus d'un siècle, les banques établies en Écosse étaient en usage de recevoir, moyennant un faible intérêt, toutes les petites sommes dont les particuliers n'avaient pas l'emploi et que ceux-ci se réservaient de reprendre quand ils le voudraient. En agissant ainsi, elles rendaient productifs des capitaux qui, sans cela, auraient été en

quelque sorte immobilisés, au grand détriment de la circulation et du crédit.

Plus tard, comme l'a dit M. Darimon, les banques, connues au delà du détroit sous le nom de *joint-stock-banks*, en s'emparant de cette idée, y ajoutèrent un avantage de plus : non-seulement les déposants continuèrent à toucher un intérêt pour toutes les sommes, petites ou grandes, qu'ils confiaient à la banque, mais il leur fut loisible de retirer à leur volonté tout ou partie de ces sommes, ou bien de les transmettre à telle personne qu'ils indiqueraient.

Cette opération se fait au moyen d'une formule imprimée qu'on a appelée *check* et qui, généralement, affecte la forme d'un ordre de paiement. D'abord, elle était au porteur ; mais, depuis un certain nombre d'années, on l'a assimilée à la lettre de change payable à vue, et, comme telle, elle est devenue négociable par voie d'endossement.

Ainsi, le chèque est aussi ancien que l'habitude de confier des dépôts d'argent aux banques, dont il est l'auxiliaire naturel ; mais il n'a pris son développement que lorsque les banques de dépôt ont accordé à tous les négociants la faveur de leurs comptes courants qui, d'abord, avait été réservée aux seuls banquiers (Discussion de 1864).

4. Avant de caractériser la nature du check anglais, auquel nous avons donné le nom de *chèque*, précisons donc le rôle que jouent les banques de dépôt.

L'objet de ces banques est de grouper et de réunir les capitaux flottants qui, momentanément, sont sans emploi et les fonds de roulement que les particuliers gardent habituellement dans leurs tiroirs et dans leurs caisses. — Ces banques doivent rigoureusement s'abstenir de toute opération de spéculation et de bourse : comment pourraient-elles tenter les aventures hasardeuses, sans oublier qu'elles remplissent avant tout un service de caisse et qu'elles contractent envers leurs clients l'obligation de maintenir à leurs fonds la disponibilité la plus absolue ? — Comme cela est pratiqué par la Banque de France, elles ne font aucun crédit à leur client qui, s'il tirait un chèque pour une somme supérieure à celle de son solde disponible, verrait sa signature en souffrance.

Les fonds qu'elles recueillent à l'aide des dépôts sont par elles employés à l'escompte des valeurs de premier choix, revêtues de plusieurs signatures et payables dans un court délai. — Et la différence entre le taux de l'intérêt servi aux déposants et celui qu'elles perçoivent par la voie de l'escompte, constitue, au profit de ces compagnies, les bénéfices qui paraissent s'élever à des sommes considérables. Comment en serait-il autrement ? M. Wolowski évalue à un milliard sept cent millions, au moins, la masse des capitaux réunis au moyen des dépôts effectués pour la seule ville de Londres !

8. Maintenant, et pour bien comprendre l'utilité des banques de dépôt, dont le fonctionnement se lie intimement à l'emploi des chèques, il faut mettre en relief une de leurs pratiques.

Dans les transactions de son commerce intérieur, l'Angleterre économise de plus en plus le numéraire : on y est arrivé à ce point que les Anglais font quatre ou cinq fois plus d'opérations que nous, avec une moindre quantité d'espèces métalliques. Là où ils n'ont besoin que d'un schelling, c'est-à-dire de 1 fr. 25 c., nous, nous en sommes réduits à employer 20 francs. Cela s'explique. A l'aide d'opérations *de compensations* dont nous allons exposer le mécanisme, certaines maisons de banque, sans avoir recours à la monnaie métallique ou fiduciaire, payent ou reçoivent des sommes énormes. — Il existe à Londres une sorte d'association qui a nom *Clearing-House*. Les banquiers sur lesquels on tirait des chèques se sont concertés et ont dû se dire : nous faisons des opérations compliquées, mal définies, qui entraînent une perte de temps et un déplacement d'argent : ne serait-il pas plus avantageux que ceux qui accomplissent le plus grand nombre de ces opérations, convinssent de se réunir tous les jours, à une heure déterminée, et de régler immédiatement leurs comptes, séance tenante? — (M. Rouher, séance du 23 mai 1865).—Cet appel fut entendu et le *Clearing-House* fut fondé. C'est tout simplement une immense salle dans laquelle des banquiers de Londres affiliés, et qui sont, en ce moment, au nombre de trente-deux, envoient leurs clercs ou commis ; chacun de ces commis a son pupitre, et, à mesure que les chèques sont présentés, les comptes se règlent par une véritable compensation. Si celui-ci, auquel il est dû 100 livres sterling, en doit autant à celui-là, ils échangent leurs chèques, qui se trouvent ainsi immédiatement soldés par une simple passation d'écritures.

L'origine du Clearing-House remonte à 1780.—Cette institution a été fondée par les banquiers de Londres à Lombard Street. — Cette chambre des compensations opère, non-seulement sur les chèques, mais encore sur tous les effets, quelle que soit leur nature, qui proviennent de leurs clients. — De même, toutes les valeurs que ces banquiers possèdent sur leurs confrères, peuvent ainsi être échangées chaque jour, en quelques heures. — C'est ainsi que, en Angleterre, la circulation monétaire est relativement très-faible.

Ces opérations sont si colossales, que les sommes compensées par les commis des trente-deux maisons de banque qui y sont admises, s'élèvent, chaque année, à environ 48 milliards de francs : l'année dernière, elles ont atteint 50 milliards.

Un document, publié en juillet 1863, fait connaître que les joint-stock banks avaient reçu en dépôts et en comptes courants la somme énorme de 1 milliard 899 millions.

Les paiements effectués par le seul comptoir de Londres au moyen de chèques et sans l'intermédiaire d'un seul écu s'élèvent à 30 milliards.

Aussi, bien que le capital métallique de l'Angleterre ne

dépasse pas beaucoup 1 milliard, l'Angleterre fait une somme d'affaires évaluée de 75 à 80 milliards de francs.

La France, avec un capital de 4 à 6 milliards, fait à peine pour 40 milliards d'affaires.

6. Du reste, il faut bien se garder de confondre les opérations du Clearing-House avec les liquidations qui suivent les spéculations de Bourse : ce sont choses distinctes. Tandis que les compensations du Clearing-House sont le résultat des entreprises industrielles et commerciales, reposant toujours sur des affaires sérieuses, les liquidations des spéculations de Bourse, qui peuvent avoir un caractère ferme, ont le plus souvent pour origine l'aléa du jeu.

7. C'est par ces moyens ingénieux, qui démontrent la toute-puissance du crédit, que les Anglais peuvent réaliser ces vastes entreprises qui les placent à la tête du commerce du monde entier. Si nous voulons lutter pacifiquement avec eux, nous devons les suivre dans cette voie : là est, avec le progrès, le gage du succès.

Disons que nous semblons le comprendre :

Notre Banque de France a des pratiques qui, quoique à un moindre degré, réalisent une partie de ces avantages. Elle délivre à ses clients des mandats rouges et des mandats blancs. Les *mandats rouges* servent à opérer le virement d'un compte à un autre. C'est en quelque sorte, mais en petit, la compensation du Clearing-House.—Les *mandats blancs* sont employés au retrait des fonds déposés en compte courant. — S'ils ne sont pas le chèque, ils en sont l'équivalent.

Nos simples banquiers délivrent aussi à leurs correspondants des bons de caisse.—Ces bons sont aussi des chèques à l'état embryonnaire.

Il en est de même des reçus ou récépissés servant à certifier les dépôts et contenant obligation de les restituer à première réquisition.

Le Crédit foncier, le Comptoir d'escompte, le Crédit industriel, le Crédit mobilier, la Société générale, le Comptoir Donon, remettent également à leurs correspondants des carnets de reçus qui sont de véritables chèques, et font rapidement et à merveille l'office du check anglais.

Déjà, s'il faut en croire M. Rouher (séance du 23 mai 1865), indépendamment des récépissés souscrits par les maisons de banque ordinaires et des bons de la Banque de France, les maisons spéciales organisées pour agir sur les dépôts, font des émissions de chèques qui s'élèvent annuellement à 120 millions. — Quant au Crédit foncier et au Crédit agricole, qui, on le sait, opèrent sous les auspices du même conseil d'administration et sous le même toit, ils ont satisfait, depuis quinze mois, par le même procédé à un mouvement de va-et-vient de dépôts qui ne s'est pas élevé à moins de 303 millions. A l'heure où nous écrivons ces lignes, le solde disponible de leurs dépôts en compte courant est de 93 millions. C'est M. de Germiny qui nous l'apprend.

8. Ces préliminaires posés, relevons, d'après la discussion du Corps législatif, les usages suivis en Angleterre à l'égard des chèques, usages qui constituent une sorte de jurisprudence dont les tribunaux s'écartent rarement.

En Angleterre, il y a deux sortes de lettres de change : la lettre de change pour l'intérieur (*Inland Bill*) et la lettre de change pour l'étranger (*Foreign Bill*). — Le chèque étant, dans son contexte, un ordre donné à un banquier de payer au porteur une somme d'argent, peut, jusqu'à un certain point, être assimilé à la lettre de change pour l'intérieur. Depuis qu'un acte du parlement, en date du 24 mai 1858, a soumis à un droit fixe de timbre d'un penny toute traite ou ordre sur un banquier pour le paiement d'une somme d'argent, on a même considéré comme n'existant plus légalement les distinctions qui pouvaient séparer le chèque des lettres de change payables à vue. Toutefois, et en suivant les usages, on tient pour constant que le chèque est un titre essentiellement distinct de la lettre de change pour l'intérieur.

Le chèque, pour un Anglais, c'est de l'argent; et comme tout retard apporté dans l'encaissement peut non-seulement amener un risque de non-paiement, mais causer une perte d'intérêt, il se hâte de remettre les chèques qu'il reçoit à son banquier, qui en opère le recouvrement et qui en inscrit le montant à son crédit. (*Rapport de* M. DARIMON.)

Un usage très-répandu en Angleterre, et qui a contribué au développement du chèque, consiste à prendre domicile chez les banquiers pour les billets de commerce que l'on souscrit. De cette façon, le banquier se charge de payer tous les effets échus, sans qu'on ait à se préoccuper d'autre chose que tenir son compte courant à un chiffre suffisant pour faire face à ses besoins.

Pendant cinquante ans, le chèque a été, en Angleterre, affranchi de tout droit fiscal; aussi son emploi s'est graduellement développé et est devenu d'un usage général.

Le législateur anglais a suivi le développement du chèque avec une très-grande sollicitude. Douze bills ont été votés successivement par le parlement pour régler graduellement tous les cas, toutes les hypothèses, toutes les solidarités qui pouvaient naître de l'émission d'un chèque. (M. ROUHER, *séance du* 23 *mai* 1865.)

9. Et maintenant, voyons quelles sont, en France, et l'origine, et la nature et le but du chèque.

Ce titre que, par un emprunt à la langue anglaise, nous appelons chèque, n'est pas, en France, une création absolument nouvelle, au moins quant à son essence.

Par le raisonnement et par l'étude de certains faits, il est facile de suivre les transformations successives par lesquelles il a dû passer pour arriver à être ce qu'il est aujourd'hui.

Dès que les banques se sont fondées chez nous, il y a environ trois ou quatre cents ans, ces établissements ont nécessairement reçu en dépôt des sommes d'argent qu'ils devaient rendre dès que les déposants éprouveraient le besoin de les retirer. Elles donnaient un récépissé constatant le versement et qui, par lui-même, emportait l'obligation de la restitution. C'était là un des éléments que nous allons retrouver dans le chèque.

Puis l'opération des dépôts se généralisant, les banquiers ont eu des comptes courants, soit dans les villes où ils demeurent, soit dans les villes voisines : nécessairement encore, ils ont dit à leurs correspondants : vous avez chez moi des fonds disponibles, ou un crédit ouvert ; quand il vous plaira, vous passerez à ma caisse et, sur votre reçu, je vous verserai les fonds qui vous appartiennent ou ceux qui vous sont affectés dans la limite du crédit que je vous ai concédé. Certes, ces reçus de caisse n'étaient pas encore le chèque, mais ils en contenaient le germe.

Plus tard, il est arrivé que les correspondants du banquier, ne pouvant ou ne voulant se déranger de leur personne, tiraient une cédule de paiement sur le dépositaire et envoyaient, pour la toucher, un de leurs commis, un de leurs ouvriers ou toute autre personne. Là, il y avait une première transformation des reçus de caisse, et presque le chèque à l'état rudimentaire.

Après cela, ce qui n'était qu'un accident est devenu la règle. Ces mandats de paiement, sur des dépositaires de fonds disponibles, au lieu d'être faits par un individu et pour lui seul, ont été convertis en titres au porteur, ou, tout au moins, en titres négociables ; ainsi la somme déposée a été mobilisée, par la facilité de la transmettre et de la céder en paiement selon les exigences des affaires. C'était plus que le chèque à l'état rudimentaire.

Enfin, le chèque est devenu parfait. Non-seulement la cédule de paiement a été transmissible de main en main, mais encore, payable à vue ; elle est devenue une véritable monnale. L'argent était là, le titre en était le signe représentatif : c'était comme un billet de banque dont on fait du numéraire quand on veut en réclamer le remboursement.

10. Le chèque, tel que le fait la loi, est donc un progrès évident sur tous ces actes anciens que nous venons d'analyser.

Ainsi, sans formalités gênantes :

Il contient un certificat constatant qu'une somme d'argent existe chez un dépositaire et qu'elle est disponible ; comme le veut le droit commun, il prouve donc par écrit le contrat de dépôt ;

Il énonce l'ordre donné au dépositaire de restituer la somme disponible ; et, par là, il vaut mise en demeure qui, s'il n'y est fait droit, constitue le dépositaire infidèle en état de délit ;

Il délègue le pouvoir de toucher et d'en signer décharge ; et, par là, il est un mode d'extinction des obligations ;

Il concède ce pouvoir, ou à un individu dénommé, ou à toute autre personne substituée à ses droits par un endossement, ou même à tout porteur non désigné ; et, par là, il réalise le contrat de mandat le plus étendu, avec faculté de substitution ;

Il doit être payé à vue ; et, par là, il devient une sorte de monnaie ;

Il peut se réaliser au lieu même où il a été créé, ou bien sur une autre place ; et, par là, il peut mettre en mouvement le contrat de change.

11. Nous venons de dire que le chèque peut mettre en action le contrat de change : il faut, à ce sujet, faire une réflexion importante.

Même quand le chèque renferme la remise de place en place et réalise ainsi le contrat de change, il faut bien se garder de le confondre avec la lettre de change qui est l'instrument de ce contrat. On peut indiquer de nombreuses et capitales différences qui font du chèque et de la lettre de change deux titres essentiellement distincts. Par exemple :

La lettre de change peut être tirée payable à date fixe, ou à tant de mois, d'usances ou de jours de vue; elle peut être soumise à l'acceptation du tiré, qui, sous peine de protêt déshonorant la signature du tireur, doit accepter, s'il a les mains garnies; le tireur peut attendre jusqu'au jour de l'échéance pour remettre la provision au tiré; cette provision peut consister non pas seulement en une dette du tiré, mais en valeurs ou marchandises qui ne sont pas de l'argent.

Dans le chèque, au contraire, il n'y a pas d'autre échéance que celle-ci : il doit être payé à présentation. — Par cela même, on n'a pas à réclamer l'acceptation du tiré qui, lorsqu'on le lui présente, n'a qu'une chose à faire : l'acquitter. — Ce n'est pas au moment de l'échéance que la provision doit être fournie, elle doit précéder la création du titre. — Et puisqu'il est un simple mode de restitution, il faut que cette provision liquide et exigible soit disponible, comme l'est un dépôt entre les mains de celui qui doit payer.

On pourrait multiplier ces exemples, on le verra quand nous commenterons l'article 1er de la loi; mais ceux-là suffisent, quant à présent, pour signaler la nature particulière du chèque.

12. De même, des dissemblances substantielles, que tout le monde comprend, séparent le chèque et la lettre de crédit. La lettre de crédit, indépendamment de ce qu'elle n'est pas rigoureusement exécutoire à présentation, ne peut circuler de main en main et n'a de valeur que pour celui-là seul qui l'a obtenue.

13. Comme l'a dit M. Emile Ollivier (séance du 5 mai 1865), il faut, avec les jurisconsultes romains, considérer le chèque comme une sorte de tradition *brevi manu*; comme un mode de virement, institué non pour créer une valeur qui n'existe pas, non pour donner un crédit qu'on n'a pas, non pour frapper monnaie, mais uniquement pour faire profiter le public et les particuliers de l'économie qui résulte de la dispense qu'on leur accorde d'un déplacement inutile d'espèces.

14. Dans une matière qui entre pour la première fois dans le domaine de la loi, il ne faut pas craindre de tomber dans quelques répétitions : ce qu'il importe, c'est de bien mettre en lumière la pensée du législateur. — Citons donc ici quelques fragments du rapport et de la discussion qui ont eu lieu à la Chambre des députés.

La mise en valeur de capitaux jusque-là improductifs, l'usage du numéraire réduit aux paiements de peu d'importance, une grande économie de temps et d'écritures, tels sont les avantages que nos voisins ont retirés de l'emploi du chèque.

Le chèque peut être un moyen de faire passer une somme du compte d'un particulier au compte d'un autre particulier.

Le chèque n'est qu'un moyen commode de liquidation et de paiement ; on ne doit pas l'élever aux honneurs de la circulation et en faire une sorte de suppléant du billet de banque.

Le chèque est de l'argent ; c'est l'ordre donné à un banquier de payer à un particulier une somme d'argent qui existe constamment à la disposition du déposant. A cause de cela il est destiné par sa nature et son usage à être payé à l'instant, le jour même (Rapport de M. Darimon).

Le but principal qu'on s'est proposé a été d'obtenir, au moyen de ce papier, une disponibilité plus grande de numéraire, pour qu'il puisse se consacrer plus spécialement à vérifier le commerce et l'industrie (M. Segris, séance du 5 mai 1865).

15 Enfin, dans la discussion de 1865, M. Darimon a fait connaître avec une grande netteté le mode de fonctionnement des chèques ; il a dit :

« Rendons-nous bien compte du rôle que le chèque est appelé à remplir.

« Un particulier remet à une banque de dépôt tous les capitaux qui attendent un placement et toutes les sommes d'argent qui servent à ses besoins journaliers. La banque de dépôt lui ouvre un compte courant jusqu'à due concurrence des sommes qui lui ont été confiées, et tant qu'il les laisse en dépôt, elle lui bonifie un intérêt plus ou moins élevé.

« Le déposant reçoit deux carnets l'un : appelée carnet de compte, l'autre carnet de chèque ou chéquier.

« Le carnet de compte est destiné à constater jour par jour, opération par opération, le mouvement du débit et du crédit du compte-courant.

« Le carnet de chèque ou *chéquier* se compose de feuillets divisibles en deux fractions : l'une destinée à être détachée et mise en circulation, l'autre qui doit être attachée au carnet pour former souche. C'est la fraction détachée qu'on appelle chèque.

« Le déposant a-t-il un paiement à faire, il détache un feuillet du chéquier, il y inscrit la somme dont la banque aura à débiter son compte, et il remet son feuillet ou chèque à son créancier, qui va le toucher à la banque de dépôt. Celle-ci remplit donc le rôle de caissier pour le compte des particuliers qui lui confient leurs capitaux, et le chèque est ainsi une valeur fiduciaire que chacun se crée à soi-même. »

16. Après avoir parlé de la matière objet de la loi, quelques mots sur la loi elle-même.

Le point de départ de la loi, qui avait été d'abord insérée dans la loi de finances, dans le budget, est une question fiscale.

Ainsi, M. Rouher disait : « Il y a un impôt, — celui sur les effets de commerce, — qui produit dix millions au Trésor ; nous voulons faciliter l'émission des chèques, mais nous ne voulons pas compromettre cette perception. Dans quelle mesure le titre nouveau se substituera-t-il aux anciens? ... Les lettres de change *à vue* seront remplacées dans la circulation par les chèques. Ces lettres de change rapportent au Trésor 100 à 200,000 francs, il les perdra. » — (Séance du 23 mai 1865.)

La préoccupation de sauvegarder les intérêts du fisc se reproduit donc dans la plupart des articles de la loi et y tient une grande place.

17. Le projet de la loi se compose de deux ordres de dispositions ; les unes ayant pour objet d'attribuer littéralement aux chèques les avantages nécessaires pour favoriser et développer l'habitude des dépôts en comptes courants ; les autres, destinées à définir et à délimiter les chèques d'une façon assez précise pour qu'aucune autre nature de papier ou de circulation ne pût aisément se confondre avec lui et en usurper les priviléges. — (Exposé des motifs.)

18. Quoi qu'il en soit, la loi est éminemment utile. Il est vrai, M. Berryer a dit :

« Vous voulez introduire en France un usage qui n'existe pas. Je crois que la loi crée peu d'usages ; la loi, elle, règle quand des faits sont entrés dans les habitudes d'un pays ; alors la loi peut réglementer ces faits, et elle les réglemente utilement. Mais croire que vous donnerez des habitudes par des dispositions qui introduisent un système tout nouveau dans les relations commerciales, je ne le pense pas. Je crois qu'il en est, en matière de faits, d'actes et de règlements des actes de la vie, comme en matière de mœurs, les lois sont parfaitement inutiles sans les mœurs. » (Séance du 23 mai 1865.)

Mais M. Emile Ollivier a répondu avec raison : « La loi sur les chèques n'est pas superflue ; si vous ne la faisiez pas, quelle ne serait pas la multitude de procès, de contestations de tous genres auxquels donnerait lieu la divulgation des chèques ! La loi actuelle rendra inutiles des centaines d'arrêts et préviendra les dépenses de temps et d'argent qu'entraîneraient tant de procès. » (Séance du 23 mai 1865.)

19. Voici par quelles épreuves législatives a passé la loi nouvelle.

Ce n'est pas dans une loi spéciale que, à l'origine, devaient se produire les règles applicables aux chèques. Le Gouvernement s'était principalement préoccupé de la partie fiscale ; il avait agi pour les chèques comme il avait fait, en 1816, pour la transmission des offices. Dans le projet de budget de 1865, présenté au Corps législatif en 1864, il avait à insérer trois articles qui devaient devenir la seule législation de la matière et se trouver englobés dans la loi générale des finances. Ce mode a soulevé des réclamations, et, d'un commun accord entre le Gouvernement et la commission du Corps législatif, la question a été renvoyée à l'étude d'une commission spéciale.

Cette commission était composée de :

MM. ROUHER, ministre d'État, président ;
DUC DE MORNY, président du Corps législatif ;
Comte de GERMINY, sénateur ;
VUITRY, alors vice-président du Conseil d'État, gouverneur de la Banque de France ;
GOUIN, OLLIVIER, DARIMON, MATHIEU, députés ;
DE LAVENAY, conseiller d'État ;
DENIÈRE, président du tribunal de commerce de la Seine ;
BOSREDON, maître des requêtes au Conseil d'État, secrétaire-rapporteur ;
DE FELIGONDE, auditeur au Conseil d'État, secrétaire adjoint ;
CHAUVY, attaché au ministère d'État, secrétaire adjoint.

Afin de s'entourer des enseignements de la pratique, cette commission a procédé à une sorte d'enquête officieuse ; elle a entendu les chefs et les représentants des principales institutions de crédit de Paris et de Lyon, ainsi que le directeur général de l'enregistrement et des domaines ; puis, ainsi édifiée, elle a adressé son rapport au ministre.

Le projet de loi a été délibéré par le Conseil d'État dans ses séances des 3 et 4 novembre 1864. Il a été envoyé au Corps législatif, le 16 février 1865, avec un exposé de motifs rédigé par M. de Lavernay.

Les membres de la commission nommée par le Corps législatif étaient :

MM. Seydoux, président ;
Maurice Richard, secrétaire ;
Darimon, rapporteur ;
Pouyer-Quertier fils ;
Magnin ;
Douesnel ;
Martel ;
Gros ;
De Montagnac.

Le rapport de M. Darimon a été annexé à la séance du 26 avril 1865. Après une discussion, qui a eu lieu dans les séances des 5 et 6 mai 1865, les articles 4 à 6 ont été renvoyés à un nouvel examen de la commission. Un rapport supplémentaire a été déposé par M. Darimon le 20 mai, et la loi a été adoptée dans son ensemble dans la séance du 23 du même mois de mai.

COMMENTAIRE.

Art. 1er.

Le chèque est l'écrit qui, sous la forme d'un mandat de paiement, sert à effectuer le retrait, à son profit ou au profit d'un tiers, de tout ou partie de fonds portés au crédit de son compte et disponibles.

Il est signé par le tireur et porte la date du jour où il est tiré.

Il ne peut être tiré qu'à vue.

Il peut être souscrit au porteur, ou au profit d'une personne dénommée.

Il peut être souscrit à ordre et transmis même par voie d'endossement en blanc.

SOMMAIRE.

20. Différences entre le chèque et la lettre de change; valeur fournie.
21. Divers exemplaires.
22. Suppositions.
23. Capacité pour créer un chèque; femme mariée, mineurs, faillis.
24. Décomposition des paragraphes de l'art. 1er.

20. Certaines observations, non sur ce qui est dans cet article, mais sur ce qui ne s'y trouve pas, ont pour but d'accentuer les différences qui séparent le chèque de la lettre de change.

L'article 110 du Code de commerce veut que la lettre de change énonce la valeur fournie en espèces, en marchandises ou de toute autre manière. — S'il faut en croire le rapport de M. Darimon, des doutes se sont élevés dans beaucoup d'esprits sur l'utilité de la mention de la valeur fournie, en ce qui concerne la lettre de change. L'indication de cette valeur n'aurait d'autre but que de constater le caractère commercial de l'opération.

Ces doutes, s'ils existent, prouvent que tout le monde ne sait pas exactement ce qu'est la lettre de change, selon notre droit actuel, et le rôle indispensable qu'y joue la valeur fournie. Qu'est-ce que la lettre de change ? c'est l'instrument qui met en mouvement le contrat, contenant des conventions complexes, que l'on appelle le contrat de change. Quand ce contrat existe-t-il ? Quand il y a change, c'est-à-dire remise d'argent d'un lieu sur un autre. Je verse à un individu de l'argent à Paris et cet individu prend l'obligation de me le faire rendre à Lyon ; pour cela, il tire une lettre en style concis sur son correspondant de Lyon et fait ainsi, fictivement, parvenir l'argent d'un lieu dans un autre. Au moment où je contracte, supprimez mon obligation de fournir la valeur à Paris et, du même coup, vous supprimez et la cause du contrat et la remise d'un lieu sur un autre ; puis, supprimez dans la lettre la mention du fournissement de cette valeur, et, alors, vous supprimez dans le titre l'énonciation de sa cause. On pourra bien admettre qu'un individu peut, même sans avoir reçu la valeur, tirer de Paris sur son correspondant de Lyon, mais alors il y aura cédule de paiement, délégation de créance, mais nullement contrat de change. En effet, point de valeur fournie, point de cause dans le contrat, et, par suite, point de lettre de change.

Dans le chèque, on n'exige pas le versement préalable, au tireur, de la valeur du titre, et l'on a raison ; même lorsqu'il est payable en une autre place que celle d'où il est tiré, le chèque n'est point un instrument forcé du contrat de change; simple mandat de paiement, lui, il peut avoir été créé ou pour un prêt, ou pour un acte de libéralité, ou pour tout autre motif étranger au transport fictif de l'argent, et il ne repose pas virtuellement sur une cause empreinte d'un caractère commercial. Dès lors, et tandis que, sans cause contractuelle, on ne peut créer une véritable lettre de change, on peut, avec une parfaite régularité, donner naissance à un chèque qui ne la renferme ni ne l'exprime.

La valeur fournie, substantielle là, est ici sans intérêt sérieux.

21. De même, dans les lettres de change, on admet l'usage de créer plusieurs exemplaires. La nécessité de requérir l'acceptation du tiré, nécessité qui se manifeste dans plusieurs circonstances, a fait établir cette règle. — Comme le chèque ne comporte pas cette acceptation, puisqu'il est toujours payable à vue, on ne pourrait tirer plusieurs exemplaires d'un même chèque.

22. De même, et par des raisons qu'il est inutile de développer, les dispositions de l'article 112 du Code de commerce relatives aux suppositions qui peuvent exister dans les lettres de change, sont inapplicables au chèque.

A l'égard de ce dernier titre, les parties restent placées sous l'empire du droit commun qui détermine les conditions de validité des contrats.

23. Toute personne capable de contracter et *usante de ses droits*, comme on disait autrefois, pourra faire un chèque.

La femme mariée, qui ne tiendrait pas de son contrat de mariage, ou d'un jugement, le droit de toucher ses capitaux, ne serait pas admise à tirer un chèque, sans le concours de son mari. — Marchande publique, et habilitée ainsi à faire des actes de commerce, ce qui emporte capacité de payer et de recevoir, elle le pourrait.

On refusera cette faculté au mineur non commerçant ou non-émancipé.

De même, le failli, qui est dessaisi de l'administration de son actif, se la verra justement refuser.

24. Maintenant, recomposons notre article.

Le paragraphe 1er définit le chèque ;

Le paragraphe 2e indique les conditions de sa forme matérielle ;

Le paragraphe 3e énonce à quelle échéance il est payable ;

Le paragraphe 4e dit quel peut en être le bénéficiaire ;

Enfin, le paragraphe 5e et dernier détermine comment il peut être cédé.

Examinons successivement chacune de ces énonciations légales.

§ 1er.

Définition du chèque.

SOMMAIRE.

25. Texte du § 1er.
26. Le chèque est un écrit.
27. Sous la forme d'un mandat de payement : le récépissé n'a pas cette forme.
28. Le récépissé reste valable, mais n'est point un chèque.
29. Différence entre le chèque et le mandat, effet de commerce.
30. Le chèque sert à effectuer le retrait.
31. Le chèque vaut plus, il sert aussi à payer.
32. Comment, en Angleterre, on paye un effet de commerce avec un chèque.
33. A son profit ou au profit d'un tiers.
34. De tout ou partie.
35. Comment on énonce la somme à payer.
36. Fonds portés au crédit de son compte et disponibles. — Observation grammaticale.
37. Ce qu'on entend par compte et fonds disponibles.
38. Même sujet ; compte, commerçant, particulier.
39. Même sujet ; convention préalable.
40. Un tiers peut fournir la provision pour le tireur.

25. L'article 1er définit le chèque : « Le chèque est l'écrit « qui, sous la forme d'un mandat de paiement, sert à effec-

« tuer le retrait, à son profit ou au profit d'un tiers, de tout « ou partie de fonds portés au crédit de son compte et dispo« nibles. »

26. Cette disposition est l'application des règles du droit commun qui, dans l'article 1923 du Code Napoléon, dit que le dépôt volontaire doit être prouvé par écrit.

Et, d'ailleurs, cela va de soi : le chèque n'est pas seulement destiné à constater l'existence du dépôt ; il renferme, en outre, l'ordre du créancier de le payer et, d'une manière sous-entendue, l'obligation par le débiteur de l'acquitter. Comment un pareil ordre et une telle obligation, qui vont étendre leurs effets en dehors des deux contractants originaires, pourraient-ils être purement verbaux ?

27. Dans son projet de loi, le Gouvernement avait admis, d'accord en cela avec les usages du moment, que le chèque pouvait affecter la forme d'un simple récépissé.

Trois raisons devaient déterminer le législateur à repousser cette proposition et à cantonner le chèque, proprement dit, dans la forme d'un mandat de paiement.

La première raison est tirée des dangers qui pourraient résulter pour le public et pour le banquier dépositaire de l'adoption d'un simple récépissé. Dans un reçu, le tiers porteur n'est ni dénommé ni mentionné. Que le titre soit perdu et tombe entre les mains d'une personne de mauvaise foi, dont il est difficile de suivre la trace, le banquier est exposé à payer deux fois, ou le propriétaire réel est menacé de perdre sa créance. Des procès peuvent éclater, au grand préjudice soit du déposant, soit du dépositaire, soit du tiers auquel le chèque a été remis ; et, dans tous les cas, il y a un intérêt compromis. Dans le mandat de paiement, au contraire, le titre peut être nominatif, et, s'il est au porteur, le tireur créancier, comme le tiré débiteur, ont pour garantie, d'abord la personne dénommée en qualité de bénéficiaire, ensuite l'obligation imposée au tiers porteur de justifier de son identité et d'apposer sa signature au moment de l'acquit.

D'ailleurs, et c'est la seconde raison, celui qui recevrait en paiement un chèque libellé comme un simple reçu, pourrait difficilement le transmettre à un tiers, qui, ne connaissant pas le souscripteur et ne pouvant exiger la signature de son cédant avec lequel il contracte, n'aurait pas de suffisantes garanties et, partant, manquerait de confiance. Or, comme l'a dit M. OLLIVIER : « L'idéal, en matière de chèques, c'est que le chèque ne soit que le plus rarement possible touché par celui qui en est porteur. C'est une différence entre le récépissé et le chèque. Le récépissé m'est délivré pour que j'aille le toucher et mettre dans ma poche l'argent qu'il représente ; le chèque m'est délivré pour que je l'envoie à un banquier qui le porte à mon compte, comme il y portera ceux que je délivrerai moi-même ; de façon qu'il opère une compensation sur moi-même, puis, qu'il étende ses compensations à ses divers clients, puis aux maisons de banque de dépôt. Par suite de cette série d'opérations de pure comptabilité, sans qu'un centime ait été déplacé, on arrive à liquider d'immenses opérations et à épargner au commerçant et au pays tout entier le déplacement des espèces et la perte du temps. » (Séance du 23 mai 1865.)

Enfin, l'intérêt du Trésor, qui pouvait être frustré, est devenu pour le Gouvernement une raison péremptoire. Il a été exposé en ces termes, par M. FORCADE DE LA ROQUETTE, vice-président du Conseil d'Etat : « Le Gouvernement avait pensé qu'il fallait respecter le chèque sous la double forme de récépissé et de mandat qu'il revêt dans les usages actuels. On sait que la forme de récépissé donnée au chèque n'avait été employée par les maisons de banque que comme un moyen d'échapper à l'impôt du timbre qui eût pu être perçu si elles avaient donné au chèque la forme de mandat. Il a paru à la commission que la forme du récépissé était une forme imparfaite ; que, dans l'intérêt de la loi elle-même, il fallait que le chèque n'eût qu'une seule forme, c'est-à-dire sa forme naturelle de mandat de paiement. On a proposé alors au Gouvernement, qui a accepté, de faire disparaître la forme de récépissé comme une forme désormais inutile, du moment qu'il était bien entendu que le mandat de paiement ne donnerait lieu à aucun droit de timbre. » (Séance du 5 mai 1865.)

En conséquence, et par ces motifs, la loi a disposé que le chèque ne pourra plus être créé, en tant que chèque, que sous la forme d'un mandat de paiement.

28. Mais alors, qu'adviendra-t-il si, malgré cette prescription légale, un banquier, recevant des dépôts en compte courant, continue à délivrer à ses clients des récépissés? Le récépissé restera ce qu'il était avant la création des chèques : il sera, nul n'en doute, un contrat parfaitement valable ; mais il sera soumis à toutes les conséquences de sa forme particulière ; il ne sera pas un chèque, et il ne jouira pas des immunités qui y sont attachées.

A la différence du chèque, qui pourra librement et légalement circuler, qui sera pour tous les preneurs une monnaie de paiement, qui sera exempt des droits fiscaux, le récépissé ne se montrera pas publiquement, il marchera dans l'ombre ; il pourra bien passer d'une main connue en une main confiante, mais il exposera son détenteur à tous les risques ordinaires.

29. Le mandat de paiement, dont le chèque est l'instrument, est chose essentiellement distincte de ces effets de commerce que l'on appelle des *mandats*. Ce dernier titre est tout simplement une lettre de change que, par abus, certains commerçants supposent affranchie de la nécessité de l'acceptation. Entre ces deux valeurs, et sans relever la diversité de leurs caractères, il y a notamment une différence capitale : le mandat de paiement, réalisé par le chèque, doit toujours être précédé d'une provision en fonds disponibles ; pour lui, l'ordre de payer et la disponibilité de la provision existante, sont deux termes irritants et indivisibles ; l'effet de commerce appelé mandat peut, au contraire, être tiré sans qu'au préalable la provision ait été fournie.

Dans la pratique, la forme, l'époque de l'échéance, l'existence antérieure de la provision, et les autres stipulations accessoires, serviront à les reconnaître et à les distinguer.

Du reste, si l'effet de commerce auquel on donne le nom de mandat est, d'une part, tiré après le versement de la provision, et d'une provision disponible ; et si, d'autre part, rien dans son contexte ne heurte les dispositions légales relatives au chèque, ce sera un chèque.

30. Ces expressions : *le chèque sert à opérer le retrait,* sont les premières qui, dans la loi, mentionnent l'obligation d'une provision préalable. On peut bien, comme dans la lettre de change, charger un correspondant qui n'a pas reçu de couverture, de faire honneur à une prière de payer ; c'est alors un acte de confiance qu'on lui demande. Mais on ne *retire* que ce que l'on a déjà remis ; et, quand on parle ainsi, c'est un ordre que l'on donne.

31. On espère, et l'on a raison, que, dans la pratique, le chèque ne servira pas seulement à opérer le retrait de fonds déposés. On pense qu'il deviendra comme une sorte de monnaie fiduciaire, à l'aide de laquelle on pourra éteindre ses propres dettes.

J'ai à payer à un fournisseur ou autre créancier une somme plus ou moins forte ; en possession d'un carnet qui m'a été délivré par un établissement financier de premier ordre, j'en extrais un chèque de valeur égale à la somme que j'ai à acquitter ; je le remets à mon créancier, comme je lui remettrais un billet de banque ; et celui-ci va toucher chez mon dépositaire, de même qu'il irait à la Banque de France convertir son billet en numéraire, s'il en avait besoin.

On pourra agir ainsi, même pour acquitter un effet de commerce.

Mais il est bien entendu, et à peine s'il est besoin de le dire, qu'il faut le concours des volontés des deux parties, du débiteur qui paie et du créancier qui reçoit. Les monnaies légales ont seules cours forcé ; et, puisque le créancier pourrait se refuser à recevoir en paiement un billet de banque, à plus forte raison il aurait le droit de refuser un chèque, si excellentes que fussent la signature du tireur et la solvabilité du dépositaire.

32. A ce sujet, il existe en Angleterre un usage que nous pourrions suivre. Un commerçant anglais peut offrir un chèque en paiement d'un effet de commerce échu ; mais le porteur de l'effet prend le chèque et garde l'effet ; il ne rend l'effet acquitté que lorsque le chèque a été payé par le banquier. Si le porteur abandonnait le billet avant l'annulation du chèque, il serait considéré comme ayant fait novation. (Rapport de M. DARIMON.)

33. Celui qui, profitant d'un contrat, peut en réclamer l'exécution, est, en général, appelé *bénéficiaire* : c'est ce qui a lieu en matière de lettre de change. On devra donc donner ce nom de bénéficiaire à celui au profit duquel le chèque est créé.

Si le déposant a l'intention de retirer lui-même les fonds par lui ou pour lui déposés, il tire le chèque en son nom ; alors il en est le bénéficiaire. Comme on le verra sous le § 4, s'il vient à changer d'intention, il pourra, au moyen d'une cession, se substituer une tierce personne, qui, sans avoir été le bénéficiaire direct, en deviendra le preneur ou le porteur.

Si, au moment où il va tirer le chèque, le déposant songe déjà à le transmettre à un tiers, il peut, pour éviter la nécessité d'un endossement, le souscrire directement au nom de ce tiers, qui, dans ce cas, en est le bénéficiaire.

34. J'ai un compte courant au Comptoir d'escompte, ou avec tout autre établissement financier, auquel j'ai déposé 100,000 francs, et qui m'a remis un *chéquier* ou *carnet de chèque* ; — par contre, j'ai 10,000 francs à payer à un créancier quelconque ; — je ne suis pas obligé, cela est évident, de retirer de chez mon dépositaire la totalité de la somme qui m'est due ; — je me borne à détacher de la souche un chèque sur lequel j'inscris la somme dont j'ai besoin ; — je la remets à mon créancier, qui, par lui-même ou par un cessionnaire, va toucher et signe l'acquit ; mon dépositaire me débite de la somme retirée par moi ou pour moi, et, jusqu'à nouvelle remise de ma part, je ne suis plus dépositaire que de 90,000 fr.

Là est le grand avantage du chèque, qui, pour les sommes les plus minimes comme pour les sommes les plus fortes, mais dans la limite des fonds disponibles, tient lieu d'espèces ou de billets de banque.

35. La somme à payer peut être énoncée en chiffres et en lettres. — En chiffres, en haut du chèque et comme une épigraphe qui de suite frappe les yeux. — En lettres, dans le corps du titre.

S'il y a différence entre les chiffres et les lettres, c'est la mention en lettres qui prédomine et fait foi.

36. Au sujet de la disponibilité des fonds, on a posé plusieurs questions qui ont une véritable importance : on s'est demandé si les simples particuliers pouvaient entre eux se donner et recevoir des chèques ; — s'il était nécessaire qu'il existât un compte, dans l'acception ordinaire de ce mot ; — si, enfin, il n'était pas nécessaire qu'une convention préalable entre le tireur et le tiré eût reconnu la disponibilité des fonds. — Examinons un à un chacun de ces points.

37. Que doit-on entendre par ces mots *compte*, *fonds disponibles?* Faut-il les restreindre au seul cas où des fonds ont été matériellement déposés en compte? Ne doit-on pas les appliquer au cas où, par suite d'une opération quelconque, celui qui veut tirer un chèque est créancier incontestable et reconnu de celui auquel il donne l'ordre de l'acquitter? Ne doit-on pas aussi les étendre au cas où un banquier a écrit à son correspondant : je vous ouvre un crédit dont vous pouvez, dès à présent, faire usage? En d'autres termes, ne peut-il pas exister une foule d'hypothèses dans lesquelles les fonds deviennent disponibles, sans qu'il y ait eu un dépôt préalable ?

Les termes de notre article, dont la rédaction laisse beaucoup à désirer, autorisaient ces questions. Heureusement, aux interpellations adressées par divers orateurs, il a été fait des réponses précises qui contiennent une solution parfaitement claire.

Ainsi, M. DARIMON, devançant l'objection, a dit dans son rapport : « Les fonds en compte courant peuvent provenir, non-seulement des dépôts, mais encore des recouvrements et des opérations faites par elles (les banques) aux lieu et place de leurs clients. » — Donc toute espèce de créance, en dehors d'un véritable dépôt, peut servir d'aliment à un chèque.

38. Mais ce mot : *compte*, qui est dans la loi, et *compte courant*, qu'on lit dans le rapport, rendaient de nouveaux éclaircissements nécessaires. Ils semblaient supposer ou des relations de commerçant à commerçant, ou, tout au moins, des rapports engendrés par des opérations commerciales. Par là, ils paraissaient enlever aux simples particuliers le bénéfice de l'usage du chèque, et même le limiter aux commerçants qui ont entre eux un compte régulier.

M. MORIN (de la Drôme), manifestant les doutes que notre article faisaient naître dans son esprit, a dit : « J'avais pensé qu'on pouvait étendre l'usage du chèque au retrait des fonds reconnus exigibles et disponibles, n'importe leur origine, que le débiteur soit commerçant ou non commerçant. L'article 1er semble indiquer que le chèque ne pourra s'appliquer qu'au retrait des fonds portés *au crédit d'un compte*. Il y a donc là un compte ouvert et une écriture passée, ce qui suppose une opération passée entre commerçants. Maintenant, pour faire comprendre ma pensée, je demande la permission de me servir d'un exemple. Un marchand de vin de Bordeaux envoie des vins, non pas à un commerçant, mais à un simple particulier ; ce particulier lui répond : j'ai reçu votre envoi, j'en suis débiteur, les fonds sont à votre disposition à partir de cette époque. L'expéditeur pourra-t-il tirer un chèque sur ce particulier? Évidemment oui, d'après les intentions de la commission; mais la rédaction ne me paraît pas suffisamment claire à cet égard; car, devant un tribunal, on pourra dire qu'il n'y a pas eu de compte ouvert, ni d'écriture passée. »

A cette observation, M. DE LAVENAY, commissaire du Gouvernement, a répondu: « Je ne veux répondre qu'un mot à l'honorable M. Morin.—Sa pensée, celle de la commission, celle du Gouvernement, sont la même pensée. Ce qui, je crois, peut le rassurer, c'est que la nature du compte dont il s'agit ici n'a pas de forme sacramentelle. Du moment que le tireur est crédité chez le tiré d'une somme disponible, on ne peut pas demander la justification d'une pièce rédigée dans une certaine forme. Comme je l'entendais dire autour de moi, l'article doit être entendu *lato sensu*. Je ne crois pas qu'il puisse y avoir de difficulté dans la pratique.—Cette observation, dans tous les cas, serait suffisante pour éclairer sur le sens de l'article. »

Au commissaire du Gouvernement a succédé le rapporteur, M. DARIMON, qui a dit: « Si l'honorable M. Morin s'était reporté aux explications données par la commission, il verrait que c'est le sens qu'on a attaché à l'article. » — En effet, le rapport contenait ces lignes: « Le chèque ne doit jamais se substituer aux valeurs de crédit; mais ne peut-il arriver que, par suite d'une opération de change et d'escompte, d'une vente d'immeubles ou d'une remise de marchandises, un particulier ait à sa disposition des sommes qu'il peut transférer immédiatement à un tiers? »

M. MORIN, après ce, a déclaré en ces termes se tenir pour édifié: « Si les explications données suffisent, je n'en demande pas davantage; mais, devant les tribunaux, il faut que le sens de la loi soit parfaitement clair. Les exposés des

motifs, les rapports s'oublient plus ou moins, et le texte reste. »
(Séance du 5 mai 1865.)

Résumons donc : si la loi a eu principalement en vue les opérations les plus nombreuses, celles qui sont faites avec les banques de dépôt, elle n'a pas exclu les opérations de même nature accomplies entre particuliers. Quant aux fonds disponibles, dont parle l'article, ils existent toutes les fois qu'il y a une créance certaine, liquide, avouée, exigible, quelles qu'en soient et la nature et l'origine, qu'elle procède d'opérations commerciales ou autres et qu'elle lie des commerçants ou des particuliers. Mais que dire d'une loi, décrétée sur une matière nouvelle, qui ne parle pas clairement, à laquelle un commentaire est indispensable et qui, comme le dit naïvement l'orateur chargé de la défendre, est *lato sensu?* Combien nous préférons les idées légales de M. Morin, s'écriant avec autant de raison que d'à-propos : « Les exposés de motifs, les rapports s'oublient plus ou moins, et le texte reste ! »

39. Cette question de savoir quand existera la *disponibilité des fonds*, mérite, pour être élucidée, encore quelques explications.

A l'occasion d'un paragraphe de l'article 4 du projet, article qui, comme nous le dirons, a été renvoyé à un nouvel examen de la commission, on a soulevé une difficulté se référant à l'interprétation de l'article 1er déjà voté par le Corps législatif.

On disait que, pour que le chèque ne fût pas un danger pour les établissements financiers et même pour les particuliers, il fallait trois conditions : 1° le dépôt de fonds chez le tiré, sous quelque forme que le dépôt soit fait ; 2° disponibilité ; 3° convention préalable.—Quand M. Louvet manifestait cette dernière exigence, M. Darimon, rapporteur, l'interrompit en lui disant : « La convention préalable est de droit ! » A quoi M. Louvet répondit : « Oui, il faut la convention préalable de disponibilité acceptée par le tiré. Vous me dites : C'est de droit ! Et, si l'on dit qu'il y en aura au moins trace dans la discussion, je répondrai que, jusqu'à présent, je n'en trouve trace que dans les paroles que l'honorable M. de Lavenay a fait entendre. — Eh bien ! je dis que cela ne suffit pas : il faut que cette troisième condition soit inscrite dans la loi. »

D'autres orateurs, et notamment M. Gressier, avaient formulé la même demande.

Voilà donc que, pour que l'on pût considérer la disponibilité comme réelle et absolue, on voulait que la loi indiquât expressément que cette disponibilité résultait d'une convention préalable entre le créancier déposant et le débiteur dépositaire.

M. DE LAVENAY, commissaire du Gouvernement, avait repoussé cette exigence que, suivant lui, l'esprit de la loi rendait inutile. Il s'était exprimé en ces termes : « Je voudrais d'abord rassurer l'honorable M. Gressier sur les inquiétudes qu'il a éprouvées pour lui-même et essayé de faire naître dans l'esprit de chacun de vous sur les conséquences que l'article pourrait avoir.

« M. Gressier a exprimé cette idée : que tous nos créanciers, tous nos fournisseurs, toutes les personnes à qui nous devons des sommes plus ou moins considérables, à raison des circonstances habituelles de notre vie privée, au lieu de nous présenter des factures, pourraient tirer des chèques sur notre caisse.

« C'est une erreur qu'exclut de la façon la plus complète la rédaction de l'article 1er que vous avez adopté.

« En effet, autre chose est une créance même exigible et susceptible d'être demandée immédiatement en justice, autre chose *un fonds disponible.*

« Quand on parle d'une provision préalable de fonds portés au compte créditeur du tireur et de fonds disponibles, on fait nécessairement allusion à une convention préalable, en vertu de laquelle le dépositaire s'est engagé à tenir à la disposition du déposant les sommes nécessaires pour payer ses ordres à présentation. Voilà ce que veut dire le mot *disponible*.

« *Un membre*. Nous prenons acte de l'explication !

« *M. le commissaire du Gouvernement*. Permettez ! Je reconnais qu'il n'est pas nécessaire que cette obligation soit contractée par une caisse publique, il n'est pas même nécessaire qu'elle le soit par un banquier ; il n'est pas nécessaire non plus que ce soit un commerçant ; mais il faut que le particulier quelconque, entre les mains duquel vous voulez constater la disponibilité, se soit placé volontairement dans une situation telle que la raison et au besoin la justice puissent reconnaître qu'il a accepté cette condition de disponibilité. (C'est cela !) »

Puis, à son tour, M. le rapporteur DARIMON, a ajouté :

« Messieurs, je demande le maintien de la rédaction de la commission, et je le demande par ce motif que les mots que l'honorable M. Louvet voudrait introduire dans la loi sont absolument inutiles.

« Qu'est-ce que dit l'article 1er ? Il dit qu'il n'y a chèque que quand les fonds sont disponibles.

« Quand est-ce que les fonds sont disponibles ? Quand j'ai été avisé que les fonds sont à ma disposition. (C'est clair !) Qu'est-ce que c'est que cet avis ? C'est évidemment une convention qui s'établit entre le tiré et le tireur.

« Donc ce que demande l'honorable M. Quesné est dans la loi. Il est évident que, quand il n'y aura pas eu convention de la part du tiré vis-à-vis du tireur, il n'y aura pas de disponibilité.

« On craint que s'il n'y a pas dans la loi, sous-entendue ou exprimée, cette convention, il n'y ait danger pour certains établissements de crédit. Je répondrai que non et que, dans la pratique, les choses ne se passent pas d'une façon autre que celle que veut M. Louvet.

« Qu'est-ce qui se passe habituellement ? Les banques de

dépôt reçoivent des fonds en compte courant ; elles stipulent avec les déposants qu'une partie des fonds déposés seront à leur disposition, c'est-à-dire qu'on pourra tirer à vue sur cette partie des fonds, lesquels sont toujours disponibles ; elles stipulent d'autre part que, pour une portion des fonds déposés, on sera obligé ou d'aviser à l'avance ou bien de tirer à plusieurs jours de vue.

« Je me demande ce que le mot *convention* viendrait ajouter à la pratique ordinaire. Je me demande, d'autre part, si la loi, telle qu'elle est rédigée, empêche ou interdit ces conventions ? Elle ne les interdit nullement ; et voici ce qui se passera dans la pratique : toutes les fois qu'un banquier recevra un dépôt, il ne manquera jamais, la loi des chèques étant votée, de stipuler que le déposant ne pourra tirer que pour une somme qu'il aura déterminée à l'avance.

« Donc, à tous les points de vue, je crois que, la rédaction de l'article 4 doit être maintenue, qu'il n'y a pas lieu d'introduire le mot *convention* dans l'article 1er, et que satisfaction complète est donnée aux désirs de M. Louvet par la rédaction adoptée par la commission. » (Séance du 5 mai 1865.)

Ces explications sont catégoriques. Il est vrai que l'article 4, à l'occasion duquel cette discussion s'était élevée, fut renvoyé à un nouvel examen de la commission ; mais c'était à un autre point de vue et sur une difficulté n'ayant aucun trait à celle qui nous occupe.

Nous pouvons donc le dire comme chose certaine. La disponibilité des fonds, telle que la comprend la loi, n'existe que lorsque le tiré, ayant entre les mains provision préalable, a été prévenu de la disposition qui pourrait être faite sur lui, et l'a autorisée par une convention ou expresse ou sous-entendue.

40. Du reste, les fonds qui doivent servir de provision préalable au chèque peuvent être déposés non-seulement par le tireur, mais encore par un tiers agissant au nom de ce tireur et pour son compte.

§ 2.

Forme matérielle du chèque.

SOMMAIRE.

41. Texte du deuxième paragraphe de l'art. 1er.
42. Signature du tireur.
43. Date.
44. Dans les chèques elle est indispensable.
45. Comment et où on inscrit la date.
46. Questions relatives à la fausseté de la date ; renvoi.

41. Le 2e paragraphe de l'article 2 est ainsi conçu :

« Il (le chèque) est signé par le tireur et porte la date du jour où il est tiré. »

42. Puisque le chèque ne peut être verbal et contient mandat de paiement, il faut bien que celui qui écrit ce mandat le signe.

Il va sans dire que, pour le chèque, de même que pour tous les autres engagements, le tireur n'est pas absolument obligé de signer lui-même. Un tiers, investi d'une procuration suffisante, pourrait signer pour lui en faisant précéder sa propre signature de ces mots : *par procuration de....* En ce cas, le mandataire représente la personne du tireur.

43. Dans tous les actes de la vie, la date est d'une haute importance ; souvent elle est indispensable.

Elle est *importante.* En effet, si une personne a souscrit une obligation pendant sa minorité ou son interdiction, la date constate l'incapacité dans les liens desquels cette personne se trouvait, et peut entraîner, si elle ne l'emporte virtuellement, la nullité de l'acte qui a été consenti. Elle est encore importante, car si un négociant en état de faillite déclarée, ou dans les dix jours qui ont précédé l'ouverture de sa faillite, a diverti une partie de son actif au profit de créanciers avantagés, la masse peut poursuivre, s'il y échet, la restitution des sommes indûment perçues.

La date est *indispensable* dans certains actes, comme la lettre de change, qui peuvent être stipulés payables à une ou plusieurs usances, à un ou plusieurs mois, à un ou plusieurs jours de date.

44. Dans les chèques, la date est rigoureusement exigée par notre article, et elle doit être sérieusement exprimée. Pourquoi? Parce que, indépendamment des raisons générales applicables à toutes les conventions, la loi veut, comme on le verra sous l'article 5, que le porteur réclame le paiement dans les cinq jours, y compris le jour de la date.

45. Comment et où placera-t-on la date du chèque? L'inscrira-t-on en chiffres ou en lettres? La mettra-t-on en haut ou en bas? A cet égard, la loi est muette, et l'on doit s'en référer aux usages.

En général, dans les actes qui affectent la forme commerciale, la date est apposée au haut du titre, et comme une sorte d'*épigraphe;* cette forme a l'avantage de frapper les yeux, ce qui n'est pas sans utilité dans un mandat dont l'exécution doit avoir lieu à bref délai. On pourra donc continuer à agir ainsi.

Toutefois, comme les chiffres sont facilement susceptibles d'altération, je crois que les gens prudents feront bien de répéter la date en toutes lettres, immédiatement au-dessus de leur signature.

Si l'on employait cumulativement ces deux procédés, et s'il y avait différence entre la date en chiffres et la date en toutes lettres, cette dernière mention devrait, à moins de circonstances contraires, faire foi de la date véritable.

46. Ici se présentent des difficultés qui ont de la gravité.

Si le chèque est sans date ou porte une fausse date, est-il nul?

Une peine frappera-t-elle celui qui, par erreur et involontairement, aura inscrit une fausse date?

Et si c'est sciemment qu'il a trompé le public, quelle peine subira-t-il?

Nous aurons l'occasion de traiter ces questions avec les détails qu'elles comportent à l'occasion de l'article 6, qui, sans les résoudre explicitement, laisse pressentir la solution.

§ 3.

Échéance du chèque.

SOMMAIRE.

47. Différence entre le chèque et la lettre de change quant à l'échéance.
48. Le paiement à vue est, pour le chèque, une condition essentielle.
49. L'échéance graduée ne convient pas aux chèques; usages anglais et français.
50. Même sujet.
51. Même sujet.
52. Même sujet; intérêt du Trésor.
53. Résumé sur ce sujet.

47. La lettre de change peut être stipulée payable de plusieurs manières, savoir : à jour fixe, à vue, à jours, mois ou usances de vue; à jours, mois ou usances de date, en foire.

La loi ne veut pas qu'il en soit ainsi du chèque. *Il ne peut être tiré qu'à vue*, dit le § 3 de notre article.

48. Comme le dit M. Rouher, ministre d'Etat, cette condition que le chèque doit être payable à vue, est une condition essentielle; elle ressort de la nature du chèque. Le chèque doit être payable à présentation, parce que sa valeur ne peut reposer que sur l'idée d'une disponibilité conventionnelle de la somme qu'il représente (Séance du 23 mai 1865).

49. On a cependant vivement insisté pour que le chèque pût être payé *à échéance graduée*. Pour justifier cette mesure, on a invoqué l'exemple de l'Angleterre et puis les usages en vigueur chez nous.

Quant aux chèques anglais, on a allégué qu'il y en avait de trois sortes : l'un payable à vue, un autre dont l'échéance varie de sept à dix jours ; et le troisième dont l'échéanc eest à un mois. Cette objection était une erreur reposant sur une confusion. Au delà de la Manche, il n'y a qu'une seule espèce de chèque, celui qui est payable à vue ; tous les autres titres appartiennent à la catégorie des effets de commerce ordinaires et sont frappés du timbre proportionnel. Ce qui a produit l'erreur, c'est une pratique que, par une convention spéciale, les banques de dépôt imposent à leurs correspondants ; elles ont établi trois espèces de compte, savoir : le compte n° 1, auquel on n'attribue aucun intérêt ou un intérêt minime, et sur lequel on tire à vue : c'est à ce compte que s'appliquent les chèques proprement dits ; — le compte n° 2, produisant un intérêt plus fort, et qui compte des traites à dix ou quinze jours ; — enfin le compte n° 3, auquel on attribue un intérêt plus élevé et dont la valeur n'est pas disponible avant un mois.

Quant à nos usages français, voici ce qui se passe : dans son essence, le chèque est à vue ; mais, par des conventions particulières proposées et librement acceptées, certains établissements financiers imposent à leurs clients leurs règlements intérieurs. Pour les sommes qui ne dépassent pas un certain chiffre, ils acceptent l'obligation de payer à présentation les chèques tirés à vue ; pour les sommes plus considérables et qui excèdent le chiffre convenu, ces établissements exigent qu'avant de tirer le chèque, on les avise trois, six et même quinze jours d'avance. Quelquefois aussi, et suivant ces règlements, le chèque, quoique payable à vue, n'est acquitté que deux ou trois jours après un visa. En agissant ainsi, les banques de dépôt ont voulu éviter l'obligation de conserver toujours dans leur caisse des capitaux improductifs, ce qui est un inconvénient.

30. Ces usages ont été signalés au législateur, qui, après avoir pesé leurs avantages et leurs dangers, a cru devoir dire que le *chèque ne peut être tiré qu'à vue*. — Que résulte-t-il de cette disposition impérative? Interdit-elle d'une manière absolue aux établissements de crédit de stipuler qu'ils ne paieront les mandats tirés sur eux qu'après visa, ou qu'un certain nombre de jours après l'avis qui leur a été donné par correspondance? Non! Ces stipulations, qui ne violent aucune loi d'ordre public, sont parfaitement licites et doivent recevoir tous leurs effets. Seulement, et c'est là ce qu'il ne faut pas oublier, le chèque *ne pouvant être qu'à vue*, tous les titres qui, par des conventions préalables entre les parties, se soustrairont à cette obligation d'un paiement à présentation, ne seront plus des chèques. Ils seront, comme en Angleterre, des mandats ordinaires, des effets négociables, et, par conséquent, ils ne jouiront pas de l'exemption fiscale décrétée en faveur des chèques. — Ou bien encore les banquiers auxquels cela conviendra, conserveront l'ancienne forme des récépissés, qui, ainsi que nous l'avons expliqué n° 28 *suprà*, ne seront pas des chèques.

Si le chèque devait toujours être présenté par le tireur et à lui payé, la banque de dépôt qui reçoit ses fonds pourrait, en contractant avec lui, faire avec lui les stipulations accessoires dont nous venons de parler; mais, le plus souvent, il y aura d'autres intéressés; le chèque peut être souscrit au porteur, ou endossé au profit d'un tiers, et ce porteur ou ce tiers, n'ayant nullement participé aux conventions particulières que feraient entre eux le déposant et le dépositaire, ne sauraient souffrir de ces pactes intimes.

Je crois donc que, malgré cet axiome légal: les conventions légalement formées sont la loi des parties qui les ont faites, le chèque, en tant que chèque, n'existera que lorsque le mandat de *paiement sera payable à vue*, comme le veut notre article.

31. Quoi qu'il en soit, pour démontrer qu'il serait utile d'autoriser les chèques *à échéance graduée*, on plaçait à côté de l'exemple de l'Angleterre invoqué à contre-temps, et à côté de nos propres usages, les raisonnements suivants : En premier lieu, le point capital pour les déposants est de retirer de leur argent un intérêt élevé ; or, comment y parviendront-ils si les banques sont placées dans la nécessité d'accumuler dans leurs caisses des capitaux oisifs et disponibles? En deuxième lieu, il faut prévoir les effets qui résulteraient d'une panique, si chacun peut à la fois se présenter pour retirer ses fonds.

A la première objection, voici notre réponse : Si les déposants placent le désir de faire produire à leur argent un intérêt élevé, au-dessus de la faculté de retirer cet argent quand ils en ont besoin, et pour ainsi dire le jour même et sur l'heure, qu'ils renoncent à l'emploi du chèque et qu'ils déposent leurs fonds en compte courant ordinaire, escorté de telle convention particulière qu'il leur plaira d'accepter.

La seconde objection irait tout droit à l'interdiction du chèque à vue et aussi à la suppression de tout autre titre ainsi payable. Ou il faut supprimer la faculté de tirer à vue, ou il faut se résigner à subir, en cas de panique, l'inconvénient de ces titres qui emportent l'obligation d'un paiement à présentation. D'ailleurs, le danger que peut faire craindre une panique est exagéré, car, au lieu de se traduire par des demandes d'argent, le chèque peut s'exécuter au moyen d'un virement d'un compte à un autre. Plus il entrera dans la pratique de nos affaires, plus les opérations engagées se liquideront par voie de compensation. Certes, les crises ne sont pas rares en Angleterre, et cette clause que le chèque est payable à vue n'a pas entravé l'admirable développement des banques de dépôt, qui n'ont pas été ébranlées par les crises les plus intenses.

32. Ces considérations ne sont pas les seules qui ont fait repousser le chèque *à échéance graduée*. L'intérêt du fisc a aussi impressionné le Corps législatif. A cet égard, on lit dans le rapport de M. Darimon : « La commission n'a pu accepter la demande de chèque à échéance graduée. Tout en favorisant l'intérêt commercial, la loi a pour but de protéger les intérêts du Trésor. Les chèques à échéance graduée se confondraient avec les lettres de change, et la recette de douze millions que le Trésor retire du timbre proportionnel se trouverait exposée à une forte diminution. »

83. En résumé, M. Darimon a parfaitement groupé et expliqué les divers motifs de cette prescription légale, ne permettant que le chèque à vue, quand il a dit, dans son rapport :

« Le chèque ne peut être tiré qu'à vue. C'est là un point sur lequel on a insisté le plus fortement dans la discussion qu'a soulevée au sein du Corps législatif le premier projet de loi. Les honorables orateurs, qui attachaient une importance capitale à cette clause, avaient raison de tout point. Si le chèque était à un ou plusieurs jours de vue, il serait impossible de le distinguer du mandat ou de la lettre de change, et le Trésor se verrait frustré d'une partie de ses recettes. En imposant au chèque l'obligation d'être à vue, une pareille confusion n'est pas à craindre. Il ne se fait presque plus de lettres de change à vue, si ce n'est pour de petites sommes. Quand il s'agit de sommes considérables, on a recours aux lettres de crédit ou aux délégations sur une maison de banque.

« Mais ce ne sont pas seulement les intérêts du Trésor qui sont sauvegardés par la clause à vue, ce sont ceux du porteur des chèques. Le chèque est un paiement ; or, quand on veut faire un paiement, il ne suffit pas de le promettre. Le chèque à date suppose que les fonds dont on dispose ne sont pas libres au moment où le chèque est émis. Il rentre alors dans la catégorie des titres de crédits, auxquels s'attache un certain risque.

« Ainsi que le faisait remarquer, d'ailleurs, l'honorable M. Pouyer-Quertier dans la séance du 25 mai 1864, le chèque doit être considéré comme un moyen de compensation ; or, comment serait-il possible de compenser entre eux des chèques qui auraient des échéances différentes ? Le chèque doit être à vue, si l'on veut qu'il remplisse son office, le jour où l'on établira chez nous une chambre de liquidation (*Clearing-house*). »

Ainsi : motif tiré de l'intérêt du Trésor ;— motif puisé dans la nature du titre ;— motif pris dans l'intérêt du tiers porteur ; — motif ressortant du fonctionnement des chèques et du rôle compensateur qu'ils peuvent jouer. Tout cela est fort juste.

§ 4.

Bénéficiaire du chèque.

SOMMAIRE.

54. Le chèque peut être au porteur, au profit d'une personne dénommée, ou à ordre.
55. Chèque au profit d'une personne dénommée ; conséquences.
56. Utilité du chèque au porteur.
57. Le chèque à ordre est préférable.
58. Même sujet.
59. Avant la loi nouvelle le chèque récépissé était assimilé à un billet au porteur ; renvoi.

54. Suivant le § 4 de notre article, le chèque *peut être souscrit au porteur ou au profit d'une personne dénommée.*

Ce n'est pas seulement au porteur, ou au profit d'une personne dénommée que le chèque peut être souscrit. C'est encore au profit du tireur, OU À SON ORDRE et également À L'ORDRE d'une personne dénommée.

Ainsi : le tireur, qui a l'intention d'aller toucher lui-même, souscrit le chèque à son profit ;

Si, quoiqu'il ait souscrit le titre à son profit, le tireur prévoit qu'il aura l'occasion de le transmettre à un tiers, il dit : *payez à moi-même ou à mon ordre ;*

Le tireur connaît-il déjà le créancier auquel il va le remettre en paiement? il le souscrit au profit de ce créancier. C'est la personne dénommée, dont parle la loi. Et, pour faciliter à cette personne le moyen de le céder elle-même à un tiers, il mentionne aussi la clause de l'ordre;

Enfin, c'est au profit de tout porteur que le chèque peut être souscrit, et, dans ce cas, le titre circule de main en main, comme un billet de banque, et sans le concours d'aucun endossement.

Cette interprétation que nous donnons à la loi pourrait être sujette à critique, si le § 5, que nous allons examiner, ne contenait à cet égard une déclaration formelle : en effet, en principe, sont seuls susceptibles d'endossements les actes auxquels une loi spéciale, ou une convention autorisée par la loi, ont concédé cette faveur.

88. Quand le chèque est souscrit au profit d'une personne dénommée, sans qu'il y soit fait mention de l'ordre, le contrat reste concentré entre le tireur et le bénéficiaire, et le titre ne peut être transmis par un endossement donnant au tiers porteur des droits particuliers. En ce cas, le souscripteur du titre conserve le droit de faire opposition au paiement du chèque, tant qu'il n'a pas été effectué, s'il a des compensations à opposer au bénéficiaire, ou si celui-ci n'a pas rempli les engagements en considération desquels le chèque a été créé. Cela a été jugé par le tribunal de commerce de la Seine, le 31 janvier 1862, et sa décision, quoique antérieure à la loi actuelle, devrait être suivie. En voici le texte :

« Attendu que, vers la fin de novembre dernier, Dalsau frères, en relations d'affaires avec un sieur Halliday, qui s'était engagé à leur remettre sous peu de jours une certaine quantité de marchandises qu'ils avaient commissionnée, ont consenti à lui délivrer, sur la caisse du Comptoir d'escompte de Paris, deux mandats, s'élevant ensemble à la somme de 16,000 fr., aux échéances des 13 et 15 décembre suivants;

Attendu que, dans cet intervalle, Haliday devait avoir

livré les marchandises, représentation de la somme ainsi délivrée ; que la remise qui lui était faite était donc, de la part de Dalsau frères, conditionnelle ; qu'en fait, il semble ressortir des explications fournies devant le tribunal qu'Haliday a méconnu ses obligations et n'a accompli aucune des livraisons auxquelles il s'était obligé, et a simplement négocié au demandeur actuel le titre auquel Dalsau frères ont formé opposition entre les mains du Comptoir d'escompte ;

« Attendu que ce titre, qui n'est autre qu'un simple reçu signé Dalsau frères et délivré à un mandataire pour toucher en leur nom la somme qu'il représente, dont le compte courant devra être débité, ne saurait être assimilé ni à un billet susceptible d'être transmis par voie d'endossement, ni à une valeur au porteur contre laquelle aucune opposition ne devrait être recevable ; qu'il s'ensuit que les fonds déposés à la caisse sur laquelle il est délivré, doivent toujours être considérés comme restant la propriété du signataire du mandat, jusqu'au moment où ils ont été payés en échange de son reçu ; que, dès lors, en raison des faits précédemment exposés, Dalsau frères, n'ayant pas reçu la contre-partie des sommes qu'ils consentaient à payer au sieur Haliday, étaient fondés à refuser tout paiement, et, comme conséquence, à mettre opposition entre les mains du Comptoir d'escompte ; que Sébastien de Neufville ne saurait avoir plus de droits que le mandataire direct de Dalsau frères, et qu'ainsi il doit être déclaré mal fondé en sa prétention ;

« Déclare le demandeur mal fondé dans sa demande, l'en déboute. » (1)

56. Le chèque *au porteur* a une incontestable utilité. — Si le chèque est souscrit au profit d'une personne dénommée,

---

(1) Tribunal de commerce de la Seine, 31 janvier 1862, Dalloz, vº *Warrants et chèques*, nº 85.

cette personne, obligée de le présenter elle-même, ou par un mandataire, subit une perte sèche de temps. Quand le chèque est au porteur, le bénéficiaire peut, de la main à la main, sans aucune formalité, le céder à un tiers ou bien charger un ami, un correspondant, d'en opérer le recouvrement à son titre et place : il évite tout dérangement et tout retard.

57. Mais le chèque *à ordre* est encore préférable au chèque au porteur. Seul il a rendu possible ces comptoirs de compensation, connus en Angleterre sous le nom de Clearing-House. Avec le chèque non négociable, ou même avec le chèque au porteur, comment des établissements de cette nature pourraient-ils être fondés? La compensation n'est admissible que lorsque, débiteur d'une somme liquide et exigible, un individu est, en même temps, créancier de pareilles sommes également liquides et exigibles. Or, quand le chèque est au porteur, il peut être la propriété de tous et de chacun, sans que cette propriété puisse être nominalement attribuée à l'un plutôt qu'à l'autre. Si je suis débiteur certain et nominal et si le titre que j'ai en mains ne porte pas mon nom, comment établir mon droit à la compensation? Ainsi, tandis que le chèque au porteur n'est qu'un titre commode pour le paiement et pour le recouvrement, le chèque à ordre, qui remplit le même office, possède une autre qualité précieuse : il est, en outre, un instrument de compensation.

58. Il existe une deuxième cause de supériorité du chèque à ordre sur le chèque au porteur. — Si le tireur ne réside pas dans la même ville que le bénéficiaire, il doit le transmettre par la voie de la poste. Que le chèque soit au porteur, et alors, pour être certain qu'il ne sera pas perdu ou volé et arrivera à destination, l'expéditeur est obligé, par prudence, de subir les frais de *chargement;* qu'au contraire, il soit souscrit à ordre, et alors les risques ne sont plus les mêmes. Comme on ne pourra en faire usage qu'avec la signature du

tiers porteur, on pourra le confier à la poste sans recourir à ces formalités du chargement, qui sont tout à la fois onéreuses et ennuyeuses.

59. Sous l'empire des anciens usages, alors que le chèque, au lieu d'être conçu sous la forme de mandat à ordre ou au porteur, consistait en un simple récépissé, on tenait pour certain que la négociation pouvait avoir lieu de la main à la main et sans aucune formalité. Le dernier détenteur du titre était un véritable tiers porteur, jouissant de droits propres et personnels, et, comme tel, affranchi des compensation et exception que le tireur aurait pu avoir à opposer à ses cessionnaires immédiats. Des arrêts avaient jugé ainsi : on les trouvera transcrits sous le n° 67, *infrà*.

§ 5.

Transmissibilité du chèque.

SOMMAIRE.

60. Texte du § 5 de l'art. 1er.
61. Utilité de l'ordre, ses effets, son origine.
62. Même sujet.
63. Chèque anglais croisé ou barré.
64. Pourquoi l'endossement en blanc est admis dans le chèque ; ses effets.
65. Droit absolu de remplir l'endossement en blanc.
66. Endossement frauduleux ; ses conséquences.
67. L'endossement, même en blanc, transfère la propriété de la provision; renvoi.
68. La négociation transférant la propriété, le tiers porteur a des droits personnels ; jurisprudence.

60. On lit dans le § 5 de notre article : « Le chèque peut être souscrit à ordre et transmis, même par voie d'endossement en blanc. »

61. Suivant les règles du droit commun, consignées dans les articles 1690 et 1691 du Code Napoléon, un acte de ces-

sion, pour être parfait et pour lier le débiteur et les tiers au profit du cessionnaire, doit être notifié à ce débiteur, afin que, suffisamment prévenu, il ne se libère pas entre les mains de son ancien créancier ; ou bien, le transport doit être accepté par celui-là dans un acte authentique. Ces principes, que, de temps immémorial, on retrouve en droit civil, et qui nécessitent des lenteurs et des frais, sont restés longtemps applicables au contrat de change de même qu'aux autres conventions commerciales ; jusqu'au milieu du dix-septième siècle, il n'a été constaté aucune dérogation faite à cette règle en faveur des lettres de change. ESTIENNE CLEIRAC, qui écrivait en 1659, est le premier auteur qui parle de l'*ordre* comme moyen de transférer la propriété d'une lettre de change. Un renseignement précieux, puisé dans l'*Instruction sur les lettres de change*, déterminerait l'époque précise de l'invention de ce mode de cession. Suivant l'auteur de cette instruction, avant le ministère du cardinal Richelieu, on ne s'en servait pas. Mais les embarras des procurations qu'il fallait passer et le désir de faciliter le commerce des lettres de change, dont ce ministre faisait un très-grand usage, donnèrent lieu à son emploi et firent admettre la négociation des effets de commerce à l'aide d'un simple endos. Or, on sait que le ministère du Cardinal a duré de 1624 à 1642, époque de sa mort, et ce serait donc pendant cet espace de temps que cette faculté aurait pris naissance et se serait développée.

Quoi qu'il en soit, le législateur de 1865, se conformant aux usages et voulant favoriser la circulation des chèques, a autorisé leur transmission par la voie de l'ordre, c'est-à-dire de l'endossement.

62. C'est la force des choses qui a conduit à l'adoption de la transmissibilité du chèque par la voie de l'endossement. Cette forme est la seule qui donne au propriétaire et la sécurité sur laquelle il doit compter, et l'avantage de l'opération

dont le chèque est le ressort principal. Sans l'endos, le paiement par chèque est un embarras pour le propriétaire des fonds déposés, qui aime mieux recevoir l'argent chez lui que d'aller le prendre chez le banquier. Avec l'endos, le chèque négociable devient véritablement le signe représentatif de la somme qui y est inscrite ; transmis à l'aide d'une simple signature, il circule avec facilité, ce qui n'est pas un de ses moindres avantages. Et, dans ce cas, devant être revêtu de l'acquit du dernier porteur, qui, par sa signature, offre la garantie de la régularité du paiement, il peut sans risque être envoyé d'une ville dans une autre ville. Quoique le chèque doive être acquitté dans les cinq jours ou dans les huit jours de sa date (art. 5, *infrà*), et que, par cette nécessité, il ne soit pas destiné à fournir une longue carrière et à passer en beaucoup de mains, on comprend donc que, en bien des circonstances, l'endossement offre des gages de sécurité.

63. Pour empêcher le chèque de tomber entre les mains d'une personne à laquelle il n'est pas destiné, ou du moins pour prévenir l'usage frauduleux que cette personne pourrait en faire, les Anglais, en l'expédiant par la poste, prennent la précaution que voici : le titre est traversé par deux barres parallèles, entre lesquelles le dernier détenteur doit inscrire le nom du banquier ou de l'officier public appelé comme intermédiaire à opérer le recouvrement. C'est ce qu'on appelle croiser ou barrer le chèque.

Cette opération du croisement peut être pratiquée aussi bien par le tireur que par les porteurs ultérieurs.

Les banques de dépôt, en France, ont essayé d'introduire l'usage du chèque barré. Certes, notre législation nouvelle ne le proscrit pas, mais la faculté de l'endossement le rend complétement inutile.

64. Aux termes de l'article 137 du Code de commerce,

l'endossement est daté, il exprime la valeur fournie, il énonce le nom de celui à l'ordre de qui il est passé.

L'article 138 ajoute que si l'endossement n'est pas conforme aux dispositions de l'article précédent, il n'opère pas le transport ; il n'est qu'une procuration.

La jurisprudence, appliquant ces dispositions, a décidé que, à l'égard des tiers, le porteur, en vertu d'un endossement irrégulier, ne pourrait démontrer sa légitime possession et la réalité du transport à l'aide d'énonciations extérieures au titre.

Comme, d'une part, le chèque peut être créé au porteur, et comme, d'autre part, il peut être cédé en paiement par pure libéralité, pour prêt et pour toute autre cause, le législateur de 1865 n'a voulu soumettre son endossement à aucune formalité. En conséquence, ni la date, ni l'expression de la valeur fournie, ni l'énonciation du nom de celui à l'ordre duquel le titre est passé, ne sont exigés. Un endossement, même en blanc, suffit et vaut translation de propriété ; il a toute la puissance d'un endossement régulier.

Cela est attesté par l'exposé des motifs de la loi, dans lesquels on lit : « Les dispositions du Code de commerce, qui, pour la lettre de change, refusent à l'endos en blanc les effets d'un endossement régulier, sont depuis longtemps discutées. Sans examiner une question délicate, en ce qui concerne la lettre de change, on reconnaîtra, nous le pensons, que pour le chèque il n'y avait pas de raison suffisante pour proscrire l'endos en blanc, puisque le chèque peut indifféremment être souscrit à une personne dénommée ou au porteur. »

63. Du reste, celui qui est nanti d'un chèque par un endossement en blanc peut, s'il veut se mettre à l'abri d'une fraude et constater sa propriété personnelle, remplir le blanc et y inscrire son nom.

Et cela, il le peut en tout temps, avant l'échéance, et quels que soient les faits qui surgissent.

Ici ne s'appliquerait pas une règle qui a cours en matière de lettre de change. En cette matière, on admet que le porteur d'un effet endossé en blanc ne peut jouir du droit de remplir l'ordre à son profit qu'autant que son cédant aurait eu lui-même la capacité de régulariser cette négociation. Ainsi, lorsque l'endosseur tombe en faillite, l'endossement, s'il est irrégulier, n'ayant pas transmis la propriété, ne peut être régularisé après l'époque de la faillite. En conséquence, le porteur est tenu de rapporter l'effet à la masse, qui n'en a jamais été dépossédée.

Mais, dans le chèque, l'endossement en blanc vaut plus que procuration : il est, de plein droit et par lui-même, translatif de propriété. Dès lors, celui qui le détient ainsi ne saurait voir son droit altéré par la survenance d'une incapacité frappant après coup son cédant.

66. Le bref délai qui sépare l'échéance du chèque de sa création ne lui laissera pas le temps de passer en beaucoup de mains. Cependant il est possible qu'il s'égare et qu'il soit payé à un porteur qui n'en était pas le légitime propriétaire. Si le tiré n'a aucune faute personnelle à se reprocher ; s'il a eu le soin de se faire remettre l'acquit du porteur, et si aucune circonstance particulière ne pouvait éveiller ses soupçons, il sera bien et dûment libéré. C'est ce que constate le rapport de M. Darimon, qui dit : « Le simple fait d'un endossement qui serait le résultat d'une fraude ne fera pas rejaillir la perte sur le banquier, dans le cas où celui-ci serait dans l'ignorance de la fraude. »

Toutefois le banquier ne saurait équitablement se soustraire à l'obligation de donner son concours pour tâcher de découvrir l'auteur de cette fraude. Connaissant l'identité du porteur qui a signé le pour acquit, on tâchera, en remontant de l'un à l'autre, de connaître quel est celui qui a commis l'abus.

67. Puisque l'endossement, quel qu'il soit, transfère valablement la propriété, à l'instant même de la cession, la provision sort du domaine des choses du tireur et devient la propriété exclusive du porteur. Que serait-ce, en effet, pour le porteur que la propriété du chèque, c'est-à-dire d'un morceau de papier, si elle n'emportait la propriété de la provision dont ce morceau de papier est le signe représentatif? Ce principe est certain en jurisprudence et en doctrine, quand il s'agit des lettres de change. Il est fondé sur les effets nécessaires que produit l'endossement. Et comment en serait-il autrement? Si on me fait un transport d'après les formes du droit civil, je deviens propriétaire, à l'exclusion de tous autres, de la somme qui m'a été ainsi cédée. Or, l'endossement, c'est le mode commercial de cession; il remplace, pour les titres ainsi négociables, le transport signifié, dont il a toute la puissance. Il nous semble donc que ce qu'on juge en matière de lettre de change, il faudrait le juger en matière de chèque. Aucune raison sérieuse ne justifierait une distinction entre ces deux titres qui, de par la loi, jouissent également des immunités et des priviléges attachés à l'endossement. (DALLOZ, v° *Warrants et chèques*, n° 81.)

On peut voir dans mon ouvrage *De la Lettre de change* (2e édition, nos 271 à 286) les questions de détail que soulève l'application de ce principe.

68. Même avant notre loi qui autorise la création du chèque sous la forme au porteur, les usages considéraient les *reçus-chèques* comme des titres essentiellement négociables de leur nature : ils pouvaient circuler de la main à la main et sans aucune formalité. Les tiers, auxquels ils étaient remis, devenaient de véritables tiers porteurs valablement saisis de la provision représentée par le titre. Ils avaient un droit de recours contre le tireur, si le paiement n'était pas effectué à l'échéance. En conséquence, ils jouissaient de droits personnels que ne pouvaient altérer les exceptions que le tireur aurait

été en position de faire valoir contre son cessionnaire immédiat.

Un délai judiciaire s'étant élevé sur cette question, à l'occasion de *récépissés-chèques* délivrés sur le Comptoir d'escompte, a été tranché en ce sens par les décisions suivantes : 31 octobre 1863, jugement du tribunal de commerce de la Seine, ainsi conçu : « Attendu que, pour se refuser au paiement des 10,000 fr. qui lui sont réclamés, Lebrun prétend que le reçu représentant ladite somme, par lui remis à la dame veuve Ruelle et Ouizille, ne saurait être considéré comme un titre au porteur, mais comme un simple mandat ; — Que, dès lors, la contre-valeur ne lui ayant pas été fournie, il ne peut être tenu d'en rembourser le montant au cessionnaire ;

« Attendu qu'en délivrant ledit reçu au mois de juillet, payable le 10 septembre, Lebrun n'avait en vue que de remettre la susdite somme à la disposition immédiate de la veuve Ruelle et Ouizille, au moyen de la négociation de ce titre par ces derniers ; — Que cela ressort, non-seulement de la commune intention des parties, mais aussi des usages constants du commerce en pareille matière ;

« Attendu, en effet, que, d'après ces usages, les reçus semblables à celui qui fait l'objet du procès, constituent, non pas un mandat, mais une cession ; — Qu'ils se transmettent sans endossement et que, par leur transmission, le porteur est investi, à l'égard du souscripteur, des mêmes droits que ceux résultant de tout effet de commerce ;

« Qu'en conséquence, celui-ci en doit le remboursement lorsque le paiement n'en a pas été effectué à l'échéance. »

Appel ayant été interjeté contre ce jugement, arrêt confirmatif en ces termes :

« La Cour ; — Considérant que Lebrun faisait habituellement, pour les besoins de son commerce, des remises de valeurs, sous forme de reçus donnés sur des tiers;

« Que l'émission qu'il en faisait, avant la date de l'échéance, indique suffisamment qu'il savait l'usage qui en serait fait, et qu'il en acceptait la responsabilité vis-à-vis des tiers;

« Que, d'ailleurs, ces bons ou reçus, qui ne désignent pas de bénéficiaire, qui expriment la somme reçue ou à recevoir, la date de l'échéance et le nom de la personne sur qui ils sont donnés, remplissent les conditions essentielles du bon au porteur, admis depuis longtemps par la loi;

« Que c'est ainsi que les reçus, à moins de stipulations contraires y exprimées, circulent dans le commerce comme valeurs au porteur, et que l'usage en est devenu général;

« Adoptant, au surplus, les motifs des premiers juges;

« Confirme (1). »

Cette jurisprudence, qui ne s'appuyait que sur les usages, aurait aujourd'hui pour base incontestable les termes et l'esprit de la loi nouvelle. Elle doit donc être suivie. Il faut dire, avec elle, que le tiers porteur n'est pas un simple cessionnaire représentant activement et passivement son cédant; qu'au contraire, il a des droits personnels échappant à toutes exceptions ou compensations opposables aux anciens détenteurs; et, qu'en conséquence, il a, pour se faire payer, un double droit: d'abord, action contre le tiré, détenteur de la provision, ensuite, recours solidaire contre le tireur et contre tous les autres signataires.

(1) Paris, 2e ch., 3 mars 1864 (J. du Pal., 1864, p. 337 et suiv.).— NOTA. Du même jour, plusieurs autres arrêts identiques rendus contre le sieur Lebrun, appelant de jugements semblables du tribunal de commerce de la Seine, provoqués par d'autres créanciers auxquels il avait remis des récépissés de même nature.

§ 6. — Modèle d'un chèque.

TALON.

Paris, le 1865.

PAYABLE A VUE

F.

BÉNÉFICIAIRE

M

N°

NOM DU BANQUIER.
(Couper par moitié.)

Paris, *le* *1865.* **B. P. F.**

A vue

Veuillez payer, à notre Ordre (ou au porteur, ou à M. un tel ou à son ordre), *la somme de* *dont vous débiterez notre compte.*

Paris, le (Date en toutes lettres.)

A M. (noms, profession), *demeurant à* (adresse.)

(Signature et adresse du tireur.)

N°

Art. 2.

Le chèque ne peut être tiré que sur un tiers ayant provision préalable.

SOMMAIRE.

69. Le chèque ne peut être tiré que sur un tiers.
70. Le tireur peut fournir un chèque sur la maison dont il est membre.
71. Omission du nom du tiré.
72. Provision préalable au tiré.
73. L'époque du versement différencie la provision de la lettre de change de celle du chèque.
74. Nature de la provision constituant une deuxième différence.
75. La provision doit continuer à exister jusqu'à l'échéance.
76. Provision faite après la création du chèque ; conséquences.
77. La faillite du tireur annule-t-elle la provision ?
78. *Quid* en cas de faillite du tiré ?
79. Comment et par quelles preuves l'existence de la provision peut être établie.
80. Visa des anciens chèques ; ses effets quant à la provision

69. Le tireur ne pourrait-il se désigner lui-même comme étant la personne qui doit payer ? Nous ne le pensons pas. D'abord, l'énergie du texte s'y oppose et l'esprit de la loi le défend. En effet, le devoir du tireur est de fournir la provision au tiré, et le droit du porteur est d'avoir, outre le tireur, le tiré pour obligé direct et solidaire, si la provision lui a été remise. Ce devoir et ce droit seraient annihilés si le souscripteur du titre pouvait réunir les qualités de tireur et de tiré.

70. Toutefois, les sociétés sont des êtres moraux, distincts des individus qui en font partie. En conséquence, toute personne intéressée dans une société de commerce, et même le gérant agissant, non en sa qualité, mais comme un simple particulier, pourrait tirer un chèque sur sa maison. En agissant ainsi, on ne tirerait pas sur soi-même, mais sur un tiers.

71. En général, l'omission du nom du tiré rendra le chèque sans valeur ; cependant il n'en sera pas toujours et nécessairement ainsi. Le chèque pourrait être encore valable, s'il existait d'ailleurs une désignation telle que le porteur ne pût pas se tromper sur la personne du tiré. Par exemple, je tire un chèque sur une personne désignée par ses prénoms, qualités, profession, domicile; il est bien évident que, quoique le nom soit oublié, c'est bien mon banquier débiteur, mon correspondant que j'ai voulu indiquer. Si le nom n'y est pas en apparence, en réalité il est suffisamment connu.

De même, l'omission du nom du tiré pourrait être couverte par le paiement qu'il ferait. Du reste, cette espèce se présentera bien rarement, puisque le chèque est extrait d'un carnet dont les feuilles imprimées portent toutes le nom du dépositaire.

72. En exprimant que le tiers sur lequel on peut tirer doit nécessairement être nanti de la provision préalable, l'article 2 répète sous une autre forme ce qui est écrit dans l'article 1er, déclarant que, pour qu'il y ait chèque, il faut qu'il y ait des fonds portés au crédit du compte du tireur et disponibles.

73. Il n'y a aucune similitude entre la provision du chèque et celle de la lettre de change.

Ainsi la lettre de change est un instrument de crédit qui repose sur la confiance qu'inspire le tireur, autant et plus que sur la conviction qu'il en a remis la valeur au tiré. Aussi, pour la lettre de change, la provision peut ne se faire que pour l'époque de l'échéance. Le chèque, au contraire, n'est qu'un instrument de paiement; s'il devenait un instrument de crédit, il perdrait son caractère propre; il usurperait une immunité fiscale à laquelle il n'aurait plus droit et tromperait la confiance des tiers, qui doivent y voir l'équivalent d'une monnaie réelle. Aussi, pour le chèque, la provision doit exister, non-seulement au moment où il sera présenté, mais encore au moment où il est souscrit.

C'est là une première différence; il en est une autre.

74. En fait de lettres de change, la nature de la provision peut varier : elle se compose quelquefois d'argent, de marchandises ou de valeurs envoyés au tiré ; d'autres fois de dettes dont le tiré est, par compte ou de toute autre manière, redevable au tireur. Et il n'est pas nécessaire, pour qu'il y ait provision, que les fonds, marchandises ou autres valeurs remis au tiré, aient été affectés par le tireur, par une destination spéciale, à servir de provision.

En fait de chèques, la nature de la provision peut être la même ; mais il faut y ajouter une condition supplémentaire de la plus haute importance, la *disponibilité*. Or, nous avons expliqué avec la discussion au Corps législatif, que cette disponibilité n'existe qu'autant qu'une convention préalable, exprimée ou sous-entendue, intervenant entre le tiré et le tireur, a autorisé ce dernier à considérer les fonds comme libres et à créer le chèque. Par exemple, être créancier d'une somme liquide ne suffit pas ; une telle créance constitue une dette du tiré et non pas cette provision préalable qui est le trait caractéristique du chèque. Mais que l'on ait l'aveu du débiteur et son consentement, alors apparait le caractère de disponibilité (voir n° 39, *suprà*).

75. Ce serait chose vaine que d'obliger le tireur à fournir provision préalable au moment où il crée le titre, si on lui permettait de la dissiper et de la faire disparaître. Il doit donc la laisser intacte aux mains du tiré, avec son caractère de disponibilité jusqu'au paiement, c'est-à-dire jusqu'à l'anéantissement du chèque. S'il viole cette obligation, il est, on le verra sous l'article 6, passible d'une amende.

76. Bien que la provision n'existât pas au moment où le chèque a été tiré, si elle a été envoyée avant la présentation et si elle est disponible, le dépositaire ne fera nulle difficulté pour payer. Le tiers porteur n'éprouvera aucun préjudice ; mais le tireur n'en aura pas moins manqué au devoir que la loi lui impose. Et nous pensons qu'il aura encouru l'amende édictée par le 2e § de l'article 6, *infrà*.

77. En règle générale, comme nous l'avons dit (n° 67, *suprà*), le tiers porteur du titre est propriétaire de la provision ; mais ce principe, absolu en matière de lettres de change, comporte une distinction quand il s'agit d'un chèque. Dans la lettre de change, le porteur du titre en a nécessairement compté la valeur : il a acheté et payé, si l'on peut s'exprimer ainsi, cette sorte de marchandise qu'on lui a livrée ; puisqu'il a traité à titre onéreux, il est souverainement juste qu'on lui laisse ce qu'on lui a donné : donner et retenir ne vaut. Dans le chèque, il peut en être de même, mais aussi il peut en être autrement. Le chèque peut être le prix d'une créance antérieure ou d'une somme versée, mais il peut aussi être remis au bénéficiaire pour prêt, par libéralité ou pour toute autre cause gratuite. En ce dernier cas, la survenance de la faillite, dans les dix jours qui précèdent la transmission du chèque, ouvre pour la masse les droits que lui confèrent les articles 546 et 547 du Code de commerce.

78. Si le tiré tombe en faillite avant l'échéance du chèque, la provision continue-t-elle d'exister et appartient-elle au porteur, ou, au contraire, est-elle anéantie et retourne-t-elle à la masse des créanciers du tiré ? Cette question n'est pas susceptible d'être résolue à l'aide d'une règle uniforme. Ici, encore, il faut faire des distinctions suivant la nature particulière de la provision. Cependant on peut admettre : 1° que toutes les fois que la provision a été envoyée par le tireur, avec une affectation spéciale, dans le but de servir de paiement au chèque, cette provision, simple dépôt, ne se confond pas avec les biens du tiré ; 2° que lorsque la provision consiste, au contraire, dans la compensation avec une dette antérieurement existante, elle est anéantie par la faillite du débiteur.

Au surplus, sur cette difficulté, controversée en matière de lettres de change, on peut consulter les développements que je lui consacre dans mon traité sur les effets de commerce. (2e édition, n° 280).

79. Nous croyons qu'il est bien difficile d'admettre une règle absolue pour prouver la provision en matière de chèque : des distinctions sont également nécessaires.

S'agit-il d'une demande du tireur contre le tiré, c'est-à-dire d'un compte de mandat commercial ? Nous serions disposé à admettre tous les moyens de preuve, les livres, la correspondance et même la voie d'une enquête.

S'agit-il, entre le porteur et la masse du tireur tombé en faillite, de la question de savoir si, en fait, la provision existait ou n'existait pas au moment de l'échéance et était par conséquent la propriété ou du porteur ou de la faillite ? Nous accepterions la même solution.

S'agit-il d'une déchéance que le tireur peut invoquer contre le porteur qui n'a pas fait protester, alors que la provision a été faite ? Oh ! alors, comme il s'agit de détruire la foi due au titre et d'appliquer une véritable peine, nous croyons que la preuve littérale serait seule admissible.

S'agit-il enfin de soumettre à l'amende le tireur qui a contrevenu à l'obligation de ne tirer le chèque qu'après le versement préalable de la provision ? Nous voudrions aussi des preuves écrites et positives.

Dans tous les cas, lorsqu'une Cour d'appel décide que la provision existait ou n'existait pas aux mains du tiré au moment de l'échéance, elle apprécie souverainement les circonstances du fait, et sa décision échappe à la censure de la Cour de cassation.

80. Nous avons dit (n° 50, *suprà*) qu'avant la loi nouvelle qui exige impérativement le paiement à présentation, les établissements financiers avaient l'habitude, pour la facilité de leur service de caisse, de viser les chèques quelques jours avant de les acquitter. Quelle était l'influence de ces visa sur la provision ? La rendaient-ils impossible ? Constituaient-ils une sorte d'acceptation obligeant le tiré à ne vider ses mains qu'en celles du porteur du chèque visé ? — On a jugé : que le visa n'opérait pas les effets qu'entraîne l'acceptation ; et qu'il ne faisait nul obstacle à ce que le banquier dépositaire refusât le paiement si, au moment où le tiers porteur se présente pour toucher, il n'y a plus provision suffisante (1). M. Dalloz, qui rapporte cette solution, ajoute : « — D'après cette décision, le banquier pourrait donc régulièrement payer un chèque d'une création postérieure à celui qu'il a visé, la provision n'étant pas, par l'effet du visa, frappée d'indisponibilité jusqu'à concurrence du montant du chèque. Pour justifier cette conséquence, on peut faire remarquer qu'il n'est pas toujours certain qu'un chèque visé sera présenté ; les comptes réciproques du souscripteur du chèque et de celui qui l'a reçu, peuvent avoir été modifiés depuis le visa, et ces modifications ont pu amener la restitution du chèque ou son remplacement par un chèque fourni pour une somme différente. » — *Répertoire*, v° *Warrants et chèques*, n° 82.

Aujourd'hui cette difficulté ne pourra plus surgir à l'occasion d'un chèque proprement dit, puisque, payable à présentation, il ne comporte plus la formalité du visa. Mais comme les banquiers gardent la faculté de remettre à leurs correspondants des récépissés qui, sans être des chèques, vaudront comme mode licite de règlement, il n'était pas inutile de rapporter ce jugement.

(1) Tribunal de commerce de la Seine, 22 oct. 1864, aff. Destéract (Dall.64.3.202).

ART. 3.

Le chèque peut être tiré d'un lieu sur un autre, ou sur la même place.

SOMMAIRE.

81. La lettre de change doit toujours être tirée d'un lieu sur un autre ; pour le chèque, il peut en être autrement.
82. Utilité du chèque tiré de place en place.
83. Conséquences quand il est ainsi tiré ; renvoi.

81. L'article 110 du Code de commerce dit : « La lettre de change *est* tirée d'un lieu sur un autre. — Cette expression EST, indique qu'il n'y a pas lettre de change, si le mandat de paiement n'a pas été tiré d'un lieu sur un autre lieu. Ce n'est pas là seulement une règle générale, c'est un principe absolu, inflexible, qui ne comporte aucune exception. En d'autres termes, la remise d'un lieu sur un autre est le caractère substantiel et prédominant de la lettre de change.

En parlant du chèque, notre article n'emploie nullement la formule impérative. On y lit : « Le chèque PEUT être tiré d'un lieu sur un autre ou sur la même place. » Ici, ce n'est plus un devoir imposé, c'est une faculté concédée. Le chèque payable dans la ville même où il est créé, sera aussi valable que celui qui sera payable au dehors de cette ville. Et, disons-le, dans la pratique, telle qu'elle existe aujourd'hui, les chèques sédentaires sont la règle et les autres ne sont que l'accident.

82. Mais était-il utile que le chèque pût être tiré de place en place ? M. Rouher, examinant cette question, s'est exprimé ainsi : « Il fallait bien que la loi s'expliquât sur ce point : il fallait bien qu'elle déterminât le caractère du chèque. Cette question a été résolue en Angleterre. Après l'avoir d'abord passée sous silence, le Parlement a fait une loi spéciale pour

8

déclarer que le chèque pourrait être tiré de place en place. En quoi cette faculté est-elle un inconvénient ? En quoi est-elle un désavantage ? En quoi la prévision de cette latitude, dans l'émission du chèque, paralyse-t-elle l'émission elle-même ? Il est avantageux que le chèque puisse être tiré de place en place, qu'un particulier, qui a entre ses mains les chèques qui lui ont été délivrés par sa maison de banque, puisse, en quelque lieu de la France qu'il se trouve, délivrer un chèque sur sa maison de banque. Il a donc fallu prévoir cette hypothèse. Nous l'avons prévue et résolue. » — (Séance du 23 mai 1865.)

Déjà le rapporteur, M. Darimon, avait démontré que ces chèques tirés d'un lieu et payables dans un autre présentaient une grande utilité. Après avoir transcrit le texte de l'article 3, il disait : « On ne peut qu'applaudir à cette disposition qui permettra aux virements et aux compensations de s'accomplir de place à place et diminuera ainsi la nécessité des transports de numéraire. On peut se faire une idée de la monnaie métallique qui voyage par le tribut payé aux compagnies de chemins de fer pour transports d'espèces : ce tribut s'élève à 2 millions, ce qui représente un capital de 3 milliards. » — (Rapport.)

85. Nous allons voir, sous l'article suivant, quelles sont, au point de vue de la juridiction et au point de vue des voies et moyens d'exécution, les conséquences que la loi attribue au chèque quand il est tiré d'un lieu sur un autre.

ART. 4.

L'émission d'un chèque, même lorsqu'il est tiré d'un lieu sur un autre, ne constitue pas, *par sa nature*, un acte de commerce.

Toutefois, les dispositions du Code de commerce relatives à la garantie solidaire du tireur et des endosseurs

au protêt et à l'exercice de l'action en garantie, en matière de lettres de change, sont applicables aux chèques.

§ 1er.

Nature du chèque. — Compétence.

SOMMAIRE.

84. Texte du premier alinéa de l'art. 4.
85. Règles générales de la compétence commerciale ; sont-elles applicables au chèque ?
86. Opinion du Gouvernement exprimée par M. de Lavenay, conseiller d'Etat.
87. Le chèque ne réalise pas, comme la lettre de change, la remise de place en place.
88. 2e *raison* : la lettre de change instrument de crédit, le chèque instrument de paiement.
89. 3e *raison* : propagation du chèque.
90. Application des principes aux diverses espèces ; 1re *espèce* : demande contre un commerçant.
91. 2e *espèce* : cas où le commerçant a créé ou endossé le chèque pour cause purement civile.
92. 3e *espèce* : cas où c'est un simple particulier qui agit contre un commerçant.
93. 4e *espèce* : incompétence des tribunaux de commerce quant au simple particulier.
94. 5e *espèce* : signatures de commerçants à côté de la signature du simple particulier.
95. *Quid* si le particulier est assigné seul et sans que les signataires négociants soient appelés dans l'instance ?

84. Reprenons le texte du premier alinéa de l'article 4.

« L'émission d'un chèque, même lorsqu'il est tiré d'un lieu sur un autre, ne constitue pas *par sa nature* un acte de commerce. »

Ainsi, à considérer le chèque en lui-même, et abstraction faite soit de la qualité du souscripteur, soit des circonstances du fait, la loi ne veut pas que sa nature propre le fasse réputer, toujours, dans tous les cas, et *ipso jure*, un acte de commerce.

8.

85. Pour bien faire comprendre le sens et la portée de ce paragraphe de l'article 4, analysons rapidement les dispositions légales qui, en matière de lettre de change, se réfèrent à la compétence des tribunaux de commerce.

L'article 631 du Code de commerce est ainsi conçu : « Les tribunaux de commerce connaîtront : 1° de toutes contestations relatives aux engagements et transactions entre négociants, marchands et banquiers ; 2° entre toutes personnes, des contestations relatives aux actes de commerce. »

Ainsi la compétence commerciale est fondée, en premier lieu, sur la qualité des personnes litigantes, qualité qui imprime aux actes une présomption de commercialité ; ensuite, et en deuxième lieu, sur la nature même des actes.

Puis l'article 632, définissant les actes commerciaux par leur nature, ajoute : « La loi répute actes de commerce..... les lettres de change ou remise de place en place. »

Partant de ces principes élémentaires, des orateurs, notamment MM. Ernest Picard et Berryer, ont prétendu que le chèque tiré d'un lieu sur un autre contenait la remise de place en place aussi bien que la lettre de change ; que, par conséquent, *par sa nature,* le chèque était un acte de commerce par excellence et qu'il ne fallait pas exprimer le contraire, comme le faisait l'article 4 de la loi.

En est-il bien ainsi ?

86. M. de Lavenay, commissaire du Gouvernement, après avoir rappelé les principes sur lesquels il était d'accord avec M. Picard, soutenait en ces termes les dispositions de l'article 4 : « C'est précisément pour cela que nous avons raisonné ainsi : Si la loi est muette, — et je dis en passant que c'est un des nombreux motifs de faire une loi spéciale, de ne pas s'en tenir, comme on l'a proposé, à un simple article de la loi de finance portant exemption d'impôt, — nous avons, dis-je, raisonné ainsi : si la loi est muette sur ce point, lorsque le chèque sera tiré de la même place, il y aura ou il n'y

aura pas acte de commerce, suivant la qualité du tireur ou les circonstances; mais s'il est tiré d'une place sur une autre, il y aura toujours acte de commerce, et le souscripteur, quel qu'il soit, sera toujours tenu de la juridiction commerciale.

« On avait déjà fait remarquer, dès l'année dernière, et le Gouvernement comme le Conseil d'Etat et votre commission ont partagé cet avis, que ce résultat, dans certains cas, serait exorbitant.

« En effet, le chèque est un instrument de liquidation qui n'est pas seulement employé dans les habitudes du commerçant, il est employé aussi comme mode de paiement dans les habitudes des simples particuliers : toute personne peut payer un fournisseur, pour une livraison quelconque, avec un chèque. Dans l'état actuel des choses, quand on donne ces récépissés dont on s'est servi jusqu'à présent, on ne dénature pas son obligation ; elle reste, après la délivrance du récépissé, civile ou commerciale, comme elle était auparavant.

« On a donc pensé qu'on ferait une chose utile à la propagation des chèques, utile à cette habitude que l'on veut développer de déposer les fonds disponibles en comptes courants, en permettant aux particuliers non commerçants de payer avec un chèque, même d'une place sur une autre place, les livraisons qui leur auraient été faites, et cela sans changer de juridiction et sans qu'ils deviennent, eux qui ne sont point commerçants, qui n'ont aucune affaire de commerce, justiciables de la juridiction des tribunaux de commerce.

« *Je le répète, c'est, il est vrai, une dérogation à la présomption qui fait considérer comme opération de commerce toute remise d'argent de place en place ; mais c'est une dérogation qui a été faite intentionnellement* en faveur de l'institution des chèques, en faveur de leur propagation, à raison de leur objet et de leurs causes habituelles ; au profit enfin des personnes non commerçantes qui veulent se servir, pour la simple liquidation de leurs obligations, de ce mode de paiement. » (Séance du 23 mai 1865.)

En tenant ce langage, M. de Lavenay a parfaitement signalé le but que voulait atteindre la loi, et ses avantages, quand elle se proposait de soustraire le simple particulier à la juridiction commerciale; mais il a fait une concession qui ne nous paraît pas juste, lorsqu'il a reconnu que le chèque tiré d'un lieu sur un autre réalisait au même degré que la lettre de change la remise de place en place, c'est-à-dire une opération réputée commerciale.

Cela n'est pas toujours vrai, et nous allons tâcher de le mettre en lumière.

87. Une première raison devait faire établir une distinction entre la *nature* de la lettre de change et la *nature* du chèque.

La lettre de change, à peine de ne plus être lettre de change, doit toujours être tirée d'un lieu sur un autre; et toujours aussi elle contient nécessairement un contrat de change. En effet, ce n'est pas tout, pour sa perfection, qu'elle soit tirée d'un lieu sur un autre; il faut encore, suivant l'article 110 du Code de commerce, que la valeur en ait été fournie au tireur en espèces, en marchandises, en compte ou de toute autre manière, et qu'elle l'énonce (1). Cette mention est si bien considérée comme faisant partie des caractères irritants de la lettre de change que la jurisprudence annule le titre lorsqu'il porte seulement ce titre : *valeur reçue ou entendue*. Or, c'est dans la combinaison de ces deux choses, 1° la valeur fournie en un lieu et exprimée dans le titre, 2° son équivalent restitué dans un autre lieu que réside le contrat de change et, par suite, la lettre de change.

---

(1) Il faut bien se garder de confondre *la valeur fournie* au tireur, qui est le prix qu'on lui paie pour sa lettre de change, et la *provision*, qui est la couverture que l'on remet au tiré pour qu'il fasse honneur au mandat de paiement, à l'échéance.

Dans le chèque tiré de place en place, on retrouve bien un des caractères de la lettre de change, le mandat donné à un tiers de payer en un autre lieu ; mais on ne rencontre pas indispensablement l'autre caractère, qui est non moins essentiel à la réalisation du contrat de change, à savoir : la valeur fournie au tireur en un lieu autre que celui où il pourra payer ; en supposant même que cette valeur ait été fournie, le titre ne l'énonce pas. Il peut donc ne pas y avoir contrat de change, puisqu'il ne peut pas y avoir *change*. Et c'est être en dehors de la vérité des principes que d'admettre que, par cela seul qu'il est payable en un autre lieu, le chèque est, comme la lettre de change, l'instrument d'une *remise* de place en place.

C'est donc avec beaucoup de sens que M. Rouher, prenant la parole après M. de Lavenay, a dit : « Je n'hésite pas à l'affirmer, dans l'émission et l'acceptation d'un chèque, il n'y a pas, à proprement parler, un contrat de change ; il n'y a pas ce qui est le caractère fondamental et essentiel de la lettre de change et de la juridiction commerciale. L'émission d'un chèque est une simple liquidation, un simple règlement opéré sur des fonds disponibles, au moyen d'un instrument de crédit spécial, opération très-différente du contrat de change, tel que le définit le Code de commerce. Il ne saurait y avoir, par conséquent, ni doute, ni hésitation, ni difficulté dans l'application de l'art. 4. » (Séance du 23 mai 1865.)

89. D'ailleurs, en supposant même que le chèque, réalisant le contrat de change, participât de la même nature que la lettre de change, il y aurait encore une bonne raison qui justifierait une exception aux règles ordinaires en cette matière.

Pourquoi la législation du Code de commerce a-t-elle été sage, quand elle a attaché la compétence de la juridiction consulaire et la voie de la contrainte par corps aux demandes en paiement de lettres de change ? Parce que la lettre de change est un instrument de crédit, qui peut être tiré sans qu'au préalable la couverture ait été remise au tiré. Sa circulation repose sur la confiance accordée à la personne : il faut donc que la personne en réponde.

Pourquoi n'accorde-t-on pas la même juridiction et les mêmes voies et moyens d'exécution quand il s'agit de chèques ? Parce que la provision préalable doit toujours être fournie au tiré avant la création du titre et parce que, s'il n'a pas été satisfait à cette obligation, une lourde amende est infligée au délinquant, sans préjudice de l'application des dispositions pénales, en cas de manœuvres frauduleuses. Ici la foi repose sur l'argent déposé et la confiance, en la personne n'est qu'accessoire.

80. Un troisième motif, qui a également sa puissance, explique pourquoi les moyens rigoureux, en vigueur pour les lettres de change, ne sont guère de mise quand il s'agit de chèques. C'est le désir, la volonté ferme d'assurer le rapide développement des chèques, dont on peut espérer les meilleurs résultats. Agir autrement, imprimer au chèque le cachet de commercialité, ce serait le rendre suspect à bien des gens. Ici encore et à côté de l'opinion de M. de Lavenay, ci-dessus rapportée, empruntons quelques paroles à M. Rouher : « Quelle a été la préoccupation du Gouvernement ? Il lui a semblé que si on admettait qu'un particulier fera un acte de commerce toutes les fois qu'il délivera un chèque pour ses opérations, c'était enrayer le développement de cette nature d'opérations, de cette nature de titre. Il est de toute évidence qu'un simple particulier, qui délivre un chèque sur son banquier, se verrait peu volontiers, si une contestation s'élevait sur la régularité du chèque, conduit devant le tribunal de commerce, et avec cette conséquence qu'il deviendrait contraignable par corps, en cas de condamnation. — Eh bien ! l'article 4 vous dit que, lorsqu'il y aura émission d'un chèque, le fait seul de cette émission n'entraînera pas la juridiction consulaire. » — (Séance du 23 mai 1865.)

90. Appliquons ces principes aux diverses espèces qui peuvent se présenter.

Le fait seul de l'émission d'un chèque n'entraînera pas de droit la juridiction consulaire. Et, alors, des distinctions sont nécessaires.

Si la demande judiciaire dont le chèque est l'objet, est formée contre un commerçant, le tribunal de commerce sera compétent à raison de la personne. Nul doute à cet égard. Deux dispositions de la loi le veulent ainsi : d'abord, l'article 631 du Code de commerce, déjà cité, qui attribue formellement à ce tribunal la connaissance des contestations relatives aux engagements et transactions entre négociants, marchands et banquiers ; ensuite, l'article 638, même Code, qui, dans son paragraphe deuxième, répute obligations commerciales tous les billets souscrits par un commerçant et ne contenant pas l'énonciation d'une cause étrangère au négoce.

91. Cependant le § 1er de l'article 638, emprunté à l'article 6 de l'ordonnance de 1673, n'attache point le commerçant à la juridiction commerciale dans toutes les positions qu'il parcourt, pour tous les actes qu'il accomplit. Le législateur comprend que chaque individu, au-dessus de sa qualité de commerçant, place celle de citoyen, de membre de la grande famille sociale. Si, pour satisfaire à ses besoins quotidiens, pour son usage personnel, pour l'entretien de sa famille, le commerçant souscrit des engagements étrangers à son commerce ; s'il a le soin d'en énoncer la cause dans le titre lui-même, alors ce n'est point comme commerçant, c'est comme simple particulier qu'il a contracté ; il ne doit pas être, il n'est plus justiciable des tribunaux consulaires. — (Voir les autorités dans mon *Traité des tribunaux de commerce*, t. 2, p. 66).

Dans la discussion relative aux chèques, il a été reconnu, par les orateurs du Gouvernement, que ces principes conservalent leur empire. Ainsi, M. Ernest Picard avait dit : « M. le commissaire du Gouvernement me fait une réponse qui pourrait me satisfaire, si l'article 4 donnait aux commerçants le droit de faire attribuer à la juridiction civile certaines contestations qui pourront les intéresser, et résultant de l'usage qu'ils auraient fait des chèques pour des affaires autres que des affaires commerciales. » A quoi M. de Lavenay a répondu : « Pardon, monsieur Picard, nous disons : *par sa nature*. Lorsque le chèque sera souscrit par un commerçant à l'occasion d'une affaire de commerce, ce commerçant, en vertu des prescriptions du Code de commerce, sera justiciable du tribunal de commerce. *Autrement le souscripteur sera justiciable des tribunaux civils.* » — (Séance du 23 mai 1865).

92. Dans tout contrat synallagmatique, il y a deux parties. Le contrat prend une signification différente suivant les intentions de tel ou tel contractant. Il en est de même des actes qui ont le commerce pour objet. Par exemple, pour le propriétaire, vendre les denrées de son cru, ce n'est pas commercer ; mais, pour l'acheteur, acheter ces denrées avec l'intention de les revendre, c'est faire un trafic et revenir aux actes de commerce, énoncés dans l'art. 632 du Code de commerce. — Le contrat est donc civil et commercial tout à la fois. *Civil*, quant au propriétaire vendeur ; *commercial*, quant à l'acheteur. Dès lors, le simple particulier, qui ne pourra être attiré devant la juridiction consulaire, aura le choix d'y appeler l'acheteur engagé par cause commerciale, ou de saisir de sa demande les tribunaux civils. (V. mon *Traité des tribunaux de commerce*, t. 2, p. 82 et suivantes.)

Dans le chèque on pourra procéder de même. Un simple particulier souscrit-il un chèque, pour cause étrangère au commerce ? lui, il ne lie qu'un contrat civil. — Le tire-t-il sur une banque de dépôt ? cette banque, elle, qui spécule sur les fonds, est engagée à raison de son commerce. — En conséquence, le simple particulier, saisissant la justice, pourra considérer le chèque, quant à lui ou quant à son adversaire, et aura l'option de porter son action devant les tribunaux civils ou devant la juridiction consulaire.

93. Quand un simple particulier a souscrit ou endossé un chèque pour cause purement civile, le tribunal de commerce est incompétent, en ce qui le concerne. Ceci n'a pas besoin de démonstration.

En résumé, sur ces divers points :

A l'égard du non-commerçant, la commercialité de la cause du chèque peut seule l'attirer devant le tribunal d'exception. Si la commercialité du fait n'est pas établie, la qualité civile de la personne le laisse sous l'empire de la juridiction commune.

A l'égard du commerçant, au contraire, la nature purement civile du fait le replace seule sous la juridiction commune. S'il ne prouve pas cette cause étrangère au commerce, la qualité commerciale, dont sa personne est couverte, le maintient de droit sous la juridiction consulaire.

94. A côté de la règle générale qui ne permet pas aux tribunaux de commerce, de connaître des contestations soulevées contre un simple particulier, se place l'exception écrite dans l'art. 637 du Code de commerce ainsi conçu : « Lorsque « ces billets à ordre porteront en même temps des signatures « d'individus négociants et d'individus non négociants, le « tribunal de commerce en connaîtra ; mais il ne pourra pro- « noncer la contrainte par corps contre les individus non « négociants, à moins qu'ils ne soient engagés à l'occasion « d'opérations de commerce, trafic, change, banque ou cour- « tage. » — Ainsi, quand la signature du simple particulier se trouve accolée à des signatures d'individus justiciables du tribunal de commerce, une sorte d'indivisibilité s'établit et rend la juridiction consulaire compétente. Le tribunal de commerce de Paris, quand il statue dans cette circonstance, motive sa compétence par cette formule consacrée : *Attendu qu'au titre figure.....*

Le chèque, quelle que soit sa propre nature, n'en est pas moins un effet à ordre. Aussi la disposition de l'art. 637 lui est applicable. Cela a été formellement reconnu lors de la discussion au Corps législatif : M. Rouher, ministre d'État, l'a déclaré en ces termes : « Les règles de juridiction tracées par l'art. 636 du Code de commerce, lorsque le billet à ordre n'est revêtu que de signatures d'individus non négociants, et aussi celles tracées par l'art. 637, lorsque le titre porte à la fois des signatures de négociants et de non-négociants, demeurent, d'ailleurs, complétement applicables aux chèques. » (Séance du 23 mai 1865.)

93. Dans l'application de l'art. 637 une question grave, qui peut surgir à l'occasion d'un chèque aussi bien que relativement à un billet à ordre, a divisé la doctrine et la jurisprudence. On s'est demandé si le tribunal de commerce est valablement saisi à l'égard du non-négociant, lorsque, sur le titre qu'il a signé, figureront des signatures de négociants *qui sont libérés ou qui ne sont pas en cause.*

Pour la négative, on a recherché les motifs qui avaient dicté la disposition de l'art. 637. On a pensé qu'elle avait eu pour but l'intérêt du commerce et la nécessité d'empêcher deux juridictions parallèles d'apprécier le même acte ; on a dit : qu'appelé dans une instance, commerciale vis-à-vis de certains défendeurs, le simple particulier devait y figurer, en quelque sorte, à titre de garant ; qu'il était utile de l'enlever à ses juges naturels lorsque le même procès était soumis à des juges déjà saisis ; mais que cette mesure devenait arbitraire lorsque le particulier figurait seul au procès, ce motif exceptionnel n'existant pas.

Au soutien de l'affirmative, on a répondu : que la disposition de l'art. 637, conçue en termes généraux, absolus, sans restrictions, attribue aux tribunaux de commerce, par opposition au cas prévu par l'art. 636, la connaissance de tous effets qui, étant revêtus de la forme commerciale, sont susceptibles d'en conserver d'une manière immuable le privilège ; que dès lors, il est indifférent que l'individu non négociant, signataire de l'effet, soit seul actionné en paiement, parce que cette circonstance n'est pas de nature à anéantir la juridiction commerciale irrévocablement acquise par le fait de la signature d'individus négociants ; — qu'enfin il faut reconnaître que le simple particulier a accepté d'avance cette juridiction, lorsque, pour satisfaire à une obligation purement civile, il a eu recours aux formes commerciales, et notamment au billet à ordre, parce que, en le souscrivant, il s'est soumis aux conséquences qui pourraient en résulter, si son effet, mis en circulation, se trouvait ensuite revêtu de la signature de commerçants. — On trouvera dans mon *Traité des tribunaux de commerce* (tome 2, pages 200 et suivantes), l'indication des diverses autorités qui défendent l'un et l'autre système.

§ 2.

Règles et usages concernant la lettre de change applicables au chèque.

SOMMAIRE.

96. Texte du deuxième alinéa de l'art. 4.
97. Quand ce deuxième alinéa prescrit l'application des règles du Code de commerce, il ne fait pas antagonisme au premier alinéa refusant de voir dans le chèque la nature commerciale.
98. Garantie solidaire du tireur et des endosseurs.
99. L'aval apposé sur un chèque, ou par acte séparé, serait-il valable?
100. Refus de paiement; sa constatation par le protêt; quand le protêt aura lieu.
101. Exercice de l'action en garantie.
102. Le deuxième paragraphe de l'art. 4 est-il limitatif? Ne peut-on appliquer aux chèques d'autres règles ou usages en vigueur pour la lettre de change?
103. Mention : *Retour sans frais*.
104. Indication de *besoins*.

105. Paiement par intervention.
106. Paiement des chèques perdus.
107. Des chèques faux ou falsifiés ; lacune de la loi et du Code de commerce.
108. Chèque faux, par usurpation de la signature du tireur.
109. Altération de la somme à payer.
110. Nécessité du concours à donner pour arriver à découvrir l'auteur du faux.
111. Paiement du chèque sur un *faux acquit*.

96. Après avoir déclaré que, par sa nature, le chèque, même tiré d'un lieu sur un autre, ne constitue pas un acte de commerce, l'art. 4 ajoute, dans son deuxième alinéa : « Toutefois, les dispositions du Code de commerce relatives à la « garantie solidaire du tireur et des endosseurs au protêt et « à l'exercice de l'action en garantie, en matière de lettres « de change, sont applicables aux chèques. »

97. On a supposé que les deux paragraphes de l'art. 4 se faisaient antagonisme. Comment expliquer, a-t-on dit, que le 1er paragraphe fasse du chèque un acte purement civil, alors que le 2e paragraphe lui applique cependant les dispositions du Code de commerce ?

La réponse a été faite et catégorique. Qu'importe que, en caractérisant la nature de l'acte, on ait déclaré qu'il n'était pas commercial ? En résulte-t-il que la procédure préparatoire du litige ne doive pas être réglée par le Code de commerce ? Nullement ; et ces deux questions ne sont pas solidaires. Lorsque le chèque émis donne lieu à des contestations, les recours en garantie peuvent être exercés conformément au Code de commerce. C'est ce qu'on énonce dans le 2e paragraphe de l'art. 4. Il vous dit que, toutes les fois que le chèque sera protesté, toutes les fois qu'il y aura dénonciation du protêt, les formalités seront remplies suivant les prescriptions du Code de commerce. En agissant de la sorte, on ne fait rien d'insolite et d'anormal : c'est ainsi que les choses se passent pour un billet à ordre souscrit par un simple citoyen. Dans ce cas, et alors même que ce billet à ordre, souscrit, ou endossé par des individus non commerçants, est un acte purement civil, ou n'en suit pas moins, devant toute juridiction, les formalités prescrites par la législation commerciale (M. ROUHER, ministre d'État, séance du 23 mai 1865.)

Ainsi donc, quelle que soit la nature du chèque, qu'il ait été créé pour opération commerciale ou dans un but purement civil, que la contestation s'agite devant le juridiction civile ou devant les juges consulaires, peu importe : les formalités prescrites par le Code de commerce seront exactement suivies.

98. Cela dit, analysons rapidement les diverses dispositions du Code de commerce auxquelles notre article se réfère.

Dans sa vive sollicitude pour l'exécution de la convention de change, dans le but de témoigner de la bienveillante protection qu'il accorde au porteur, le législateur a voulu que tous les débiteurs de la lettre de change fussent solidairement responsables. — « Tous ceux qui ont signé, accepté ou endossé « une lettre de change, dit l'art. 140 du Code de commerce, « sont tenus à la garantie solidaire envers le porteur. » — C'est la première des règles qui, d'après notre article, sont applicables au chèque.

Comme le dit le rapport de M. DARIMON, une telle solidarité est nécessaire au succès des chèques et à leur adoption générale. Le porteur du chèque doit avoir une sécurité complète : la nécessité de la provision lui garantit que le tireur ne peut abuser de sa bonne foi ; et la solidarité des endosseurs lui est un nouveau gage que le chèque ne restera pas en souffrance.

Ces expressions de l'art. 140 : *envers le porteur*, doivent s'entendre, non-seulement du porteur actuel, mais de tous ceux qui, soit par négociation, soit par endossement, deviendront *porteurs*. Ainsi, qu'un endosseur rembourse le propriétaire du chèque, non payé par le tiré, il se met à son lieu et place, reprend la qualité de porteur qu'il avait perdue par son endossement, et jouit du bénéfice de la garantie solidaire des autres obligés au titre.

99. Pourrait-on, au moyen d'un aval, garantir le paiement d'un chèque? Nous le pensons. En règle générale, toutes les conventions qui ne sont pas prohibées par la loi, ou qui ne heurtent pas le caractère substantiel des actes, doivent être considérées comme permises. Or, l'aval, qui n'est autre chose qu'un cautionnement, n'est en contradiction ni avec une loi formelle ni avec les règles spéciales du chèque. Au contraire, il semblerait rentrer, sinon dans les prévisions du législateur, au moins dans ses tendances. On veut favoriser le commerce en facilitant l'émission et la négociation des chèques; pour cela il ne faut pas que le chèque subisse à l'échéance l'affront d'un refus de paiement; aussi, pour assurer le paiement, on prescrit le versement au tiré d'une provision préalable. N'est-ce pas entrer dans cette voie et accroître la confiance que mériteront les chèques, que d'accroître leurs garanties en permettant à un tiers de les cautionner?

Et d'ailleurs, puisque notre article veut que les solidarités qui garantissent le paiement de la lettre de change appartiennent au chèque, pourquoi refuserait-on à ce dernier acte cette solidarité accessoire que l'on appelle aval parce qu'il signifie *faire valoir?*

100. Le chèque est présenté au tiré, qui ne paye pas. Il faut que la constatation de son refus, qui est le point de départ des actions en garantie, soit faite d'une façon officielle et authentique; mais quand, en quelle forme, comment? Là était la question.

La commission, instituée pour préparer le projet de loi, s'est trouvée en présence de ces deux systèmes, le système de protêt admis pour la lettre de change par notre Code de commerce et le système anglais spécial aux chèques. — En France, selon l'art. 162 de notre Code, « le refus de « paiement doit être constaté, *le lendemain* du jour de l'é-

« chéance, par un acte que l'on nomme protêt faute de paie-« ment. Si ce jour est un jour férié légal, le protêt est fait le « jour suivant. » — Le système anglais est très-expéditif ; il est immédiat : aussitôt que le chèque est présenté et non payé, la constatation de refus de paiement se fait de suite par le porteur, et le chèque est dit : déshonoré.

Suivant les renseignements donnés par M. DE LAVENAY, la commission administrative a hésité très-sérieusement entre ces deux moyens de constatation ; elle a préféré le protêt parce qu'elle a pensé que, dans des matières de cette nature, il fallait innover le moins possible, créer le moins possible des procédures spéciales et que, partout où la spécialité de la matière n'exigeait pas d'une façon absolue une spécialité de législation, il valait mieux rester dans les termes du droit commun et dans les habitudes commerciales. Elle a donc admis la forme ancienne du protêt et elle n'a pas introduit la formalité expéditive, immédiate, par laquelle un chèque anglais est dit déshonoré, par laquelle aussi sont ouverts les recours contre les tireurs et les endosseurs.

Mais la commission du Corps législatif a été frappée d'un inconvénient qui pouvait se produire, surtout dans l'avenir, en suivant la théorie ordinaire du protêt levé le lendemain de l'échéance. Son rapporteur, M. DARIMON, se faisait l'organe de cette appréhension, quand il disait dans son rapport : « Cette procédure a paru renfermer quelques lenteurs qui s'accordent mal avec la rapidité de transmission et de paiement des chèques. Les tribunaux s'habitueront sans doute à considérer les contestations relatives aux chèques comme devant être résolues dans le plus bref délai et les rangeront parmi les matières sommaires. En attendant, il était bon d'accorder au porteur du chèque la faculté de faire constater le refus de paiement *à l'instant même*, afin de lui permettre de se mettre en règle vis-à-vis du tireur. En conséquence, la commission a proposé d'ajouter à l'art. 4 un 3ᵉ paragraphe ainsi conçu « *cependant le protêt pourra suivre immédiatement le refus de paiement.* » — Cette modification a reçu l'assentiment du Conseil d'État.

La discussion s'est ouverte au Corps législatif sur cet amendement. Dans la séance du 5 mai 1865, il a été vivement attaqué, notamment par M. QUESNÉ : laissons parler le *Moniteur* : « Je demande le renvoi à la commission du 3e paragraphe de l'art. 4, dont la chambre vient d'entendre la lecture. Il y est dit : *Cependant le protêt pourra suivre immédiatement le refus de paiement.* — Cette disposition aurait, à mon avis, un effet tout contraire à celui que se propose le projet de la loi. Elle entraverait l'usage du chèque, par la crainte des frais qu'entraîneraient pour le tireur et pour les endosseurs des protêts ainsi précipités.

« M. ERNEST PICARD : c'est très-juste !

« M. QESNÉ : Pourquoi cette dérogation au droit commun, qui accorde au tiré jusqu'au lendemain pour s'acquitter ? Comment constatera-t-on le refus de paiement ? Aujourd'hui, il se constate tout simplement par lui-même, c'est-à-dire par le défaut de paiement depuis le moment où il est réclamé jusqu'au lendemain. Comment, dans le cas du projet de loi, constatera-t-on le refus de paiement ?..... La fermeture de la caisse à une heure moins avancée de la journée que dans d'autres établissements, l'absence du tiré, le manque d'instructions données par lui à ses représentants, la demande d'un délai d'une heure pour examiner son compte avec le tireur, sont-ce là des circonstances qui pourront être regardées comme constituant des refus de paiement ?.....

« Lorsqu'il s'agit d'une lettre de change, d'un effet de commerce, le tiré, le débiteur est averti ; il sait que, à tel jour, tel paiement lui sera réclamé. Ici, point. Ici, il n'y a point de jour fixe indiqué ; le solde est à la disposition du créditeur, dès qu'il a été reconnu disponible. Pendant des jours, des semaines, des mois, une année, le tiré, le débiteur est sous le coup du chèque. Un chèque, même d'un chiffre considérable, peut arriver à l'improviste. Pour éviter le grave danger du protêt, il faudra donc que le débiteur garde constamment de fortes sommes dans sa caisse Mais, c'est justement cela que vous voulez éviter, et avec raison, car vous voulez, comme moi, la circulation de la monnaie. Que ce chèque soit présenté au tiré au moment de la fermeture des caisses ; le tiré, s'il n'a pas conservé chez lui la somme nécessaire, ne peut aller chez son banquier, il ne peut aller chez des amis, le protêt est là menaçant, impitoyable, inévitable, et voilà un homme dont la signature est, comme vous le dites, déshonorée.

«Vous reconnaîtrez, Messieurs, qu'il y a là un grave inconvénient et qu'il est exact de dire qu'il est plus important, pour le chèque que pour la lettre de change, de donner, suivant l'expression citée par l'honorable M. Darimon, de donner au tiré, au débiteur, le temps de se retourner.

« Je demande donc le renvoi à la commission du § 3 de l'article 4, afin que, non-seulement le délai du protêt ne soit pas diminué, mais qu'il soit prorogé au moins jusqu'au lendemain après-midi, pour donner au tiré le temps de se procurer des fonds. »

Appuyée par MM. Picard, Gressier, Segris, Louvet et Jules Favre, la demande de M. Quesné a été combattue par MM. Martel, Emile Ollivier, Pouyer-Quertier, de Lavenay, commissaires du Gouvernement, et Darimon, rapporteur du projet de loi. Elle a été adoptée par la Chambre, qui, en rejetant l'article, l'a renvoyé à un nouvel examen de la commission. Et la commission, tout en conservant ses convictions, mais en présence des craintes manifestées dans la discussion, a consenti à la suppression du paragraphe critiqué.

En conséquence, il en sera du chèque comme de la lettre de change : les dispositions de l'article 162 du Code de commerce régissent l'un comme l'autre, et le protêt devra être fait le lendemain de l'échéance et même le surlendemain, en cas de jour férié.

101. Expliquons-nous maintenant sur l'exercice de l'action en garantie contre les signataires du chèque.

Conformément à l'article 164 du Code de commerce, le porteur d'un chèque protesté faute de paiement, peut exercer son action en garantie ou individuellement contre le tireur et chacun des endosseurs, ou collectivement contre les endosseurs et le tireur.

Le protêt ne servirait à rien s'il était ignoré des intéressés au paiement du chèque. L'avoir fait dresser, c'est, pour le porteur, le commencement de sa tâche : il doit apprendre ensuite à ses obligés que le débiteur principal a méconnu leurs intentions, leurs ordres, et que leurs signatures restent en souffrance. Pour leur donner une connaissance légale de ce fait, un avis par lettre missive ne suffirait pas : il faut que la dénonciation soit envoyée par exploit d'huissier contenant copie textuelle de l'acte du protêt, afin que les débiteurs connaissent exactement la réponse faite par le tiré.

Cependant les maisons de commerce, qui sont unies par des rapports de mutuelle confiance, pourront s'épargner réciproquement les désagréments d'actes extrajudiciaires, et, dans leur certitude d'un paiement amiable, elles auront la faculté de s'expédier les pièces par correspondance, c'est-à-dire le chèque et le protêt. Si le remboursement amiable ne succède pas à cet avertissement amiable, alors, dans les délais légaux, le protêt sera notifié avec citation en paiement.

Cette double formalité de la dénonciation du protêt et de l'assignation en justice est impérieusement exigée et cumulativement prescrite. On dénoncerait le protêt sans assigner dans le délai de quinzaine, et réciproquement, que l'on serait déchu. Aussi, il a été jugé que l'assignation en justice ne couvre pas le défaut de dénonciation du protêt (1).

La double formalité que nous venons de rappeler est, en général, accomplie par un seul et même acte. — Ces deux formalités seront, au surplus, remplies dans les quinze jours de la date du protêt à l'égard de l'obligé résidant dans la distance de cinq myriamètres.

Et le porteur devant, aux termes de l'art. 165 du Code, notifier le délai *dans la quinzaine* de sa date, n'obéirait pas à la loi, si, le quinzième jour étant férié légal, il notifiait le lendemain (2).

Le porteur du chèque peut attaquer individuellement un de ses obligés, en poursuivre plusieurs, intervertir l'ordre des garanties, ou les mettre tous en cause. — Il jouit à l'égard de chacun d'eux des mêmes délais que s'il l'avait eu pour seul débiteur (art. 167, C. comm.). Mais il n'a pas le droit de se prévaloir, vis-à-vis d'un tel, du laps de temps que la loi lui accorde vis-à-vis de tel autre. — En thèse générale, chaque endosseur peut exciper du défaut de diligences et poursuites dans le délai spécial qui lui appartient en propre.

Les mêmes facultés existent pour chacun des endosseurs, à l'égard du tireur et des endosseurs qui le précèdent. — C'est l'art. 164, C. de comm., qui le dit.

Au surplus, nous verrons tout à l'heure, sous l'art. 5, quelles sont les obligations qui incombent au porteur du chèque, quant au paiement qu'il doit réclamer, et les conséquences que leur inexécution entraîne contre lui.

102. Quand notre article déclare certaines dispositions

---

(1) Douai, arrêt ancien, 26 janvier 1784, Merlin, v° *Endossement*, n° 7, p. 612; *Rép. du Palais*, v° *Protêt*, n° 183; Goujet et Merger, v° *Protêt*, n° 118; mon *Traité des lettres de change*, 2° édit., n° 638.

(2) Tribunal de commerce de la Seine, 22 janv. 1828, *Gazette des tribunaux de commerce*, 24 janv. 1828, n° 76; mon *Traité des lettres de change*, 2° édit., n° 640.

du Code de commerce relatives à la lettre de change applicables aux chèques, contient-il une nomenclature limitative? Nous ne le pensons pas : celles de ces dispositions qui sont spécialement indiquées *devront* être suivies ; mais il en est d'autres dont l'application, sans être forcée, *pourra* avoir lieu. — Toutes les fois que nous rencontrerons des usages qui, basés sur des conventions licites des parties contractantes, ne porteront aucune atteinte aux principes fondamentaux sur lesquels reposent les chèques, nous dirons qu'il n'est pas interdit de les inscrire sur les chèques. — Au numéro 99, *suprà*, nous avons déjà exprimé cette opinion au sujet de l'aval : citons encore quelques exemples.

103. La mention : *retour sans frais*, d'invention moderne, se place ordinairement au bas de la lettre de change, au-dessous de la signature du tireur. — Elle a pour but de protéger le tireur et les endosseurs contre l'insolvabilité du tiré et de leur épargner des frais et des poursuites. Je suis créancier incontestable d'une personne dépositaire de mes fonds qui sont disponibles ; je tire sur elle et je remets mon mandat à un tiers. Pourtant, prévoyant que des catastrophes, si fréquentes dans le commerce, peuvent altérer la position du tiré, je dis à mon cessionnaire : « Je vous remets un titre sur un tel : il peut ne pas vous payer, et, comme je ne veux pas que mon mandat tournant à protêt m'expose à rembourser des frais et à subir votre recours judiciaire, je vous oblige, en cas de non-paiement, à me retourner le titre sans protêt et sans dénonciation. De mon côté, pour ne pas nuire à vos droits, je reconnais qu'ils seront conservés malgré l'absence de la constatation ordinaire du défaut de paiement et je m'interdis de vous l'opposer comme déchéance. Cette convention, que j'impose à vous, à vos cessionnaires et à moi-même, je l'exprime par ces mots : *retour sans frais*.

Dans une pareille convention, on aperçoit de notables avantages et peu d'inconvénients. En effet, pour le porteur, point de dommage possible : ses droits sont maintenus, et il est débarrassé de l'ennui du protêt.

Maintenant, cette dérogation aux formalités est-elle légale? S'il est vrai que, conformément aux articles 6 et 1134 du Code Napoléon, les parties peuvent déroger aux lois qui n'intéressent ni l'ordre public ni les bonnes mœurs ; si elles ont la faculté de se créer des lois particulières et obligatoires, par des conventions licites ; s'il est vrai que l'absence du protêt n'altère en rien la substance du contrat, la légalité du retour sans frais ne méritera pas les honneurs d'une laborieuse argumentation.—Aussi la doctrine et la jurisprudence, dont on trouvera le tableau dans mon *Traité de la lettre de change* (2e édition, n° 187), n'ont pas hésité à proclamer la validité de cet usage.

Pourquoi ne l'admettrait-on pas dans les chèques? Parce que la provision préalable doit exister aux mains du tiré, avec un caractère absolu de disponibilité? Mais qu'importe ! Est-ce que, après la création du chèque, le tiré ne peut être frappé de l'un de ces événements imprévus qui détruisent la solvabilité la plus notoire? Si cela est possible, et si le chèque n'est point altéré dans son essence, il faut nécessairement décider que la mention retour sans frais peut y fonctionner aussi régulièrement qu'en matière de lettre de change.

104. Il arrive quelquefois au tireur d'indiquer dans la lettre de change qu'à défaut de paiement par le tiré, le porteur s'adressera à une ou plusieurs autres personnes du même lieu, dont il fait connaître les noms, qualités et demeures, et qui, au besoin, feront honneur à sa signature. C'est ce qu'on appelle un *besoin*; on donne aussi ce nom ou celui de *recommandataire* à la personne dont l'intervention bénévole est réclamée.

Cette mention, dont l'usage date seulement du dix-huitième siècle, se met au bas de la lettre de change, au-dessous de l'adresse du tiré, et dans les termes suivants : *Au besoin chez un tel.* Deux motifs l'ont fait admettre, qui touchent d'une manière plus ou moins directe au crédit du tireur : le premier, c'est la crainte de l'insolvabilité du tiré ; le second, le désir d'éviter au créateur du titre le désagrément de voir sa signature en souffrance et de subir un protêt qui fait toujours peser une sorte de suspicion sur le titre même et sur ceux qui l'ont signé. Aussi, à raison même de ces motifs, qui sont l'indice d'une sorte de défiance, ce surcroît de précaution est rarement employé envers des maisons notables et bien famées ; c'est, au contraire, elles qui sont priées d'intervenir au besoin.

Cet usage est tenu pour régulier par le Code de commerce, qui, dans son article 173, prescrit de faire lever le protêt, non-seulement au domicile du tiré, mais encore au domicile des personnes indiquées pour payer au besoin.

Par les raisons qui viennent d'être déduites au numéro précédent, et pour assurer la propagation des chèques en accroissant les garanties de leur paiement, il nous semble que cet usage facultatif peut leur être appliqué. Ici il y a même une raison de texte : puisque notre article renvoie aux règles du protêt des lettres de change, il rend commun aux chèques l'article 173 précité, qui ordonne de faire constater le refus du paiement au domicile des recommandataires indiqués.

108. Parfois le tiré est absent au moment où le titre est présenté, ou bien, nanti de la provision préalable, il a dissipé les fonds et ne peut payer. Dans ces cas et dans une foule d'autres circonstances, il est permis à un tiers étranger à la négociation d'intervenir par honneur pour la signature de l'un des obligés au titre et de désintéresser le porteur. Cette intervention a pour but d'empêcher le fâcheux résultat du refus de paiement, et de prévenir les atteintes graves que pourrait en ressentir le crédit des débiteurs. Le paiement ainsi fait a lieu ou spontanément de la part de l'intervenant, ou par suite de la provocation de l'un des obligés, qui, prévoyant l'insolvabilité du tiré, a pris ses mesures pour éviter un nuisible éclat.

Les articles 158 et 159 du Code de commerce régissent l'intervention lors du paiement, qui eût aussi trouvé, dans le quasi-contrat *negotiorum gestorum*, des dispositions analogues et favorables.

Ce remboursement officieux a été qualifié de paiement *sous protêt, par honneur ou par intervention*.

On devrait le recevoir dans les chèques aussi bien que dans les lettres de change, après que les formalités prescrites par la loi ont été remplies.

100. Notre article renvoie au Code de commerce pour toutes les dispositions relatives à la solidarité du tireur et des endosseurs, au protêt et à l'exercice de l'action en garantie. L'article 5, qui va suivre, fait aussi un emprunt forcé aux règles qui concernent le paiement des lettres de change. De là cette question : si le chèque est perdu, comment obtiendra-t-on qu'il soit acquitté par le tiré ? — Ici encore, la réponse doit être empruntée à la matière des lettres de change.

En matière civile, le créancier qui veut obtenir une condamnation doit représenter le titre en vertu duquel il dirige des poursuites. Il ne saurait suppléer à son exhibition par la justification tirée de ses livres et par le fournissement d'une caution. En matière commerciale, il serait dangereux d'appliquer ce principe dans toute sa rigueur.

Dans la circulation des valeurs négociables, il y a tant de mouvement, chez les banquiers, par exemple, il y a une si grande quantité de papiers, que l'on voit fréquemment des titres perdus. Vainement on place les effets en recouvrement et les effets à échoir dans un portefeuille divisé en plusieurs compartiments ; vainement on recommande *aux porteurs*, — c'est le nom des employés chargés de la recette, — les précautions les plus minutieuses ; des erreurs, des oublis se renouvellent, et rien ne saurait les empêcher.

On a donc compris qu'il fallait à ces nécessités du commerce de la banque des dispositions particulières, et voici les formalités édictées par notre Code :

Dès qu'une lettre de change est, par soustraction frauduleuse ou perte, sortie du portefeuille de son propriétaire légitime, la première diligence qu'il doit faire, c'est d'avertir le tiré de cet état de choses. Avant l'échéance ou après l'échéance, en cas de non-paiement, il le lui révèle par un acte extrajudiciaire contenant opposition et conservant ses droits. Ce cas est, avec la faillite du porteur, le seul motif légal qui entrave le paiement (art. 149, Code de commerce).

Après avoir mis ainsi le tiré à couvert d'une surprise du détenteur frauduleux du titre, celui qui l'a perdu peut demander le paiement de la lettre de change perdue et l'obtenir par ordonnance du juge (1), en justifiant de sa propriété par ses livres, et en donnant caution (art. 152, même Code).

En cas de refus de paiement, sur la demande formée en vertu des deux articles précédents, le propriétaire de la lettre de change perdue conserve tous ses droits par un acte de protestation (art. 153, même Code).

Ainsi, l'art. 152, en permettant à celui qui a perdu la lettre de change d'obtenir le paiement sur ordonnance du juge, lui impose deux conditions : 1° de justifier de sa propriété par ses livres ; 2° de donner caution.

Vis-à-vis des commerçants, qui sont soumis à la nécessité d'avoir des livres, la première condition est de droit et ne saurait être suppléée par aucune autre preuve.—A l'égard des

(1) Ces mots : ordonnance du juge, sont détournés de leur véritable acception. Ordinairement, on appelle *ordonnance* les sentences rendues en référé par les présidents des tribunaux de première instance. Cette expression ne s'applique pas d'habitude *aux jugements* des tribunaux eux-mêmes; et cependant, dans l'art. 152, il s'agit d'un jugement du tribunal de commerce. — Voir, sur ce point, notre *Traité des tribunaux de commerce*, t. 2, p. 191.

individus non commerçants, il serait injuste de réclamer le même genre de preuve. Ces individus ne sont pas astreints à tenir des écritures régulières, et, s'ils en ont dressé pour se rendre compte de leur situation, elles ne font pas foi en justice : relativement à ces personnes, il faut donc accueillir tous titres et pièces justifiant de leur propriété et éclairant les magistrats sur cette question délicate.

La seconde condition, mise à la charge de celui qui a égaré la lettre,— la nécessité de donner caution,—est impérieusement exigée. Le tiré, obéissant à justice lorsqu'il vide ses mains, ne peut plus être recherché, et le véritable créancier n'aurait de recours que contre celui qui a indûment postulé et reçu le remboursement d'un effet appartenant à autrui. La caution a pour but de garantir la responsabilité qui pèse sur celui qui reçoit ce paiement sans restituer le titre de créance.

Le juge ne peut dispenser le propriétaire de fournir la caution de qui est réclamée ; mais il n'est pas tenu d'ordonner d'*office* que cette caution sera donnée. Cette garantie est toute dans l'intérêt de celui qui paie, elle n'affecte aucun principe d'ordre public, et dès lors, elle ne doit pas être ordonnée quand elle n'est pas requise. (1)

Les magistrats ayant examiné avec soin la question de propriété, ayant compulsé les livres et autres documents, il y a presque certitude que le réclamant est réellement propriétaire du titre égaré. Aussi, l'article 155, C. de comm., prenant en considération cet examen préalable, a abrégé la durée de l'engagement de la caution. Cet engagement est éteint par trois ans, si, pendant ce délai, il n'y a eu ni demande ni poursuites juridiques.

Toutes ces dispositions et formalités seront appliquées aux chèques qui auront été perdus.

---

(1) Cassation, 3 mai 1837 ; cassation, 8 avril 1840 ; Dalloz, v° *Effets de commerce*, n° 549 ; mon *Traité des lettres de change*, 2e édit., n° 575.

107. De la perte du titre aux altérations qu'il peut subir, la transition est naturelle.

Aucun contrat n'est à l'abri des altérations. Les individus qui se livrent à cette criminelle industrie sont parvenus aujourd'hui à un haut degré d'effrayante habileté. Pour eux, le faux est un art véritable. Au moyen de *la surcharge, du lavage et de la contrefaçon*, ils parviennent à dénaturer les actes les plus secrets et à créer d'importantes obligations. Le commerce s'est ému de ces abus ; pour conjurer le mal, il a adressé des pétitions à l'Académie des sciences, au ministère, aux chambres. On a trouvé des encres indélébiles et des papiers de sûreté ; malgré ces admirables inventions, les falsifications ne sont ni moins fréquentes ni moins audacieuses. D'ailleurs, comment empêcher la contrefaçon de l'écriture ?

Et cependant le Code de commerce, comme les lois spéciales, muet sur les conséquences des faux, ne songent pas à régulariser la position des parties qui en sont victimes. Il appartient au jurisconsulte de combler cette déplorable lacune et de réunir, à l'aide de la jurisprudence, des principes généraux du droit et des règles de l'équité, un ensemble de doctrine qui puisse servir de guide.

Au reste, les questions que font naître ces faux, sont des difficultés de fait dans lesquelles les circonstances particulières servent le plus souvent de base à la conviction des magistrats, lesquels, à raison du silence de la loi, se trouvent appréciateurs souverains.

108. Un individu usurpant le nom d'un négociant tire-t-il un chèque ? Il commettrait un faux, encore bien qu'il n'eût pas imité la signature réelle du prétendu tireur et qu'il eût pris les précautions convenables pour que celui-ci n'en fût pas responsable.

Le faux existerait également si, dans le but d'accroître son crédit, on signait d'un nom fictif et si on livrait à la circulation un chèque ne reposant pas sur une signature véritable.

Dans cette hypothèse, le faussaire ne préjudicierait pas au tireur, qui ne serait qu'un être imaginaire, mais il abuserait les tiers en leur offrant une garantie illusoire.

Celui qui, dans le dessein de faire circuler des chèques faux, ferait graver des modèles analogues à des chèques véritables des banquiers dont il aurait la pensée d'emprunter les noms, serait coupable de tentative de faux.

Il est certain que le tiré qui aurait payé un chèque faux n'aurait aucun recours contre celui dont on aurait usurpé le nom et qu'on aurait, sans son aveu, transformé en tireur.

Si le chèque, signé d'un faux nom d'un tireur, était mis en circulation, le dernier porteur aurait un recours à exercer contre les endosseurs antérieurs, et ceux-ci, quand ils auraient remboursé, pourraient, à leur tour, actionner le premier endosseur, qui aurait à se reprocher le tort grave d'avoir pris un effet d'un individu dont il n'était pas sûr. Ces recours successifs sont de droit dans un chèque véritable ; à plus forte raison faut-il les concéder lorsque les cédants n'ont transmis qu'un titre nul à l'origine. Ceci ne souffre aucune difficulté.

Quant au tiré, qui paie un chèque faux, il est sans droit contre le tireur ; mais il ne saurait, à l'égard du tiers porteur et des endosseurs, souffrir d'un paiement surpris à sa bonne foi. — Il est bien vrai de dire qu'avant de payer, le tiré est dans l'obligation de vérifier si la signature de son mandant est réelle ; mais il faut reconnaître aussi que son erreur repose sur la faute primitive de celui qui a pris le chèque. C'était à ce dernier, bénéficiaire ou premier endosseur, qu'incombait le devoir de ne mettre en circulation qu'un chèque sérieux. Pour cela, il lui suffisait de connaître la moralité de la personne qui venait le lui offrir. S'il a été dupe de sa confiance, nul autre que lui, ou ses ayants droit, ne doit être victime de cette conduite légère. Or, qu'est-ce que le tiers porteur présentant le faux titre à l'acquit du tiré? C'est le représentant du bénéficiaire, de celui qui a commis la faute.— Remarquons, en outre, qu'il n'y a ni lien de droit ni contrat, puisque celui de qui il émanerait n'en est pas l'auteur véritable, et que dès lors on ne retrouve pas le mandat de payer. Malgré cette nullité radicale, le porteur se présente au domicile indiqué et annonce qu'un tel, tireur, donne commission de verser à sa décharge certaine somme entre les mains de lui, porteur. Sur cette réquisition, le tiré accomplit le mandat articulé. Qu'arrive-t-il ? C'est que l'ordre n'existe pas, et que, trompé lui-même, le porteur a trompé le négociant auquel il s'est adressé : celui-ci peut réclamer le remboursement des sommes indûment perçues, en se fondant sur les articles 1235 et 1377 du Code Napoléon.—Ajoutons, enfin, que le chèque est envisagé comme une sorte de monnaie. Or, pour qu'un paiement soit valable, il faut qu'il ait lieu en espèces de bon aloi. Si vous venez me verser des pièces fausses, leur remise ne vous libère pas, et la seule difficulté que je trouverai dans leur réception, ce sera de prouver leur identité. Il est juste de le décider également en matière de chèque. Comme équivalent de l'argent que je paie, vous me donnez de la fausse monnaie, un chèque faux ; nous ne pouvons être quittes, et je suis fondé à vous attaquer en restitution.

Toutefois, il est bon de faire observer que si le tiré paie, il élève contre lui une présomption de dette ; que, s'il veut répéter ses fonds, il devient demandeur, et qu'en cette qualité, il est tenu de prouver la fausseté de la signature du tireur.

109. Lorsque le tireur a réellement souscrit le chèque, il peut arriver qu'une altération de nature à tromper une personne intelligente ait lieu dans l'énonciation de la somme à payer.— Dans ce cas, le tiré, qui paie, est définitivement lié à l'égard du porteur, et il n'est pas admissible à critiquer le paiement effectué par lui. Le chèque a été véritable dans son origine ;

il a été l'objet d'une convention licite et régulière ; il y a eu lien de droit, mandat, dette, et le mandataire n'a pas été trompé sur la signature du mandant. — A l'encontre du tireur, le tiré peut, au contraire, exercer l'action en répétition; d'abord, parce qu'il a souffert *ex causa mandati*, et que le mandant doit, comme le dit l'article 2000 du Code Napoléon, « indemniser le mandataire des pertes que celui-ci a essuyées « à l'occasion de sa gestion, sans imprudence qui lui soit « imputable. » Et ensuite, parce que le souscripteur n'a pas usé d'une prudence complète, en ne mettant pas son titre à l'abri des altérations.

110. Au surplus, la partie sur qui retombe, en définitive, le poids du faux, doit trouver, chez les autres parties, la facilité de reconnaître l'auteur du crime. Pour cela, elle fait sommation à l'endosseur qui précède, d'avoir à lui justifier de l'existence et de l'individualité de son cédant. A ce cédant, elle demande la même justification, et ainsi de suite jusqu'à ce qu'elle parvienne au faussaire, ou à celui dont l'imprudence a causé le dommage.

111. Le paiement d'un chèque fait sur un *faux acquit*, libérerait-t-il le tireur et le tiré ? — Dans mon *Traité des lettres de change*, j'ai soutenu l'affirmative (2e édition, n° 240). Cette opinion était appuyée sur la discussion qui a eu lieu au Conseil d'État, lors de la préparation du Code de commerce et elle était motivée sur l'art. 145 de ce Code, qui déclare : « celui qui paie une de change à son échéance « *et sans opposition, est présumé valablement libéré.* »

Il ne faut pourtant pas tirer de ces paroles un sens trop absolu : le Code ne veut pas donner une prime à la mauvaise foi ; il crée *une présomption* favorable à celui qui paie sans opposition ; mais si les circonstances de fait témoignaient de la connaissance que le tiré aurait eue de la perte du chèque ou de son altération, les juges, appréciateurs suprêmes des circonstances, feraient cesser la présomption devant la preuve contraire et annuleraient un paiement, résultat d'une collusion.

Art. 5.

Le porteur d'un chèque doit en réclamer le paiement dans les cinq jours, y compris le jour de la date, si le chèque est tiré de la place sur laquelle il est payable, et dans le délai de huit jours, y compris le jour de la date, s'il est tiré d'un autre lieu.

Le porteur d'un chèque qui n'en réclame pas le paiement dans les délais ci-dessus, perd son recours contre les endosseurs ; il perd aussi son recours contre le tireur, si la provision a péri par le fait du tiré après lesdits délais.

SOMMAIRE.

112. Double résultat de l'obligation imposée au porteur de réclamer le paiement à l'échéance.
113. Motifs qui ont dicté l'art. 5.

112. Le devoir du porteur d'un chèque consiste à réclamer le paiement le jour de l'échéance. Cette obligation a un double résultat : d'une part, si le montant du chèque s'élève à une somme importante, et si, par prudence, le tiré ne l'a pas conservée dans sa caisse, averti par la présentation du chèque, il a vingt-quatre heures devant lui pour se mettre en mesure d'éviter le protêt, pour réunir les fonds nécessaires et pour obéir au mandat de son correspondant.

D'autre part, les endosseurs et le tireur apprennent sur le champ si la dette est éteinte, s'ils sont libérés ou bien s'il faut, au contraire, qu'ils s'apprêtent à réaliser les engagements que fait peser sur eux leur garantie solidaire.

113. L'article 5 de notre loi a voulu affirmer cette obligation imposée au porteur et en tracer l'étendue et la limite. Il est certainement d'une haute importance.

S'il faut en croire l'exposé des motifs soumis au Corps législatif, cet article a eu deux buts distincts : d'abord, accentuer de plus en plus les différences qui séparent le chèque de la lettre de change, et cela, au point de vue de la perception de l'impôt fiscal ; ensuite, protéger les intérêts de ceux qui ont signé ou endossé le chèque ; si l'on empêche que la négligence du porteur ne prolonge indéfiniment la responsabilité des endosseurs, si même l'on dégage le tireur quand l'inertie du porteur a fait disparaître la provision existante aux mains du tiré, on fait une chose éminemment utile et conforme à l'équité.

§ 1er.

Délais pour la présentation au paiement.

SOMMAIRE.

114. Texte du § 1er de l'art. 5.
115. Tout le monde d'accord sur la nécessité d'un court délai.
116. Divergence sur le délai lui-même.
117. 1er *motif* de l'urgence, tiré de la nature du chèque.
118. 2e *motif* : intérêt des banques de dépôt.
119. 3e *motif* : intérêt du Trésor.
120. 4e *motif* : intérêt du tireur et des endosseurs.
121. 5e *motif* : intérêt du porteur.
122. Comment on compte le délai.

114. Le § 1er de l'article 5 est ainsi conçu : « Le porteur « d'un chèque doit en réclamer le paiement dans le délai de « cinq jours, y compris le jour de la date, si le chèque est « tiré de la place sur laquelle il est payable, et dans le délai « de huit jours, y compris le jour de la date, s'il est tiré d'un « autre lieu. »

115. Tout le monde était d'accord sur la nécessité d'obliger le porteur d'un chèque à en réclamer le paiement dans un très-court délai.

Plusieurs raisons, qui n'avaient pas toutes la même valeur, motivaient l'urgence de la présentation. Les voici résumées :

La nature du chèque ;
L'intérêt des banques de dépôt ;
L'intérêt du Trésor ;
L'intérêt du tireur et des endosseurs ;
Enfin, l'intérêt du porteur lui-même.

116. Mais s'il y avait unanimité sur la question d'urgence, il n'en était plus de même lorsqu'il s'agissait de déterminer le moment fatal de l'échéance. Il y a eu bien des hésitations avant d'arriver au système adopté par la loi.

La commission administrative nommée à la suite du retrait du projet de loi inséré dans le budget de 1865 avait proposé de fixer les délais pour la présentation du chèque au paiement, savoir : à cinq jours, pour le chèque tiré sur la même place ; et à dix jours, pour le chèque tiré sur un autre lieu que celui où il est payable.

Le Conseil d'Etat s'était inspiré des usages anglais : en Angleterre, le chèque doit être réalisé dans un délai convenable que la jurisprudence, ayant force de loi, a fixé à quarante-huit heures. Partant de ce point, le Conseil d'Etat avait réduit les délais de la présentation à trois et cinq jours.

La commission du Corps législatif a trouvé ces derniers délais par trop rigoureux. En conséquence, après avoir accepté le délai de cinq jours pour le chèque sédentaire, elle a admis le délai de huit jours pour le chèque payable en dehors du lieu d'où il a été tiré. Le Conseil d'Etat s'est rallié à cet amendement qui, après l'épreuve de la discussion en séance publique, est devenu la loi.

Cela dit, reprenons un à un les divers motifs qui ont déterminé le législateur.

117. La *nature du chèque* est le premier motif. Comme le dit le rapport de M. Darimon, la nature du chèque ne saurait se prêter à une longue circulation; il ne faut pas qu'en augmentant le temps de la circulation du chèque, on le transforme en un instrument qui se substituerait aux valeurs de crédit.

118. Le deuxième motif est tiré de *l'intérêt des banques de dépôt*.—Un député, M. Pouyer-Quertier, l'a fait ressortir avec une grande énergie. Il a dit: « Comment! vous voudriez, vous qui paraissez prendre la défense des banques de dépôt, que ces banques consentissent à ce que l'on tirât sur elles des lettres de change *à vue* pour des sommes considérables! Quand se présenteront-elles, ces lettres de change? Le banquier n'en sait rien. Il serait engagé pour six mois, jusqu'au dernier jour où on a le droit de présenter ces lettres de change. La commission tout entière a voulu, au contraire, par la création du chèque, garantir la sécurité des banques de dépôt, car elles ne sont jamais engagées au delà de cinq jours, si le chèque est tiré de la place sur la place, et au delà de huit jours, s'il est tiré d'une place sur une autre. Il en résulte donc que le banquier qui prévoit une crise, que le commerçant qui aperçoit quelque circonstance extraordinaire au point de vue financier, peut défendre à l'instant même à son créancier de tirer de nouveaux chèques sur sa caisse. Il s'entendra avec lui sur la manière dont il remboursera la somme qu'il lui doit, mais il ne voudra jamais rester exposé à payer des chèques qui pourraient ne se présenter qu'au bout de deux, trois, quatre ou six mois. L'échéance de la lettre de change à vue, ou à plusieurs jours de vue, est indécise. Le banquier ne peut savoir à quel moment, à quelle heure, elle se présentera à sa caisse. Il ne sait s'il aura alors provision ou non pour payer cette valeur qui aura circulé pendant plusieurs mois. Si les délais légaux sont expirés, on pourra encore la faire protester.

« Vous voyez donc bien l'avantage de la limitation. Cette

limitation, nous ne l'avons pas inventée, elle est dans la loi de la lettre de change; mais elle y existe pour six mois, et ici nous l'avons réduite à cinq jours. Pourquoi? parce que le chèque n'est pas un instrument de crédit; parce que le chèque est un instrument de liquidation; parce que le chèque est appelé à n'avoir qu'une existence éphémère; parce que c'est un moyen de compensation; parce que c'est de l'argent comptant; parce que c'est du numéraire immédiatement disponible; parce que c'est un moyen de créer les banques de dépôt, ces établissements si précieux dont il faut encourager, par tous les moyens, le développement, en assurant toujours leur sécurité. » (Séance du 23 mai 1865.)

119. Quant au troisième motif, *à l'intérêt du Trésor*, voici comment il a été exposé par M. de Lavenay, commissaire du Gouvernement : « Nous avons admis comme chèques, c'est-à-dire au bénéfice de l'immunité fiscale, non-seulement les chèques tirés sur la même place, mais les chèques tirés d'une place sur une autre. C'est déjà une extension de faveur considérable; car, si le chèque tiré d'une place à une autre, peut être, comme le chèque tiré sur la même place, un instrument de paiements, de liquidation, il contient une opération de change, c'est-à-dire une remise de fonds de place à place.

« A vrai dire, le chèque, tiré d'une place sur une autre place, contient virtuellement une opération de change, et, à ce titre, nous pouvions l'écarter du bénéfice de la loi. Votre commission et le Gouvernement ont compris que le caractère de change s'effaçait ici devant le caractère supérieur d'instrument de liquidation, et faisant prédominer, dans l'intérêt du pays, le caractère d'instrument de change, ils ont étendu au chèque tiré d'une place sur une autre l'immunité de l'impôt.

« Quant aux chèques tirés de l'étranger ou des colonies, le caractère de déplacement fictif, de remise d'argent, y est tellement prédominant, tellement important, qu'il n'était pas possible d'étendre les bénéfices de la loi jusque-là.

« Je reconnais que c'est l'intérêt du Trésor qui a mis là une barrière. Le Trésor fait un sacrifice pour les chèques tirés de l'intérieur. Il consent à ne pas y voir le caractère de change, qui cependant s'y trouve, pour n'envisager que le caractère d'instrument de liquidation ; mais quand il s'agit de chèques tirés soit de l'étranger, soit des colonies, le caractère de change devient tellement prépondérant, que le Trésor ne peut plus ne pas en tenir compte et fermer les yeux sur le signe qui les rend passibles de l'impôt. » — (Séance du 6 mai 1865.)

120. *L'intérêt du tireur et des endosseurs* a constitué le quatrième motif. Celui-là, il est évident. Tous les signataires du chèque sont responsables, si la provision fournie au tiré vient à périr avant l'échéance : il importait donc de les dégager très-promptement.

121. Enfin *l'intérêt du porteur*, qui est le cinquième motif, est aussi en jeu ; on a fait remarquer, en effet, que jusqu'au moment où le chèque a été encaissé par lui, le porteur perd les intérêts, dont le tireur profite seul. A côté des graves raisons qui viennent d'être résumées, c'est là, il faut en convenir, une raison bien secondaire et presque puérile, car que pourraient produire au porteur quelques jours de plus d'intérêts ?

122. Remarquons ces expressions de notre paragraphe : « *y compris le jour de la date.* » — En règle générale, le jour de l'acte (que l'on appelle *dies à quo*), qui fait courir le délai, n'est pas compris dans ce délai. Une maxime de l'ancien droit disait : *dies termini non computatur in termino.* Si cette règle avait été suivie, le porteur d'un chèque aurait eu, en réalité, six jours ou neuf jours pour le présenter au paiement. Notre article ne veut pas qu'il en soit ainsi, et le jour de la création du chèque compte, au contraire, dans le délai de cinq ou de huit jours. Par conséquent, pour présenter un chèque au paiement, on a seulement le jour où il a été créé et quatre autres jours en sus, si le chèque est payable au même lieu ; et le jour de la création, avec sept autres jours en sus, s'il est tiré de place en place.

§ 2.

Déchéance contre le porteur négligent.

SOMMAIRE.

123. Texte du deuxième paragraphe de l'art. 5.
124. Déchéance du porteur en faveur du tireur; dans quel cas elle est juste.
125. Il faut que la provision ait péri par le fait du tiré et non par celui du tireur.
126. Quand on accepte un chèque en paiement, fait-on novation? Discussion au Corps législatif; véritable sens du § 2 de l'art. 5.
127. Résumé de cette question : la créance primitive peut être éteinte, non par novation, mais par compensation.—Identité, sur ce point, entre le chèque et la lettre de change.
128. Déchéance en ce qui concerne les endosseurs.

123. Comme entrée en matière, et selon notre usage, donnons le texte du § 2e de l'article 5. On y lit : « Le porteur « d'un chèque qui n'en réclame pas le paiement dans les dé- « lais ci-dessus, perd son recours contre les endosseurs; il « perd aussi son recours contre le tireur, si la provision a « péri, par le fait du tiré, après lesdits délais. »

Voyons comment ce texte doit être compris.

124. Les devoirs et les droits du porteur se modifient suivant les particularités de la position du tireur. Que celui-ci ait fait provision, et alors il a cessé d'être le débiteur principal du preneur ou de ses cessionnaires : il est devenu simple caution de la solvabilité du tiré. Qu'au contraire, il n'ait pas livré les fonds affectés à l'extinction du chèque, et alors il est resté débiteur direct. — Dans le premier cas, la présentation au paiement dans les cinq jours, le protêt, sa notification et la citation en paiement dans la quinzaine, sont indispensables pour le constituer en demeure de garantir le porteur. — Dans le second cas, ces formalités ne présentent aucun caractère d'utilité et ne sont pas ordonnées par la loi.

Pour que l'exercice des actions du porteur contre le tireur soit subordonné à des diligences, et pour que le tireur puisse se prévaloir de leur absence, il faut donc que celui-ci justifie avoir remis au tiré une somme suffisante pour acquitter la dette (art. 170, C. de comm.); et qu'il établisse, en outre, que le tiré la détenait encore, libre et disponible, au moment de l'échéance.

Dans de semblables contestations, lorsque le tireur oppose au porteur l'exception tirée de ce que la provision aurait été fournie et a péri par la négligence du porteur, le porteur n'a rien à prouver : son attitude est toute passive : il n'a qu'à attendre les preuves, que le tireur est tenu d'exhiber, de l'existence de cette provision entre les mains du tiré au moment de l'échéance. Cette règle est de toute justice, car le refus de paiement du tiré constitue une présomption grave que la provision n'existait pas.

Ainsi, la déchéance n'est point une peine arbitraire : dans tous les temps elle a été considérée comme la réparation d'un préjudice et elle concorde avec les principes généraux du droit. Le but de la loi a été celui-ci : rendre le tireur indemne, lorsqu'il démontre que le porteur eût été remboursé s'il se fût présenté en temps utile.

125. Du reste, entendons-nous bien : pour que la négligence du porteur dégage le tireur, il ne suffit pas que la provision destinée au paiement du chèque ait été anéantie : il faut encore que cette provision *ait péri par le fait du tiré* et ce après les délais dans lesquels le porteur doit agir.

Si la provision vient à périr, par un fait quelconque, avant l'expiration des délais, alors le porteur n'est point en état de négligence, et il n'est pas déchu à l'égard du tireur.

De même, si la provision vient à périr, par le fait personnel du tireur, même alors que la négligence du porteur était un fait constaté, la déchéance n'est pas encourue. Et cela est juste : en ce cas, ce n'est pas l'inertie du porteur qui a causé le préjudice, c'est le propre fait du tireur qui, par conséquent, ne saurait se plaindre si on ne le libère pas.

126. Une question de la plus haute gravité a été débattue au Corps législatif sur la conséquence légale de la déchéance prononcée contre le porteur négligent, en faveur du tireur.

Il importe d'analyser cette discussion et de constater les résultats qu'elle a produits.

Dans la séance du 6 mai 1865, M. Ernest Picard a dit : « Je ne comprends pas bien comment le recours du porteur est perdu et comment le chèque n'est pas caduc. Je me suis reporté au travail de M. le rapporteur, j'y ai cherché des éléments de décision. Je dois déclarer que je n'en ai trouvé aucun. J'ai interrogé M. le rapporteur et je lui ai demandé si, dans la pensée de la commission et dans la sienne, le chèque était considéré comme faisant novation, comme étant un paiement, et si c'était l'action seule du chèque et non pas l'action de la créance, — ce qui serait alors naturel et applicable, — qui serait perdue...... je demanderai que le texte soit clair. »

M. de Lavenay, commissaire du Gouvernement, a répondu en ces termes : « Le chèque n'opère pas de novation ; la novation ne se présume pas. Il est dit, je crois, dans un article du Code Napoléon, que la délégation n'opère pas novation. Celui qui a délivré un chèque, a délivré un instrument de paiement. Si le paiement a lieu, il est libéré ; — si le paiement n'a pas lieu par le fait du débiteur, le débiteur reste tenu, non pas de dommages-intérêts, si on a laissé périmer l'action en garantie, mais il reste tenu pour sa créance originelle.

« Voilà l'application de l'article 5, et les termes de cet article, permettez-moi de le dire, me semblent répondre à cette application, car l'article ne dit nullement que, quand le chèque n'est pas présenté dans un délai de cinq ou de huit jours, la créance est éteinte. Non, c'est l'action en garantie, c'est le recours spécial que la loi attache aux effets de commerce protestés, c'est là ce qui est perdu. Mais le titre primitif subsiste, sous les distinctions que je m'efforçais d'expliquer tout à l'heure. »

M. Ernest Picard ne s'est pas tenu pour satisfait de cette réponse, et il a ajouté : « Lorsque le porteur se présente après le délai, il perd les avantages d'une action en garantie, c'est-à-dire les avantages d'agir en vertu du titre et avec la chance d'obtenir des dommages-intérêts. Mais le titre n'ayant pas opéré novation, il est dans la situation où il se trouvait avant la remise du chèque, il est créancier du tireur dans les conditions où il était auparavant. »

Ici, M. David-Deschamps a fait cette observation : « D'après ce principe, que le chèque est un instrument de paiement, on pourrait vouloir soutenir qu'il y a novation : un ouvrier ou un fournisseur, par exemple, viendra m'apporter son mémoire ou sa facture avec la quittance au bas ; je lui donne un chèque en échange. Dira-t-on qu'il y a novation?

« Au banc de la commission : Non ! non ! »

A son tour, M. Emile Ollivier a pris la parole, et son discours nous paraît si bien résoudre la difficulté, que nous en donnons le texte d'après le *Moniteur :*

« Il y a, a-t-il dit, deux difficultés : une difficulté de fond et une difficulté de forme. La difficulté de fond, c'est M. David-Deschamps qui la soulève, et la difficulté de forme, c'est l'honorable M. Picard qui y insiste.

« Examinons brièvement l'une et l'autre.

« Au fond, on vous dit ceci : Cette solution fait naître quelque difficulté, car il y a novation ; et on a jeté ainsi dans ce débat ce gros mot de novation, qui n'est pas très-clair par lui-même, quand on n'est pas très-habitué aux questions juridiques, et qui apporte l'obscurité là où véritablement il ne saurait y en avoir.

« En effet, messieurs, j'affirme ceci, et juridiquement c'est incontestable : Dans la théorie de la loi, lorsque l'on donne un chèque en paiement, il n'y a pas novation ; il ne peut jamais y avoir novation. L'idée d'un chèque et l'idée d'une novation sont deux idées incompatibles, inconciliables, impossibles à réunir ensemble, dans le système adopté par le projet de loi actuel.

« Si on jette quelque obscurité sur ce point, c'est qu'on ne peut pas se familiariser avec la notion si simple du chèque.

« Qu'est-ce qu'un chèque? C'est un mode d'effectuer un paiement. Au lieu de prendre dans ma poche cent francs, je prends un morceau de papier qui représente cent francs. Conséquemment, lorsque vous voulez savoir quelles sont les règles juridiques qu'il faut appliquer ou qu'il ne faut pas appliquer au chèque, demandez-vous simplement quelles sont les règles ordinaires établies en matière de paiement ; si ces règles ordinaires sont applicables en matière de paiement, elles seront applicables au chèque ; sinon, non !

« Or, le paiement peut se faire de deux manières : il peut se faire par le débiteur, directement, personnellement, et il peut se faire également par un tiers, que l'on prie de payer à sa place.

« On appelle cela, dans le langage juridique, « l'indication de paiement. » Il y a indication de paiement lorsque je dis à mon créancier : il m'est gênant que vous veniez chez moi prendre la somme que je vous dois ; je vais faire un voyage, par exemple, ou bien par toute autre raison, je ne serai pas présent : adressez-vous à mon ami, à mon banquier, et ce banquier que je vous indique fera le paiement que je devais faire moi-même personnellement.

« Le chèque ramené à une indication de paiement, du moins sous le rapport auquel je l'examine, il ne saurait plus exister de doute. « La simple indication, dit la loi, faite par le débiteur d'une personne qui doit payer à sa place, n'opère pas « novation. »

« L'idée de novation est une idée parasite que l'on jette dans toute cette discussion pour embrouiller ce qui sans cela serait bien clair.

« Les solutions deviennent maintenant très-faciles. Pour savoir ce qu'il faut penser d'un recours, il n'y a qu'à se demander ceci : le paiement est-il valable ou ne l'est-il pas? Si le paiement est valable, la créance primitive, que le chèque n'avait ni détruite, ni modifiée, ni novée, disparaît. Si ce paiement n'a pas été fait valablement, la créance primitive n'a pas été éteinte, attendu que le seul fait qui puisse produire l'extinction, c'est le fait du paiement qui ne s'est pas légalement réalisé.

« Toutes les fois que par un fait quelconque imputable au tireur, le porteur du chèque aura été mal payé, la créance primitive conservera toute son ancienne vigueur. Il se passera exactement ce qui se passerait si un de vous, mon créancier, se présentait chez moi pour me demander une somme de cent francs, et que je prisse dans mon tiroir cent pièces de monnaie fausses. Que se passerait-il en pareil cas? Le créancier qui aurait pris en paiement ces cent pièces de monnaie fausses reviendrait le lendemain et me dirait : « Je suis allé chez un changeur, où j'ai examiné moi-même les cent pièces que vous m'avez données ; ce ne sont pas des pièces réelles, ce sont des fiches de jeu, par exemple, que de bonne ou de mauvaise foi, vous avez prises pour des pièces d'argent. Il n'y a pas eu de paiement sérieux ; reprenez vos jetons et donnez-moi cent pièces bonnes. Si vous résistez, je vous traduis devant la justice et je vous fais condamner. (C'est cela! Très-bien! très-bien!)

« Eh bien, pour le chèque délivré, il faut faire exactement le même raisonnement. Vous me donnez un chèque; pour une cause quelconque, soit parce que la provision n'a pas été fournie, soit parce que des créanciers du tireur ont fait opposition dans les mains du tiré, la provision disparaît : c'est absolument comme si j'avais reçu des pièces de monnaie fausses. Je reviendrai à celui qui m'avait donné le chèque, et je lui dirai : Vous m'avez mal payé, et puisque vous m'avez mal payé, payez-moi de nouveau *bene*, le chèque n'ayant pu opérer l'extinction de la créance, et je reviens et je réclame en vertu du titre originaire. »

Quoique ces paroles fussent bien claires et bien juridiques, on insista, et l'article qui, d'ailleurs, était attaqué sous d'autres rapports, fut renvoyé à la commission.

Après une nouvelle délibération, la commission a modifié la rédaction primitive du projet d'article, et son rapporteur, M. Darimon, s'est exprimé dans les termes que voici :

« La discussion qui a eu lieu à propos de l'article 5 a porté sur certains points relatifs à la rédaction du 2e §. Ce 2e § était ainsi conçu :

« Si le porteur n'en réclame pas le paiement dans les délais « indiqués au paragraphe précédent, il perd son recours « contre les endosseurs, et même contre le tireur, dans le « cas où celui-ci aurait fait provision, sauf les réserves indi-« quées à l'article 171 du Code de commerce. »

« Dans l'esprit de la commission, comme du Gouvernement, de qui cette rédaction émanait en partie, ce paragraphe signifiait seulement que, si le porteur d'un chèque laissait passer les délais, il perdait le recours en garantie qui résultait de son titre. Jamais ni la commission ni le Conseil d'Etat n'avaient eu la pensée que le fait d'avoir négligé de présenter le chèque en temps utile entraînait pour le porteur une déchéance absolue et définitive, et que celui-ci n'eût plus le droit d'agir par les voies ordinaires. L'opinion contraire était exprimée en termes très-explicites dans l'exposé des motifs du projet de loi, et si le rapport de votre commission ne l'avait pas reproduite, c'est qu'elle jugeait qu'il ne pouvait pas y avoir le moindre doute à cet égard.

« Cependant il a suffi que, dans le Corps législatif, on ait cru voir que, dans son texte, le paragraphe laissait planer, sur ce point important, une certaine équivoque, pour que la commission se rendît aux observations qui étaient présentées, et pour qu'elle s'associât elle-même à la demande de renvoi.

« En examinant avec soin la question, la commission a pensé que le meilleur moyen de dissiper toutes les obscurités était de se borner à indiquer le cas où la forclusion absolue était encourue par le porteur du chèque, qui ne l'aurait pas présenté dans les délais légaux. En conséquence, d'accord avec le Conseil d'État, elle a adopté la rédaction suivante :

« Le porteur d'un chèque qui n'en réclame pas le paiement « dans les délais ci-dessus, perd son recours contre les en- « dosseurs ; il perd aussi son recours contre le tireur, si la « provision a péri, par le fait du tiré, après lesdits délais. »

Conformément à ce rapport, le Corps législatif a adopté la nouvelle rédaction, qui est devenue notre paragraphe.

127. Et maintenant, résumons cette discussion.

Comme l'a fort bien dit M. Ollivier, la question de novation ne méritait pas d'être soulevée. Il en est, en effet, du chèque, comme de la lettre de change. J'ai une dette à acquitter et je propose à mon créancier de la payer au moyen d'un chèque ou d'une lettre de change ; il accepte et prend la valeur que je lui remets ; mais il ne la prend pas comme un paiement effectif, il ne l'accepte qu'avec la condition, toujours sous-entendue, de *sauf encaissement ;* il ne me libère pas d'une manière définitive ; ma libération est subordonnée à cette condition de l'encaissement : si l'encaissement est effectué, nous sommes quittes, sinon non, et la créance originaire, un instant paralysée, revit.

Voilà la première convention que je fais avec mon créancier qui consent à aller chercher son paiement, là où mon chèque, ou ma lettre de change, lui disent d'aller : il n'y a pas là novation.

Arrive l'échéance. Moi, j'ai accompli mon devoir ; le tiré a l'argent pour payer ; le porteur n'a qu'à aller chez le tiré et il sera désintéressé ; mais il ne se présente pas ; il laisse passer les délais ; l'argent disparaît par le fait du tiré et par la faute du porteur. Alors le porteur, responsable vis-à-vis de moi, me doit des dommages-intérêts aux termes du droit commun et notamment de l'article 1382 du Code Napoléon. Dans cette situation, il ne peut recourir contre moi, en vertu du chèque, puisque, n'ayant pas rempli les formalités, il a si mal agi que ce titre est devenu sans valeur. Il ne peut pas davantage m'actionner en vertu de son ancienne créance, parce que cette ancienne créance se compense avec les dommages-intérêts qu'il me doit pour la perte que m'occasionne sa faute. A ce moment, pas plus qu'au premier, il n'y a pas novation, il y a compensation.

En admettant cette solution, on applique, du reste, par voie d'analogie, un autre principe du droit commun. Quand le tireur a fait provision, il a constitué le tiré le véritable débiteur, le débiteur principal du titre. Lui, tireur, il est descendu au rang de caution, solidaire il est vrai, mais enfin de simple caution. Le porteur, qui veut revenir à l'état primitif et faire valoir son ancienne créance, doit nécessairement remettre aussi le tireur en l'état primitif et, par conséquent, lui rendre le chèque et le lui rendre avec toutes ses dépendances, c'est-à-dire avec la provision. Or, cette *restitution en entier*, comme disait l'ancien droit, est devenue impossible par le fait du porteur. Ne peut-on pas placer le tireur sous la protection de la règle écrite en l'article 2037 du Code Napoléon, ainsi conçu : « la caution est déchargée, lorsque la subrogation aux droits, hypothèques et priviléges du créancier, ne peut plus, par le fait de ce créancier, s'opérer en faveur de la caution? »

Ainsi, pour le chèque, les mêmes principes que pour la lettre de change : rien de plus, rien de moins.

128. Relativement aux endosseurs, aucune excuse légale ne relève le porteur du défaut d'accomplissement des prescriptions de la loi. L'action en garantie ne sera intentée à bon droit contre eux qu'autant qu'elle aura été précédée de la présentation au paiement dans les cinq jours, du protêt, de sa notification et de l'assignation dans les délais. Leur absence est, quant aux endosseurs, une cause absolue de déchéance qui rend inutile la preuve de l'existence de la provision (art. 168, Code de commerce).

Il en était autrement sous l'ancienne législation : elle contraignait les endosseurs invoquant la déchéance, à imiter le tireur, et à justifier, comme lui, que les fonds se trouvaient à l'échéance entre les mains de la personne chargée de payer. C'est une des notables améliorations introduites par le Code que celle qui, rentrant dans les vrais principes, consacre une distinction naturelle entre le tireur et les endosseurs.

En effet, le tireur ne paye le prix du chèque qu'au moment où il verse au tiré une somme suffisante pour le solder. S'il ne fait ce versement, ou s'il le retire, il reçoit le prix du chèque, sans rien payer comme équivalent.—Les endosseurs, au contraire, pour acquérir la propriété du chèque, commencent par en payer le prix ; ils font, en quelque sorte, l'office d'acheteurs. Puis, voulant rentrer dans leurs fonds, ils délèguent le titre à un tiers, qui, à son tour, devenant sous-acheteur, leur restitue la valeur qu'ils ont précédemment versée. Par conséquent, ils donnent d'une part, ils reçoivent de l'autre et lient deux opérations qui se balancent réciproquement.

L'échéance arrivant, si le paiement n'est pas effectué,

comme les endosseurs en sont restés garants solidaires, il survient une sorte de condition résolutoire par laquelle ils sont tenus de restituer au porteur le prix qu'ils en ont reçu et de reprendre le chèque. Mais si le porteur ne réclame pas en temps utile, ou ne fait pas précéder sa réclamation des diligences prescrites, si ce porteur n'est pas payé parce qu'il n'a pas voulu être payé, la loi a pu et dû, sans injustice, admettre une déchéance de plein droit en faveur des endosseurs; car les endosseurs ne bénéficient en aucune manière, et luttent dans le seul but d'éviter de payer deux fois : *De damno vitando certant, non de lucro captando.*

Art. 6.

Le tireur qui émet un chèque sans date, ou qui le revêt d'une fausse date, est passible d'une amende égale à six pour cent de la somme pour laquelle le chèque est tiré.

L'émission d'un chèque sans provision préalable est passible de la même amende, sans préjudice de l'application des lois pénales, s'il y a lieu.

SOMMAIRE.

120. Rédaction primitive; division en deux paragraphes, changement et suppression de mots.

120. La rédaction primitive de cet article, dans le projet soumis aux délibérations du Corps législatif, portait : « Le « tireur qui revêt un chèque d'une fausse date est *puni* d'une « amende égale à 6 p. 100 de la somme pour laquelle le « chèque est tiré. *La même peine* est applicable à l'émission « d'un chèque sans date ou sans provision préalable. »

En comparant les deux rédactions, on voit que, dans notre

article, on a fait une modification de forme, un changement et une suppression de mots.

En la forme, on a divisé l'article en deux paragraphes. Le premier de ces paragraphes est relatif à ce qui concerne l'absence ou la fausseté de la date ; le deuxième concerne le défaut de provision préalable.

Au fond, le mot : *passible* a été substitué au mot : *puni*.— Et on a supprimé ces expressions : *la même peine*.

Nous allons expliquer les raisons de ces modifications, qui ont eu pour but de rendre parfaitement clair le but de la loi.

§ 1er.

Émission d'un chèque sans date, ou avec une fausse date.

SOMMAIRE.

130. Texte du premier paragraphe de l'art. 6.
131. Questions posées : L'absence de date ou la fausse date constituent-elles un délit ou une contravention ? L'amende est-elle exagérée ?
132. C'est une contravention : l'amende est encourue, même sans mauvaise foi.
133. Dans ce système, ces mots : *puni* et *peine*, étaient impropres.
134. Pénalité, en Angleterre, quand il y a post-date.
135. Motif fiscal pour interdire la post-date.
136. L'omission de la date est aussi répréhensible que la post-date.
137. Taux de l'amende.
138. Le droit de timbre est dû en sus de l'amende.
139. Fausseté intentionnelle de la date : anti-date.
140. La date du chèque fait foi jusqu'à preuve contraire.
141. Chèque non daté, avec convention qu'il sera daté au moment de s'en servir.

130. Et d'abord, reproduisons le texte du premier paragraphe de notre article :

« Le tireur qui émet un chèque sans date, ou qui le revêt « d'une fausse date, est passible d'une amende égale à 6 p. « 100 de la somme pour laquelle le chèque est tiré. »

131. Au sujet de la date, M. Ernest Picard a provoqué

les explications du Gouvernement ou de la commission. Il a désiré savoir si, dans l'art. 6, on entendait punir un délit, ou une contravention : Si, par conséquent, il faudrait que la mauvaise foi fût punie, ou s'il suffirait que la date fût reconnue fausse, ou, pour parler plus exactement, fût reconnue inexacte. —Il faisait remarquer que la question avait sa gravité, puisque, si le chèque atteignait une somme considérable, l'amende pourrait s'élever jusqu'à 60,000 francs. Enfin il prétendait qu'il ne faut pas trop aimer les chèques et que l'on ne doit pas, en les exagérant, s'écarter des règles tutélaires de notre législation. Eh bien! disait-il, cette pénalité nouvelle, pour un fait qui serait peut-être une simple contravention, qui n'impliquerait pas la mauvaise foi, pourrait avoir des conséquences extrêmement graves : Je suis de ceux qui pensent qu'il ne faut pas se servir du Code pénal pour ajouter au crédit et pour battre monnaie.

Ainsi, voilà les questions posées : L'omission de date ou la fausseté de la date constituent-elles un délit ou une contravention? Seront-elles punies, même s'il y a bonne foi du tireur? L'amende n'est-elle pas exagérée?

132. Répondant à la première question, M. DE LAVENAY avait fait remarquer que, contre le tireur du chèque, non daté ou mal daté, il y avait présomption de mauvaise foi. Cette présomption suffisait-elle pour édicter la peine? Oui, car on ne discute pas la bonne foi en matière de contravention.

Un député, M. MILLET, prenant la parole après le commissaire du Gouvernement, a été plus explicite encore : Il s'agit ici, a-t-il dit, de contraventions en matière de timbre. Or, ces contraventions ne sont jamais subordonnées, ni à la bonne ni à la mauvaise foi des contrevenants. Elles existent par le seul fait de l'usage du papier non marqué du timbre.

133. Pour que l'esprit de la loi se dégageât clairement, M. MILLET demandait une modification dans les termes employés. Ces contraventions, continuait-il, ne constituent pas un délit : elles ne sont pas de la juridiction correctionnelle, et l'expression que la loi doit employer à leur égard n'est pas le mot *puni*, mais le mot *passible* d'une amende. Ainsi, dans l'article en discussion, au lieu de *puni*, il fallait dire *passible;* le caractère du fait, de même que la juridiction, se trouveraient ainsi déterminés et fixés.

M. Josseau recommandait aussi ce changement et disait : M. Millet a critiqué, dans l'art. 6, l'emploi du mot est *puni* et du mot *peine* à l'occasion de l'amende fiscale prononcée contre le tireur d'un chèque qui y aurait apposé une fausse date, ou aurait omis de le dater. Quel est donc le caractère de ce fait ? Est-ce un délit ? Est-ce une contravention ? Est-ce un dol civil seulement ? Quel tribunal en sera juge ? Est-ce le tribunal civil ou le tribunal correctionnel ? — Les mots : *est puni* me semblent, comme à M. Millet, s'il s'agit d'une simple amende de timbre, d'un simple dol civil, tout à fait impropres et ne me satisfont pas. Il faudrait évidemment substituer au mot *puni* le mot *passible*.

Conformément à ces observations, la commission du Corps législatif, auquel l'art. 6 fut renvoyé, a substitué le mot *passible* au mot *puni*, qui était dans le projet du Conseil d'État. — Dans la pensée du Gouvernement, comme aussi dans celle des députés et de la commission, le fait d'avoir omis la date ou d'avoir employé une date inexacte, constitue donc seul, en lui-même, et en le dégageant de tout élément intentionnel, une simple contravention soumise à une amende fiscale.

154. En Angleterre, le fait de post-dater un chèque, ou une lettre de change à vue pour l'intérieur (Inland bill), est puni d'une amende de 100 livres, — 2,500 fr., — qui est prononcée contre le tireur.

155. Au premier aspect on ne saisit pas quel intérêt pourrait avoir le tireur à apposer sur le chèque une fausse *date*. Le chèque est exécuté si peu de temps après sa naissance ! Cet intérêt a été dévoilé en ces termes par M. de Lavenay :

« Nous voulons favoriser le chèque; mais nous ne voulons pas vider les caisses du Trésor. La disposition qui est édictée par l'article 6 est une garantie absolûment nécessaire des perceptions fiscales. — Tout le monde est d'accord que le chèque n'a droit à l'immunité fiscale qu'autant qu'il est un billet à vue; que c'est surtout parce qu'il est un billet à vue, qu'il se distingue de tous les effets de commerce qui sont assujettis, par la loi de 1850, à la formalité du timbre proportionnel.—Eh bien! il n'échappera à personne que, si on peut, sans s'exposer à un risque d'une certaine importance, post-dater un chèque, on peut lui donner une circulation de plusieurs jours, de plusieurs semaines, en faire un papier de crédit, un effet de circulation, et échapper à la loi. —Ici, la faculté de post-dater un chèque revient absolûment, au point de vue fiscal, à la faculté de le tirer à une époque plus ou moins lointaine.—Il a donc fallu imposer une amende. » (Séance du 6 mai 1865).

136. On a vu, dit le rapport de M. Darimon, que la loi anglaise frappe d'une amende considérable le fait d'avoir post-daté un chèque. Il n'y a pas une grande distance entre ce fait et celui de l'avoir émis sans date. Dans ces deux cas, on commet un véritable mensonge au point de vue du fisc. Comme le dit, avec une grande force d'expression, l'exposé des motifs : si le chèque pouvait être émis sans date ou post-daté, il serait en vain déclaré payable à vue dans sa formule; il ne le serait pas en réalité. L'analogie conduit à appliquer, en ces circonstances, la pénalité que la loi prononce lorsqu'un effet de commerce n'a pas été revêtu du timbre auquel il est assujetti.

137. Maintenant le chiffre de l'amende était-il exagéré?

Pour justifier le taux de l'amende fixé à six pour cent de la somme pour laquelle le chèque a été tiré, M. de Lavenay a dit : « L'honorable M. Picard trouve que cette amende constitue une pénalité draconienne. Mais, à ce point de vue, toute la législation du timbre mériterait le même reproche. Le timbre des effets de commerce est fixé par la loi de 1850, et je prie la Chambre de remarquer que la loi sur les chèques est beaucoup plus clémente, sous ce rapport, que la législation générale sur le timbre proportionnel. D'après la législation générale, lorsqu'il y a infraction à la loi, c'est le tireur, le tiré et tous les endosseurs qui paient l'amende ; de sorte que cette amende peut être de 18, 20 et 24 p. 0/0. Ici, au contraire, le tireur seul est frappé. Il est vrai qu'il y avait une raison pour s'arrêter au tireur : c'est que le tireur seul est en faute quant à la fausse date, ou, du moins, qu'il peut arriver souvent que le tireur soit seul en faute. Le tiré, quand on lui présente le chèque, n'a aucun moyen d'en contrôler la date ; et, quant aux endosseurs, si on le leur a remis à une date postérieure, ils sont présumés de bonne foi..... — L'honorable M. Picard suppose le cas où un chèque sera d'une somme très-élevée et où l'amende pourrait s'élever jusqu'à 60,000 fr. Eh bien ! quand on tirera un chèque, dont la somme sera telle qu'elle pourra donner lieu à une amende de 60,000 francs, on fera attention à la date. Ce n'est véritablement pas trop demander à des gens sérieux, qui émettent des chèques pour une somme si considérable, de les dater avec exactitude. » (Assentiment).

M. Millet a donné son assentiment aux paroles de l'orateur du Gouvernement ; mais il a rectifié une légère erreur : il n'y a que le souscripteur, l'accepteur, le bénéficiaire ou preneur qui sont passibles de l'amende ; les endosseurs postérieurs en sont complétement affranchis. (1)

---

(1) Voici, en effet, le texte de l'art. 4 de la loi du 5 juin 1850, relative au timbre proportionnel des effets de commerce : « En cas de contravention aux articles précédents, le *souscripteur*, l'*accepteur*, le *bénéficiaire* « ou *premier endosseur* de l'effet non timbré ou non visé pour timbre, « seront passibles chacun d'une amende de 6 pour 100. » — L'amende

Quoi qu'il en soit, le taux de l'amende a été maintenue à six pour cent, ce qui prouve que le législateur l'a considéré comme convenable. Et, d'après le texte de la loi, le tireur seul en est chargé.

138. Remarquons que, si le chèque n'est pas daté, ou est revêtu d'une date inexacte, il serait en vain déclaré, dans sa formule, payable à vue. En outre, on ne pourrait plus savoir si, conformément aux prescriptions de l'article 5, le paiement en est réclamé dans les cinq jours de sa création.

Dès lors, un tel titre ne serait plus un chèque et, comme conséquence, il ne serait plus exempt du timbre proportionnel. — Non seulement l'amende de six pour cent serait encourue, mais, considéré comme un simple effet négociable, le chèque serait, en outre, soumis au timbre, dont sont frappés tous les effets de commerce.

Cela ressort jusqu'à l'évidence du fait que voici : Après le renvoi à la commission de l'article 6, M. Millet avait proposé un amendement ainsi formulé : « Est passible d'une amende de 6 p. 0/0 du montant de la valeur souscrite, *en « outre, du paiement du droit de timbre pour tous les effets « négociables ou de commerce :*.... 3° le tireur qui émet un « chèque sans date ou avec une fausse date. » — La commission a repoussé cet amendement et, dans le rapport supplémentaire, M. Darimon a justifié ce rejet, en disant : « Le timbre est dû toutes les fois que l'amende est encourue pour infraction aux dispositions de la loi ; c'est là un fait inutile à énoncer. »

139. En général, l'antidate n'est pas considérée dans les actes civils comme un faux. Ainsi, chaque jour, au Palais, nous voyons des débiteurs, pour mettre leurs meubles à l'abri de

---

peut donc s'élever jusqu'à 18 pour 100 et non jusqu'à 20 ou 24 pour 100, comme l'a supposé M. de Lavenay.

poursuites, simuler des actes de vente et de location, et leur attribuer une date antérieure à celle qu'ils ont en réalité. Ces actes, proscrits par le tribunal, ne paraissent pas au ministère public rentrer dans la catégorie de ceux sur lesquels sévit l'article 147 du Code pénal, et ils ne sont jamais l'objet d'instructions criminelles.

En matière de lettre de change, l'antidate a des effets si pernicieux, elle protége avec tant d'impunité le débiteur frauduleux, qu'elle a été spécialement et nominativement mise au rang des faux par l'article 139 du Code de commerce. Rien n'était plus facile, en effet, à un négociant, que de se mettre, par ce moyen, hors de l'atteinte d'un créancier. Quelques jours avant la faillite, il tirait des lettres de change antidatées; il les endossait également avec antidate, au profit d'un compère; il éludait ainsi la disposition qui permet d'annuler les actes faits dans les dix jours précédant la faillite ; et il obtenait des ressources où se faisait, par là, une majorité complaisante, lui votant un concordat.

La perspective de la peine a rendu beaucoup moins répétés ces actes coupables qui, altérant la confiance du commerce, lui enlevaient toute sécurité.

Du reste, l'antidate n'empêche pas le contrat de change de recevoir son exécution, en ce qui concerne les tiers de bonne foi, sauf pourtant ceux qui auraient adhéré à ce contrat moins de dix jours avant la faillite.

Notre loi spéciale n'a pas reproduit, en ce qui concerne les chèques, les dispositions sévères, mais justes, de l'article 139 du Code de commerce : comme les prescriptions des lois pénales sont de droit étroit et ne peuvent être étendues d'un cas à un autre cas, le silence de notre loi laisse les chèques sous l'empire du droit commun. L'antidate, ou la post-date, ne constitueront pas le crime de faux.

Est-ce à dire que, si la fausseté de la date a été véritablement intentionnelle, le tireur, qui a frauduleusement agi, sera toujours passible d'une simple amende? Non : dans certaines circonstances, dans celles qui sont prévues par les lois générales, il est fort possible que son fait prenne une teinte criminelle : s'il a voulu fruster ses créanciers, une poursuite en banqueroute frauduleuse ou en banqueroute simple, pourra être légitime ; s'il a fait emploi de manœuvres frauduleuses pour faire croire à la réalité de la date, et si, par là, il a escroqué tout ou partie de la fortune d'autrui, il tombera sous le coup de l'application de l'article 405 du Code pénal.

140. L'article 1328 du Code Napoléon veut que les actes sous seing privé ne fassent foi de leur date, à l'égard des tiers, que du jour où ils ont acquis date certaine : cette disposition ne saurait être suivie en ce qui touche le chèque, pas plus qu'elle n'est la règle en matière d'effets de commerce. Comme ces effets de commerce, les chèques, rédigés dans des formes spéciales, placés dans une catégorie exceptionnelle, destinés à une rapide circulation, doivent jouir de cette immunité de porter en eux-mêmes la preuve de l'époque de leur confection.

Néanmoins, ce privilége, rendu nécessaire par la force des choses, ne saurait être poussé à l'extrême : si les actes authentiques, revêtus de formalités solennelles, confectionnés en présence de personnes notables, méritent de faire foi *jusqu'à inscription de faux*, il n'en peut être ainsi des papiers négociables, qui ne sont pas entourés de ces garanties. De là, cette conséquence que, si d'un côté la date des chèques est *présumée* réelle, d'un autre côté, les tiers intéressés seront admis à la contester sans recourir à l'inscription de faux, et à la détruire par des preuves contraires.

141. On s'est demandé si l'on pourrait donner un chèque non daté avec cette convention formelle que le bénéficiaire ne s'en servira que dans un certain nombre de jours et après y avoir inscrit la date.

La question n'est pas sérieuse : c'est comme si l'on demandait si un chèque peut être remis en blanc avec la faculté octroyée au bénéficiaire de le remplir.

§ 2.

Émission d'un chèque sans provision préalable.

SOMMAIRE.

142. Texte du deuxième paragraphe de l'art. 6.
143. Suppression de l'art. 7 proposé par le Gouvernement considérant comme un délit la fraude en matière de provision.
144. Cette suppression n'effacerait pas le délit commis contre le droit commun.
145. Opinion de M. Millet, conforme à celle du rapporteur de la commission.
146. Renvoi à la commission ; rapport supplémentaire ; introduction dans l'art. 6 de ces mots : *sans préjudice de l'application des lois pénales, s'il y a lieu.*
147. Législation anglaise quant aux chèques émis de mauvaise foi, sans provision préalable.
148. Le retrait de la provision n'est pas frappé de l'amende fiscale.
149. Envoi tardif de la provision frappé de l'amende.

142. Voici le texte du deuxième paragraphe de l'art. 6 : « L'émission d'un chèque sans provision préalable est pas- « sible de la même amende, sans préjudice de l'application « des lois pénales, s'il y a lieu. »

143. Dans le projet proposé par le Gouvernement, il y avait un art. 7, ainsi conçu :

« L'émission d'un chèque sans provision préalable et le re- « trait de la provision sont punis, en cas de mauvaise foi, des « peines prononcées par l'art. 405 du Code pénal, sauf l'ap- « plication, s'il y a lieu, de l'art. 463 du même Code. »

La commission du Corps législatif a cru devoir repousser cette disposition et voici ses motifs : « La commission a cru que le maintien de l'art. 7 du projet exposait le tireur à de trop grands dangers. Le retrait de la provision, après la délivrance du chèque, peut provenir d'un simple oubli. Sa bonne foi n'étant pas douteuse, la procédure n'aurait pas de suite; mais le seul fait, pour un négociant, d'avoir été atteint par un mandat de comparution, porterait atteinte à son honorabilité commerciale. Pour éviter ces tracasseries, beaucoup de commerçants renonceraient à l'usage des chèques. » (Rapport de M. DARIMON.)

144. Est-ce à dire que l'émission d'un chèque sans provision préalable, ou le retrait de cette provision, aient été innocentés par la commission du Corps législatif, même alors qu'il existerait des manœuvres frauduleuses démontrées? — Non, sans doute, et le rapport de M. DARIMON le prouve quand il ajoute : « En proposant la suppression de l'art. 7, la commission n'a pas eu l'intention d'innocenter le fait d'avoir émis un chèque sans provision préalable; mais elle a pensé que, le plus souvent, ce fait rentrerait dans la catégorie des simples contraventions. En conséquence, elle l'a compris dans les fraudes punies par l'art. 6.... La commission a tenu à déclarer que les faits délictueux dans lesquels le chèque serait employé pour commettre une escroquerie, étaient punissables; que les pénalités du droit commun leur étaient applicables. Et elle a voulu que cette déclaration fût consignée dans son rapport, afin, qu'en l'absence d'une disposition spéciale, il ne pût y avoir le moindre doute sur ce point. »

145. M. MARTEL, membre de la commission, est venu confirmer l'appréciation du rapporteur. Son discours mérite d'être rapporté; le voici, d'après le *Moniteur* :

« Plusieurs considérations ont déterminé la commission à supprimer l'art. 7 qui établissait une pénalité fort grave pour le cas où le chèque aurait été délivré sans provision préalable, et pour le cas où, après la délivrance du chèque avec provision préalable, cette provision aurait été retirée, et voici quelles sont ces considérations :

« L'art. 7 disait que l'art. 405 du Code pénal serait appliqué à tout individu délivrant un chèque alors qu'il n'y avait pas provision préalable, ou qui, après avoir émis le chèque, retirerait la provision qu'il avait faite. Or l'art. 405, c'est l'article qui atteint l'escroquerie, et votre commission s'est dit : Lorsqu'un homme sera assez indélicat pour émettre un chèque sans provision préalable, ou pour retirer sa provision après avoir émis le chèque, il arrivera très-souvent que ce fripon aura exercé des manœuvres, qu'il aura rempli toutes les conditions prévues par l'art. 405 du Code pénal ; il se sera rendu coupable d'une véritable escroquerie, et, dans ce cas, il n'est pas besoin que, par une pénalité spéciale, nous venions dire dans la loi qu'il sera atteint comme si l'art. 405 avait été spécialement fait pour lui.

« Nous avons pensé que le Code pénal suffirait le plus souvent pour atteindre la mauvaise foi, lorsque celle-ci se rencontrerait avec tous les caractères déterminés par l'art. 405. Mais supposez un instant qu'il en soit autrement, c'est-à-dire supposez que le Code pénal ne soit pas applicable à ce fait simple et déloyal de délivrer un chèque sans provision préalable ou de retirer la provision lorsque le chèque a été émis ; supposez ce fait-là : la commission a pensé encore qu'il ne fallait pas dans ce cas une peine particulière, qu'il ne fallait pas créer une pénalité spéciale, et voici pourquoi :

« Si ce fait, l'émission d'un chèque sans provision préalable ou le retrait de la provision après que le chèque a été émis, s'accomplit, il est possible que son auteur soit de très-bonne foi. C'est par une erreur de compte, c'est par une faute de mémoire : il n'avait pas avec lui son carnet de chèques ; il a émis un chèque ; il a cru qu'il y avait une provision alors qu'il n'y en avait pas. Il est de très-bonne foi. Cependant il y a un fait matériel : il y a eu un chèque émis sans provision préalable. Et dans ce cas, qu'arriverait-il ?

« Les officiers du ministère public seraient forcés par la loi, si l'art. 7 était maintenu, seraient, dis-je, forcés d'instruire ;

il y aurait procès-verbal, peut-être mandat de comparution, des difficultés, des embarras, enfin toutes sortes d'inconvénients. Ce serait très-fâcheux pour une personne qui serait de bonne foi et qui aurait ainsi par erreur, par simple erreur, émis un chèque sans provision préalable ; elle se verrait forcée de venir s'expliquer devant les magistrats, et de prouver qu'elle a agi de bonne foi ; son innocence serait reconnue sans doute, mais après des explications, des dérangements et une suspicion toujours fort regrettables. Un pareil résultat pourrait entraver l'usage du chèque.

« Votre commission a pensé qu'il ne fallait pas, dans une loi de cette nature qui est une loi de confiance, de crédit, qui a pour but de faciliter la pratique du chèque, qu'il ne fallait pas insérer dans cette loi un instrument de défiance, quelque chose qui pourrait jeter sur elle une défaveur ; et certainement le commerce hésiterait à faire des chèques, si un commerçant pouvait être inquiété lorsqu'il a été de bonne foi en émettant par erreur un chèque sans provision préalable.

« Voilà la considération principale qui a déterminé votre commission ; elle s'est dit : Le plus souvent l'homme de mauvaise foi qui aura émis un chèque sans provision préalable, ou qui aura retiré la provision après l'émission, le plus souvent cet homme de mauvaise foi aura commis toutes les manœuvres frauduleuses qui sont prévues par le Code pénal, et le droit commun l'atteindra.

« Que s'il arrive quelquefois qu'il puisse échapper au Code pénal, il vaut encore mieux que cela soit que de voir le commerce inquiet, le commerce embarrassé, le commerce tourmenté dans l'usage du chèque, n'osant pas s'en servir dans la crainte qu'une erreur, une simple erreur, puisse soumettre le négociant qui s'est trompé à la nécessité de venir devant un magistrat, devant un juge d'instruction, devant un procureur impérial, devant un commissaire de police, démontrer qu'il a été de bonne foi. (Approbation sur plusieurs bancs.)

« Il est encore une autre considération.

« On vous a proposé, messieurs, ces jours-ci un projet de loi qui tend à abolir la contrainte par corps. Et quel est l'un des motifs les plus importants qui milite pour l'abolition de la contrainte par corps ? C'est que bien souvent on fait souscrire à des ignorants, à des jeunes gens, à des prodigues, des lettres de change qui les conduisent à des condamnations entraînant la contrainte par corps ; quoiqu'ils n'aient point fait d'actes de commerce, ils sont obligés d'expier par la prison, pendant un temps quelquefois considérable, la légèreté avec laquelle ils auront souscrit une lettre de change.

« Or, supposez que la pénalité édictée par l'art. 7 soit maintenue, que pourra-t-il arriver ? C'est que l'usurier ne fera plus souscrire une lettre de change, parce qu'il n'aura plus la ressource de la contrainte par corps, mais qu'il déterminera le jeune homme, l'ignorant, à souscrire un chèque, sans qu'il y ait provision préalable.

« Cela sera bien facile en présence de la nécessité devant laquelle se trouvera le malheureux qui a besoin d'argent. Il sera bien facile de lui faire souscrire un chèque, et s'il n'y a pas de provision préalable, et si ce seul fait d'émettre un chèque sans provision préalable peut l'amener devant les tribunaux correctionnels, voyez quels dangers pour les jeunes gens, pour les ignorants ! Voyez quelles armes vous mettez aux mains des usuriers, des hommes de mauvaise foi qui cherchent à tendre des piéges à ceux qui, entraînés par leurs passions ou autrement, ne sont pas capables de se défendre ?

« Ce sont toutes ces considérations, considérations morales, considérations aussi tirées de l'intérêt qu'il y a à faciliter l'usage du chèque, à le répandre pour que le commerce et l'industrie n'hésitent pas à s'en servir, qui ont déterminé votre commission à supprimer complétement l'art. 7 (Très-bien ! très-bien !). » (Séance du 6 mai 1865).

146. Deux députés, MM. Douesnel et Mège ayant combattu l'opinion de la commission, et l'article 6 lui ayant été renvoyé pour que la rédaction fût révisée, on a inséré dans notre paragraphe ces expressions caractéristiques : *sans préjudice de l'application des lois pénales, s'il y a lieu.* Et le rapport supplémentaire de M. Darimon, annexé au procès-verbal de la séance du 20 mai 1865, porte : « En soumettant à l'amende l'émission d'un chèque sans provision préalable, la commission n'avait voulu frapper que la simple contravention fiscale, consistant à déguiser, sous la forme d'un chèque, une véritable valeur de crédit. Mais elle n'avait pas entendu innocenter le cas où une pareille émission serait accompagnée de circonstances qui lui donneraient le caractère d'un délit. Quoique le rapport se fût expliqué, à cet égard, de la façon la plus claire et la moins équivoque, la commission, prenant en considération les observations qui se sont produites, a introduit un changement dans le texte de l'article. Voici la rédaction nouvelle qui vous est soumise : « l'émission d'un « chèque sans provision préalable est passible de la même « amende, *sans préjudice de l'application des lois pénales;* « *s'il y a lieu.* »

Cette rédaction nouvelle a été adoptée par la chambre et a pris place dans la loi.

Voilà donc qui est bien certain : 1° le fait en lui-même, de l'émission d'un chèque sans provision préalable, constitue une simple contravention fiscale, passible d'une amende de six pour cent ; 2° si, à ce fait, viennent se joindre des manœuvres frauduleuses, le délit d'escroquerie surgira et légitimera l'application des dispositions répressives de l'art. 405, Code pénal.

147. Il a été admis aussi en Angleterre que le fait d'émettre, de mauvaise foi, un chèque sur un banquier qui n'aurait point de provision, peut être, dans certains cas qui se rapportent au droit commun, assimilé à l'escroquerie et puni d'une peine qui peut aller jusqu'à la déportation. Il n'y a point dans la loi de disposition spéciale : le juge prononce d'après les circonstances.

148. On a vu que, dans son projet d'article 7, le Gouvernement assimilait le retrait de la provision au fait de ne pas l'avoir fournie et que, quand il y avait mauvaise foi, il proposait de frapper l'un et l'autre de ces méfaits des peines portées par l'article 405 du Code pénal. Nous venons d'expliquer les motifs qui ont déterminé le législateur à repousser ce projet d'article et à le remplacer par les dispositions de notre paragraphe. Dans ce paragraphe, on ne soumet à l'amende de six pour cent que le timbre émis sans provision préalable et on ne parle pas du chèque dont le tireur a repris la provision.— De là, ces questions? Faut-il, par analogie, appliquer l'amende à ce dernier chèque? par le retrait de la provision, le chèque a-t-il été dénaturé et est-il devenu un chèque sans provision préalable?

Nous ne le pensons pas et, pour justifier notre opinion, nous devons faire connaître la discussion qui a eu lieu au Corps législatif.

Dans la séance du 6 mai 1865, M. Millet disait : « Je crois que le seul fait d'avoir retiré la provision après l'émission du chèque, doit être puni par la même amende civile, la même amende de timbre, que le fait de l'avoir émis sans provision. ..... le retrait de la provision, après l'émission du chèque, lui a enlevé le caractère qui avait motivé l'immunité édictée par la loi, c'est-à-dire la dispense du timbre : et cela est très-exact. Aujourd'hui, vous créez un chèque ; mais avant que ce chèque ait produit son effet, vous le dénaturez, vous lui enlevez son caractère, en lui enlevant la provision indispensable à son essence : dès lors, ce n'est plus un chèque ; il ne reste plus en circulation qu'une valeur négociable à ordre ou au porteur, à laquelle l'immunité du timbre ne saurait être accordée, pas plus que si vous l'aviez émise sans provision. Si celui qui émet un chèque sans provision est passible d'une amende, on ne comprendrait pas que la même amende ne fût pas encourue par celui qui, après avoir émis le chèque, opère le retrait de la provision qui, seule, donnait existence légale à ce titre, et le faisait participer au privilége de l'immunité. Le dernier ne mérite certainement pas plus de faveur que le premier; et, au point de vue fiscal, la situation ne doit pas être différente : la même amende doit les frapper l'un et l'autre. »

M. Josseau a donné, en ces termes, son assentiment à cette réclamation : « C'est quelque chose de très-grave que d'émettre un chèque sans provision préalable. Mais est-ce quelque chose de moins grave, après avoir émis un chèque, que de retirer la provision?.... Qu'a fait la commission? Elle a supprimé le délit, et je ne l'en blâme pas; elle a déclaré passible d'une simple amende le défaut de provision préalable lors de l'émission d'un chèque; mais elle a complétement passé sous silence cet autre cas, le retrait de la provision après l'émission du chèque; de sorte que ce cas si grave, et souvent plus grave même que le premier, car la plupart du temps ce sera un acte frauduleux, ne sera ni un délit, ni une contravention ordinaire, ni même une simple contravention fiscale. N'est-il pas évident qu'il y a là une lacune? Qu'en tout cas, il y a une question digne d'être étudiée? Pour ma part, je n'en doute pas, et je me joins énergiquement à l'honorable M. Millet pour demander le renvoi de l'article 6 à la commission. »

L'orateur du Gouvernement, M. de Lavenay, a répondu : « Dans le projet du Gouvernement, l'émission sans provision, ou le retrait de la provision, étaient considérés comme des délits justiciables de la juridiction correctionnelle. On les avait mis sur la même ligne, parce qu'on trouvait dans les faits la même immoralité, que rien n'empêchait de les punir l'un comme l'autre, et de les comprendre dans l'application de la même disposition. — Mais, quand il s'agit d'une amende de timbre, la position n'est pas tout à fait la même. On peut bien appliquer une amende de timbre à un chèque émis alors qu'il n'y avait pas provision, *parce que, au moment où le chèque était émis, il devait l'être sur un papier timbré.* Il y a donc eu contravention. Mais nous supposons le cas où la provision, après avoir été faite, a été retirée postérieurement au moment où le chèque a été émis. Dans cette hypothèse, la provision existait lorsque le chèque a été émis et, *par conséquent, existait le droit d'inscrire le chèque sur un papier non timbré.*—Voilà pourquoi, au moment où on faisait passer les pénalités de la catégorie des délits à la catégorie des contraventions fiscales, on n'a pas cru pouvoir assimiler les deux faits, parce que, au point de vue fiscal, ils ne sont pas semblables. »

Ces raisons étaient juridiques. Aussi, l'article étant renvoyé à un nouvel examen de la commission, cette commission a rejeté l'amendement par lequel M. Millet voulait assimiler les deux faits, les englober dans la contravention fiscale, et les rendre passibles de la même amende.

En résumé, nous dirons : D'abord on ne peut étendre d'un cas à un autre les prescriptions fiscales qui sont de véritables pénalités, *qui dicit de uno de altero negat.*—D'ailleurs, le silence de la loi n'est pas un oubli, une lacune : on a formellement repoussé la proposition d'identifier les deux hypothèses, au point de vue fiscal.— Enfin, et c'est là le motif qui a déterminé le législateur à différencier les deux hypothèses, l'amende n'est que la conséquence d'une atteinte portée aux droits du fisc, au moment où le fait s'est produit. Or, à l'origine, le fait était licite et les lois fiscales étaient respectées ; il y avait un chèque émis après provision et, par suite, un chèque exempt du droit de timbre ; un fait postérieur a bien détruit la provision, mais ce fait postérieur n'empêche pas que la provision préalable existait au moment de la création du titre. On ne saurait, dès lors, donner à ce fait postérieur une rétroactivité qu'il ne comporte pas et transformer en contravention, ce qui n'était pas contravention. Puisqu'il n'y avait pas lieu à timbre, il n'y a pas lieu à amende.

Si, par le retrait qu'il opère, le *tireur du chèque*, le *tireur* s'est rendu coupable d'un délit contre le droit commun, qu'on le poursuive en vertu de ce droit.

149. Si le tireur n'envoie la provision qu'après avoir tiré le chèque, devra-t-il être condamné à l'amende, alors même que le chèque aura été acquitté à présentation et sans nul retard? — Oui : notre article est général, absolu et ne permet pas, à ce point de vue, d'exciper d'une question de bonne foi. Le fait, en lui-même, constitue une contravention quelles que soient les circonstances atténuantes qui pourraient lui enlever tout caractère préjudiciable.

Art. 7.

Les chèques sont exempts de tout droit de timbre pendant dix ans à dater de la promulgation de la présente loi.

SOMMAIRE.

150. Avant la loi actuelle les chèques étaient soumis au timbre.
151. Motifs de l'exemption actuellement accordée.
152. Comment a été fixée la durée de l'exemption.
153. La durée de l'exemption critiquée comme inconstitutionnelle : réponse.
154. Difficultés pour reconnaître les chèques exemptés du timbre.
155. Les chèques protestés et présentés en justice, sont soumis au droit d'enregistrement.

150. Avant la loi actuelle, les chèques, quelle que fût leur forme, étaient soumis au droit de timbre.

Tout acte ayant pour but de faire foi d'un engagement ou d'une libération est, selon la loi du 13 brumaire an VII, imposé d'un droit fixe de timbre qui, au-dessus de dix francs, est de cinquante centimes. Aussi, lorsque le chèque était sous forme de récépissé, faisant foi de libération, il devait le droit fixe : en cas de violation de la loi, il était passible d'amendes considérables.

Lorsque le chèque empruntait sa forme aux mandats de commerce, la loi du 5 juin 1850 le frappait, comme toute traite, du timbre proportionnel de 50 centimes par mille francs du capital. L'amende pour contravention était de six pour cent dont était passible chacun des souscripteur, accepteur, bénéficiaire ou premier endosseur.

Aujourd'hui, le chèque ne pouvant exister que sous forme de mandat de paiement, l'exemption du timbre n'est applicable que lorsqu'il a cette forme.—Les récépissés, n'étant plus considérés comme chèques, resteraient assujettis au droit fixe.

151. Suivant l'exposé des motifs présenté au Corps législatif, une faveur fiscale avait été le point de départ même de la loi présentée l'année dernière.—Les uns proposaient un droit minime, les autres une exemption absolue.

Le droit minime présentait cet inconvénient que, sans procurer une recette sérieuse au trésor, il occasionnait, par sa perception, une certaine gêne dans les transactions....

L'exemption absolue, d'un autre côté, avait le tort de porter une atteinte fâcheuse aux principes mêmes de l'impôt du timbre. D'après la législation sur le timbre, tout papier susceptible de faire foi en justice d'un engagement ou d'une libération doit être timbré.

Il a paru qu'une exemption totale, mais temporaire, ne présenterait ni les inconvénients pratiques du droit réduit, ni les inconvénients de principes de l'exemption absolue.

152. La commission administrative nommée à la suite du retrait du projet inséré dans le budget de 1865, avait proposé d'assigner à l'exemption du timbre une durée de dix ans.

Le Conseil d'Etat, dans l'article 8 de son projet, réduisit cette durée à cinq ans.

La commission du Corps législatif a pensé que le terme de

dix ans était nécessaire pour permettre au système des chèques d'acquérir tout son développement ; elle n'a pas cru, du reste, que ce terme de dix ans dût être considéré comme un maximum qui ne pourrait être dépassé, et elle a proposé d'ajouter au chiffre de dix ans les mots : *au moins,* afin qu'il n'y eût pas d'équivoque à cet égard.

Le Conseil d'Etat, acceptant le chiffre de la durée, n'a pas admis les mots *au moins.*

La solution à laquelle on s'est arrêté est une transaction ; au lieu d'exemption totale et définitive, on a adopté une exemption totale, mais temporaire. On a considéré que le chèque était encore dans l'enfance ; qu'il cherchait à entrer dans les habitudes, et qu'il n'était pas, comme le chèque en Angleterre, mûr pour le droit commun.

Chez nos voisins, en effet, le chèque a circulé pendant près d'un demi-siècle avec une complète immunité de droit. C'est depuis 1858 seulement, qu'il a été soumis à un droit fixe d'un penny. (Rapport de M. DARIMON.)

183. M. ERNEST PICARD a fait cette observation : « Je crois que nous nous exprimons mal en disant que les chèques seront exempts de tout droit de timbre pendant dix ans ; je crois que nous n'avons pas le droit d'engager ainsi l'avenir. Nous devons voter l'impôt chaque année, et, lorsque nous disons que les chèques seront exemptés de l'impôt pendant dix ans, nous disons, à mon sens, deux choses qu'il ne nous appartient pas de dire : la première, c'est qu'on n'imposera pas les chèques pendant dix ans et la deuxième, c'est que, dans dix ans, les chèques seront imposés. En principe, nous pourrions dire que le chèque ne doit pas être soumis à l'impôt ; s'il doit être, un jour, soumis à l'impôt, il sera temps d'étudier la question et de la décider ce jour-là. Quant à ce bail de dix années que nous donnons soit dans l'intérêt des banques de dépôt, soit autrement, je le trouve tout à fait, oserai-je dire le mot? Inconstitutionnel, (on rit) et contraire aux habitudes qu'une

Chambre doit soigneusement garder. Si nous nous servions souvent de ces locutions, nous aurions des impôts qui finiraient dans un an, dans deux ans, dans trois ans, si tant est, par extraordinaire, qu'ils dussent jamais finir; d'autres qui commenceraient dans cinq, dans dix, dans quinze années. Je crois que nous préparerions ainsi à nos successeurs de grandes difficultés. »

L'un des membres de la commission, M. Martel, a répondu en ces termes : « La commission, d'accord avec le Gouvernement, a exempté le chèque du droit de timbre pendant dix ans, afin d'encourager l'usage de cet instrument de paiement. L'honorable M. Picard trouve cela inconstitutionnel. Eh bien! je vais lui citer un exemple qui le contredira entièrement : L'honorable M. Picard a perdu, sans doute, le souvenir que, pour le dessèchement des marais, la loi a prononcé une exemption de l'impôt foncier pour vingt-quatre ans. Pourquoi l'a-t-elle fait? pour encourager le dessèchement des marais. Pourquoi avons-nous, d'accord avec le Gouvernement, exempté de timbre pendant dix ans le chèque? C'est afin d'encourager l'emploi du chèque. » (Très-bien! Très-bien!) (Séance du 6 mai 1865.)

154. Le chèque étant un mandat à vue est rédigé dans la même forme que les lettres de change à vue : la principale condition qui les distingue, c'est, comme nous l'avons dit (nos 73 et 74 *suprà*), que, dans les chèques la provision préalable a été fournie en fonds disponibles. Ce caractère sera souvent bien difficile à constater. Et, alors, on s'est demandé comment le fisc distinguera les valeurs qu'il doit frapper de ses droits de celles qui en sont exemptes.

Voici la réponse faite par M. de Lavenay, commissaire du Gouvernement : « Cette difficulté se rencontre très-souvent dans l'application des lois de timbre, voici comment on la résout.

« Toutes les fois que des papiers susceptibles soit d'un timbre fixe, soit d'un timbre proportionnel échappent à cette formalité, l'administration ne peut pas les saisir par voie d'inquisition, chez les particuliers commerçants ou non commerçants; l'administration est obligée d'attendre que les papiers tombent dans ses mains par des voies légales, telles qu'un procès, une faillite, la mention dans un inventaire, etc.; l'administration perçoit alors les droits, les doubles droits et les amendes.

« Voilà quelle est la sanction de la fraude. Eh ! bien, dans le cas actuel, il est évident que le chèque fait sans provision et payé sans difficulté échappera souvent à l'administration; mais lorsque le chèque sera protesté, lorsqu'il arrivera en justice, lorsqu'il sera reconnu par jugement que le prétendu chèque n'était qu'un papier de circulation, qu'un effet de crédit dissimulé sous la forme de chèque, alors on percevra le droit et l'amende. » (Séance du 5 mai 1865.)

Et, comme un député avait encore insisté sur cette difficulté, l'orateur du Gouvernement a ajouté : « Il y a un principe reconnu, c'est qu'en matière de timbre, exemption vaut paiement.—Le chèque, même protesté, est donc réputé avoir payé le timbre jusqu'au moment où il sera démontré qu'il n'y avait pas provision, que ce n'était pas un chèque, qu'il n'y avait pas droit, dès lors, à l'exemption. Or, à quel moment se fera la démonstration? Ce ne sera pas au moment du protêt, car le refus de paiement peut venir, soit de ce que le banquier était en faillite, soit de ce qu'il n'avait pas tenu la provision disponible, soit de ce qu'il était survenu une saisie-arrêt, soit pour tout autre motif qui ne dénature pas le chèque. A quelle époque donc sera-t-il reconnu qu'il n'y avait pas provision, ou qu'on avait dissimulé une lettre de change sous un chèque? Ce sera lorsque le jugement sera intervenu et aura donné à l'effet son véritable caractère. A ce moment, l'administration se mettra en mouvement : elle réclamera le droit et l'amende, et elle s'adressera à la partie qui, aux termes du jugement, aura été déclarée responsable. » (Séance du 6 mai 1865.)

Enfin, dans son rapport supplémentaire, annexé à la séance du 20 mai 1865, M. DARIMON s'est exprimé ainsi :

« Le Gouvernement, consulté sur la question du droit de timbre, a dit :

« En ce qui concerne le timbre, l'administration doit s'abs- « tenir, en cas de protêt, de percevoir les droits de timbre et « de soumettre à des amendes tout effet négociable ayant les « caractères extérieurs du chèque. Ce n'est que lorsqu'un ju- « gement sera intervenu, qu'il aura établi qu'un effet ayant « emprunté la forme du chèque, n'était pas un véritable « chèque; ce n'est, en un mot, que lorsque le caractère de « l'effet aura été juridiquement déterminé que l'administra- « tion réclamera, lors de l'enregistrement du jugement, le « droit de timbre et les amendes. »

188. Il nous reste à parler de l'*enregistrement*.

Il n'y a pas de doute, qu'en cas de protêt, le chèque ne doive être soumis à l'enregistrement : il suivra la loi de toutes les pièces produites en justice.

Un député, M. GARNIER, s'était élevé contre cette assertion du rapport de M. Darimon : il avait soutenu que cette doctrine, consistant à frapper le chèque protesté du droit d'enregistrement, violait les principes, était contraire à tous les précédents et devait faire naître une foule de difficultés. La commission du Corps législatif a prié alors le Gouvernement de vouloir bien s'expliquer à cet égard; et voici la réponse qui lui fut faite :

« Quant au droit d'enregistrement, il n'y a aucun intérêt à ce que l'immunité en soit prononcée, tandis qu'il est d'utilité publique d'exempter les chèques du droit de timbre. — Ce droit, en effet, pèse sur tous les chèques, tandis que le droit d'enregistrement n'atteint que les chèques produits en justice.

« Il est vrai que l'exemption d'enregistrement a été ordinairement le corollaire de l'immunité du timbre ; mais il n'y a aucune anomalie qu'il n'en soit pas ainsi. Les deux impôts ne procèdent pas des mêmes principes. En matière d'effets négociables, le timbre est un véritable impôt, qui ne confère à l'écrit aucun caractère et que les besoins du Trésor seuls justifient. L'enregistrement, au contraire, ne frappe que les écrits qui acquièrent l'authenticité par leur annexe à un acte public ou qui sont produits devant la justice. Le droit qui les atteint peut donc être considéré comme le prix de la protection de l'État et d'un service rendu.

« Il n'apparaît pas, d'ailleurs, que la perception du droit d'enregistrement puisse présenter des difficultés quant à l'application du tarif.

« Que le chèque soit endossé ou non, il restera toujours un effet négociable (art. 1er de la loi). Il ne peut donc pas être soumis au droit de 1 p. 100,—droit des obligations pures et simples.

« Le chèque ne reste donc pas, non plus, une lettre de change, puisqu'il exige la provision préalable et qu'il ne constitue pas un acte de commerce. Il ne saurait donc être soumis au tarif de cette nature d'effets.

« Le droit qui, dans tous les cas, sera dû, pour le chèque protesté ou produit en justice, sera donc celui de 50 centimes, établi par l'art. 69, § 2, n° 6, de la loi du 22 frimaire an VII, pour tous les effets négociables. »

En conséquence de cette note, qui a été insérée textuellement dans le rapport supplémentaire de M. Darimon, la commission du Corps législatif crut devoir repousser un amendement de M. Garnier, qui proposait de joindre à l'exemption de l'impôt du timbre dont jouissent les chèques, l'exemption du droit d'enregistrement.

FIN DU COMMENTAIRE.

DEUXIÈME PARTIE.

DOCUMENTS LÉGISLATIFS.

1°

PREMIER PROJET DE LOI

(Inséré dans le projet de budget de 1865, présenté en 1864 au Corps législatif).

ART. 6. Est réduit à 10 centimes le droit de timbre des mandats appelés chèques, non négociables par voie d'endossement et payables à présentation, soit seulement à la personne y dénommée, soit à la personne y dénommée ou au porteur.

ART. 7. Pour jouir de la modération de droit établie par l'article ci-dessus, les mandats doivent être extraits d'un livre à souche préalablement timbré sur la souche et sur le talon.

ART. 8. En cas de contravention aux dispositions qui précèdent le souscripteur du mandat, le porteur, le banquier, l'établissement, ou toute personne qui aura acquitté le mandat sont passibles, chacun et sans recours, d'une amende de 50 francs, ils sont solidaires pour le paiement des amendes et du droit de timbre.

2°

EXPOSÉ DES MOTIFS DU BUDGET DE 1865.

Messieurs, personne n'ignore aujourd'hui la nature et l'objet des billets connus sous le nom de *chèques*. Un établissement de banque ou de crédit reçoit des fonds en compte courant ; le déposant veut faire un paiement à un tiers quelconque, il remet à ce tiers un billet sous forme de mandat ou de récépissé, extrait d'un livre à souche que l'établissement lui a délivré. Au vu de ce billet, la banque paie, sous la seule condition qu'il y ait provision suffisante au compte créditeur du déposant. Le billet ainsi tiré sur l'établissement dépositaire, c'est le chèque.

L'usage des chèques présente divers avantages. Il tend à accroître, au profit des établissements de crédit, l'importance des sommes mises à leur disposition par les comptes courants; il donne aux déposants des facilités qui leur permettent simultanément de tirer un intérêt de leurs fonds, d'avoir ces fonds toujours disponibles, et de faire des paiements sans déplacement de numéraire. Lorsque les chèques se multiplient et que les établissements sur lesquels ils sont tirés sont en même temps porteurs de chèques tirés sur d'autres établissements, les avantages de ce mode de payement se développent, et beaucoup d'affaires se règlent par de simples virements. L'Angleterre a de beaucoup dépassé la France sous le rapport de l'usage, de la circulation et de la multiplication des chèques. Il y a sans doute de ce fait des causes nombreuses et diverses; mais il en est une, entre autres, que le Gouvernement a cru apercevoir et à laquelle il lui a paru possible de remédier.

La forme du chèque la plus naturelle, la plus conforme à l'essence et à l'objet du contrat, la plus sûre pour les parties et la plus commode dans la pratique, c'est assurément celle qui a été adoptée en Angleterre, c'est celle d'un mandat souscrit par le déposant, soit à une personne dénommée ou au porteur. Cette forme n'a pas été adoptée en France. On donne généralement au chèque la forme d'un simple reçu de la somme qui en fait l'objet; le tiers porteur n'est ni dénommé ni mentionné. Si le chèque vient à se perdre et qu'il soit trouvé par une personne de mauvaise foi, la banque est exposée à mal payer; des procès peuvent s'ensuivre au préjudice soit de la banque, soit du déposant, soit du tiers qui aura reçu le chèque; il y a, en tous cas, un intérêt lésé. Sous la forme de mandat, au contraire, le chèque peut toujours présenter la garantie d'un titre nominatif, et lors même qu'il est nominatif ou au porteur, le souscripteur et la banque ont pour garantie, d'abord la personne dénommée, ensuite l'obligation où se trouve le porteur de justifier de son identité et de donner sa signature. A un autre point de vue, on peut ajouter que celui qui a reçu en paiement un chèque, sous forme de simple reçu, peut difficilement le transmettre à un tiers qui ne connaît pas le souscripteur. Quand, au contraire, le chèque est à une personne dénommée ou au porteur, la personne dénommée peut aisément le transmettre à un porteur dont elle est connue et dont elle a la confiance. S'il y a lieu à des transmissions ultérieures, elles se trouvent facilitées par une double garantie.

D'autres supériorités de la forme du mandat sur celle du reçu pourraient encore être signalées. Pourquoi donc en France, malgré l'exemple voisin et connu de l'Angleterre, s'est-on attaché à la forme du reçu? Il a paru au Gouvernement que la réponse à cette question se trouvait dans la différence des deux législations fiscales. En Angleterre, le chèque, même en forme de mandat, n'est assujetti pour le timbre qu'au droit fixe de 1 penny (10 centimes). En France, au contraire, le mandat, même présentant le caractère particulier du chèque, est soumis à un droit proportionnel représentant à peu près 50 centimes par 1,000 francs. La perception de ce droit est, en outre, garantie par des amendes proportionnelles et s'élevant à 6 pour cent, pour chacune des parties, du montant des sommes souscrites.

C'est probablement pour se soustraire à ces droits, qui deviennent considérables quand le chèque s'élève à de fortes sommes, que les établissements de crédit ont répugné à la forme du mandat et adopté celle du reçu. Ce n'est pas que les reçus soient légalement affranchis des droits de timbre, car les quittances de sommes au-dessus de 10 francs (sauf les exceptions déterminées par la loi, parmi lesquelles les chèques ne se trouvent pas) sont assujetties au droit de timbre de dimension, c'est-à-dire à 50 centimes pour le plus petit format. Mais en fait, et sans doute à cause de l'élévation même de ce droit, on ne le paie point, et l'on préfère s'exposer à la sanction pénale, c'est-à-dire à l'amende de 50 francs qui frappe les quittances non timbrées, lorsqu'elles arrivent par les voies légales à la connaissance de l'administration.

La situation est donc celle-ci : pour éviter les droits proportionnels élevés et les fortes amendes proportionnelles édictées par la législation sur les mandats, on prend la forme du reçu; puis, pour éviter le droit fixe afférent aux reçus, on s'expose aux poursuites judiciaires et à l'amende de 50 francs. Le Gouvernement a pensé qu'il y avait là une entrave à la création des chèques et un obstacle à leur multiplication. Il vous propose, en conséquence, de réduire à 10 centimes le droit sur les chèques en forme de mandat. Il est bien entendu que cette faveur ne peut s'appliquer qu'aux billets ayant bien le caractère de chèques, c'est-à-dire à ceux qui sont extraits d'un livre à souche, qui ne sont pas susceptibles d'endossements et qui ne sont payables que quand il y a dépôt préalable de fonds. Moyennant le petit droit fixe de 10 centimes les parties auront la faculté de rédiger les chèques dans la forme la plus sûre et la plus commode. Les chèques ainsi créés pourront circuler, figurer dans les actes, être produits en justice sans aucuns frais ni amendes; et il est probable, qu'en présence de ces avantages, les intéressés, au moins quand il s'agira de sommes d'une certaine importance, renonceront peu à peu à la pratique actuelle, périlleuse à tous les titres et qui n'a été à son origine qu'un expédient. Le caractère des dispositions que nous avons l'honneur de vous soumettre n'est donc nullement fiscal; c'est une expérience économique, une tentative au profit de la circulation financière, et nous espérons que le Corps législatif y donnera son approbation.

3°

2e PROJET DE LOI CONCERNANT LES CHÈQUES

(Présenté au Corps législatif dans la séance du 10 février 1865).

ART. 1er. Le chèque, soit sous la forme d'un mandat de paiement, soit sous la forme d'un récépissé, est signé par le tireur et porte la date du jour où il est tiré.

Il ne peut être tiré qu'à vue.

Il peut être souscrit au porteur ou au profit d'une personne dénommée.

Il peut être souscrit à ordre et transmis même par voie d'endossement en blanc.

ART. 2. Le chèque ne peut être tiré que sur un tiers ayant provision préalable; il est payable à présentation.

ART. 3. Le chèque peut être tiré d'un lieu sur un autre ou sur la même place.

ART. 4. L'émission d'un chèque, même lorsqu'il est tiré d'un lieu sur un autre, ne constitue pas, par sa nature, un acte de commerce.

Toutefois, les dispositions du code de commerce relatives à la garantie solidaire du tireur et des endosseurs, au protêt et à l'exercice de l'action en garantie, en matière de lettres de change, sont applicables aux chèques.

ART. 5. Le porteur d'un chèque qui n'en réclame pas le paiement dans le délai de trois jours, si le chèque est tiré de la place où il est payable, et dans le délai de cinq jours, s'il est tiré d'un autre lieu, perd son recours contre les endosseurs et même contre le tireur si celui-ci avait fait provision.

ART. 6. Le tireur qui revêt un chèque d'une fausse date et le premier porteur sont punis chacun, et sans recours l'un contre l'autre, d'une amende égale à 6 pour cent de la somme pour laquelle le chèque est tiré. La même peine est applicable à l'émission d'un chèque sans date.

ART. 7. L'émission d'un chèque sans provision préalable et le retrait de la provision après la délivrance du chèque sont punis, en cas de mauvaise foi, des peines prononcées par l'article 405 du Code pénal, sauf l'application, s'il y a lieu, de l'article 463 du même code.

ART. 8. Les chèques sont exempts de tout droit de timbre pendant cinq ans à dater de la promulgation de la présente loi.

Ce projet de loi a été délibéré et adopté par le Conseil d'État, dans ses séances des 3 et 4 novembre 1864.

Le ministre, présidant le Conseil d'État,
AD. VUITRY.

Le conseiller d'État,
secrétaire général du Conseil d'État,
DE LA NOUE-BILLAULT.

(Supplément du *Moniteur* du 24 février 1865).

4°

EXPOSÉ DES MOTIFS

(Annexé au procès-verbal de la séance du Corps législatif du 16 février 1865).

Exposé des motifs d'un projet de loi concernant les chèques.

Messieurs, le Corps législatif a déjà été saisi des questions relatives au timbre des chèques, vers la fin de sa dernière session. L'exposé des motifs qui fut présenté alors, le rapport de la commission du budget et surtout la délibération qui s'en est suivie en séance publique, et à laquelle la plupart d'entre vous se reporteront probablement, nous dispensent de donner aujourd'hui de longs développements aux observations que nous devons vous soumettre à l'appui du projet de loi par lequel le Gouvernement vous propose de régler tout ce qui concerne la législation des chèques.

Il nous paraît cependant nécessaire de rappeler en quelques mots les faits qui se sont passés l'année dernière.

Le Gouvernement, préoccupé du désir de propager l'usage des comptes courants et l'emploi des chèques, pensa qu'il était opportun de lever l'obstacle que les lois relatives à l'impôt du timbre pouvaient opposer à cette propagation.

En effet, le chèque est l'écrit qui sert à effectuer et à constater le retrait, soit au profit du déposant, soit au profit d'un tiers, de tout ou partie de fonds déposés en compte courant. Lorsque ce retrait était effectué au moyen d'un récépissé, ce récépissé devait, aux termes des lois, être revêtu d'un timbre fixe de 50 centimes. Si ce même retrait était opéré au moyen d'un mandat, ce mandat était assujetti à un timbre proportionnel de 50 centimes en moyenne par 1,000 francs. Le Gouvernement proposa de ne plus assujettir les chèques, sous forme de mandat, qu'à un timbre fixe de 10 centimes.

La commission du budget entra dans les vues du Gouvernement, elle pensa même qu'il y avait lieu d'aller plus loin et proposa pour les chèques, sous quelque forme qu'ils fussent émis, un droit fixe de timbre, réduit à la limite extrême de 5 centimes. Le Gouvernement se rallia à cette proposition. Il faut ajouter que, dans le projet de la commission, comme dans le projet primitif du Gouvernement, la faveur du timbre réduit n'est accordée au chèque qu'autant qu'il ne serait pas négociable par voie d'endossement.

C'est cette mesure qui souleva une vive discussion dans le sein du Corps législatif.

Plusieurs honorables députés revendiquèrent énergiquement pour le chèque le double privilége de la transmission par voie d'endossement et de l'exemption d'impôt.

Le Gouvernement résista, non qu'il méconnût l'intérêt que pouvaient présenter, au point de vue économique, les facilités qui seraient données à l'émission et à la transmission des chèques, mais parce qu'il craignait que les faveurs accordées au chèque non défini encore, et non réglementé par la législation, ne profitassent à d'autres papiers, et particulièrement à certains effets de crédit, au préjudice des droits du trésor et de l'équilibre du budget.

Dans cette situation, un honorable député proposa l'ajournement, en vue de permettre au Gouvernement, dans l'intervalle des deux sessions, d'étudier la question dans son ensemble et de rechercher les moyens de concilier l'intérêt économique et les garanties fiscales.

Cet ajournement, auquel le Gouvernement ne s'opposa pas, fut prononcé par le Corps législatif.

En conséquence, dès la clôture de la cession, le Gouvernement institua une commission spéciale chargée de procéder aux études réclamées par le Corps législatif, et invita plusieurs des honorables députés qui avaient soulevé le débat ou qui y étaient intervenus, à faire partie de la commission conjointement avec les représentants du Gouvernement qui avaient soutenu la discussion (1) ; parmi les membres du Corps législatif se trouvaient le président même de ce corps, M. le duc de Morny, parmi les représentants du Gouvernement, M. Rouher, ministre d'Etat.

La commission constituée décida qu'avant de délibérer elle procéderait à une sorte d'enquête. Elle appela dans son sein et entendit successivement les chefs ou les représentants des principales institutions de crédit de Paris et de Lyon, plusieurs banquiers notables de Paris et des départements, et enfin le directeur général de l'administration de l'enregistrement et des domaines.

C'est après s'être entourée ainsi des lumières de la pratique et de l'expérience que la commission a rédigé et voté à l'unanimité un projet de loi. Ce projet, adopté par le Gouvernement et par le Conseil d'Etat, est celui que nous avons l'honneur de proposer à votre approbation, sauf deux modifications légères introduites par le Conseil d'État, et que nous aurons l'honneur de vous signaler à l'occasion des dispositions auxquelles elles se rattachent.

L'enquête, Messieurs, et l'étude approfondie à laquelle se sont livrés

---

(1) Cette commission était ainsi composée : S. Exc. M. Rouher, ministre d'État, président ; S. Exc. M. le duc de Morny, président du Corps législatif ; M. le comte de Germiny, sénateur ; M. Vuitry, vice-président du Conseil d'État, gouverneur de la Banque de France ; MM. Gouin, Ollivier, Darimon, Mathieu, députés au Corps législatif ; M. de Lavenay, conseiller d'État ; M. Denière, président du tribunal de commerce de la Seine ; M. Bosredon, maître des requêtes au Conseil d'État, secrétaire rapporteur, et MM. de Féligonde, auditeur au Conseil d'État, et Chauvy, attaché au ministère d'Etat, secrétaires adjoints.

la commission spéciale, le Gouvernement et le Conseil d'Etat, ont fait ressortir de la manière la plus nette et la plus évidente les deux points qui, dès le principe, avaient préoccupé le Corps législatif et le Gouvernement : d'une part, intérêt de donner à l'émission ou à la transmission des chèques toutes les facilités et toutes les sûretés possibles ; d'autre part, nécessité de donner à la perception de l'impôt sur les papiers autres que le chèque, de sérieuses garanties.

L'intérêt qui s'attache à l'émission et à la transmission des chèques s'explique de lui-même ; il a d'ailleurs été mis parfaitement en relief, l'année dernière, dans la délibération du Corps législatif ; les dépôts de fonds en compte courant dans les caisses ouvertes et organisées à cet effet, groupent une foule de petits capitaux, et leur donnent ainsi une puissance productive qu'ils n'auraient pas s'ils restaient disséminés dans les caisses des particuliers. Le chèque est l'instrument de service des comptes courants, et, par l'action combinée des comptes courants et des chèques, on obtient ce triple résultat de servir aux déposants un intérêt de leurs fonds, tout en les leur maintenant disponibles, d'effectuer une quantité considérable de paiements sans déplacement ni emploi matériel de numéraire, et enfin d'utiliser pour les besoins de l'industrie et du commerce des capitaux qui, sans ce moyen, et alors même qu'ils ne seraient pas livrés à une stérile thésaurisation, ne serviraient qu'aux échanges journaliers, et qui se trouvent ainsi concourir au mouvement de la production et du commerce sans cesser de servir à l'échange.

Quant à la nécessité de donner des garanties sérieuses au Trésor contre l'extension abusive des faveurs accordées au chèque, elle n'a pas apparu avec moins d'évidence. Le chèque, dans son essence, n'est et ne doit être qu'un instrument de liquidation et de paiement ; c'est à ce titre qu'une exception à la loi fiscale est réclamée en sa faveur ; si des opérations de crédit, spéculant sur ce que présente d'équivoque la forme extérieure du mandat, cherchaient à revêtir l'apparence du chèque pour se soustraire à l'impôt qu'elles doivent au Trésor, il pourrait se produire dans les recettes budgétaires une diminution d'autant plus fâcheuse qu'elle ne profiterait pas à la masse des contribuables, mais à la fraude.

De ces deux natures de considérations résultait cette conséquence, que le projet de loi devait se composer de deux ordres de dispositions : les unes ayant pour objet d'attribuer libéralement aux chèques les avantages nécessaires pour favoriser et développer l'habitude des dépôts en comptes courants, les autres destinées à définir et à délimiter le chèque d'une façon assez précise pour qu'aucune autre nature de papier de crédit ou de circulation ne pût aisément se faire confondre avec lui et en usurper les privilèges.

Suivant ce double ordre d'idées, nous allons énumérer successivement : 1° les dispositions du projet de loi tendant à favoriser le chèque ; 2° celles qui ont pour objet de le circonscrire et de le délimiter dans l'intérêt du Trésor ou au point de vue de la bonne foi.

Peu de mots suffiront pour indiquer la raison de chacune de ces dispositions; nous commençons par celles que nous avons appelées les dispositions favorables :

1° Le chèque pourra prendre à volonté la forme de reçu ou celle de mandat. Sous forme de mandat, il pourra être souscrit au porteur ou à une personne dénommée.

Cette disposition s'explique d'elle-même : la faculté de créer le chèque sous toutes les formes ne peut manquer d'en faciliter l'émission, en permettant aux uns de choisir le mode qui présente le plus de garanties, à d'autres celui qui offre le plus de célérité; à d'autres enfin celui qui permet le moins de faire circuler leur signature.

2° Les chèques seront exempts de tout droit de timbre pendant cinq ans.

Une faveur fiscale avait été le point de départ même de la loi présentée l'année dernière. Ce point de départ fut admis par tout le monde. On ne différait que sur la question de quotité. Les uns proposaient un droit minime, les autres une exemption absolue. Le droit minime présentait cet inconvénient que, sans procurer une recette sérieuse au Trésor, il occasionnait par sa perception une certaine gêne dans les transactions. L'exemption absolue, d'un autre côté, avait le tort de porter une atteinte fâcheuse aux principes mêmes de l'impôt du timbre. D'après la législation sur le timbre, tout papier susceptible de faire foi en justice d'un engagement ou d'une libération doit être timbré. Les exceptions, strictement limitatives, se rapportent toutes à une de ces trois catégories : actes politiques, actes administratifs, actes qui touchent à la bienfaisance ou à l'intérêt des classes pauvres. Le chèque ne rentrait évidemment dans aucune de ces catégories. Ainsi le droit réduit avait des inconvénients pratiques, l'exemption absolue des inconvénients de principes. La nature même des arguments que l'on invoquait pour l'exemption totale a suggéré la solution. On disait : Quand l'usage du chèque n'était pas encore très-répandu en Angleterre, quand il n'était pas encore complétement entré dans les habitudes de la population, le chèque ne payait aucun impôt; lorsqu'il a été frappé de l'impôt d'un penny, c'est qu'il était déjà tellement connu, tellement apprécié, qu'il faisait tellement partie intégrante du mécanisme financier de l'Angleterre, qu'il se reliait tellement aux autres éléments de la circulation fiduciaire dans ce pays, qu'il pouvait supporter un léger impôt sans préjudice, et qu'aucune considération ne justifiait plus à son égard une dérogation au droit commun. En France, ajoutait-on, l'usage du chèque est encore dans l'enfance, il cherche à entrer dans les habitudes, mais il n'y est pas entré encore, il n'est pas mûr pour le droit commun. Cet ordre d'idées, qui est le vrai, s'il appelait comme conséquence une exemption totale, n'appelait pas une exemption définitive, et il a paru qu'une exemption totale, mais temporaire, ne présenterait ni les inconvénients pratiques du droit réduit, ni les inconvénients de principes de l'exemption absolue. La commission spéciale avait proposé d'assigner à cette exemption une durée de dix ans; mais le Conseil d'Etat a pensé que le terme de cinq années satisferait à tous les besoins actuels et permettrait aux pouvoirs législatifs, à son expiration, de statuer, dans toute leur liberté, en présence de la situation de fait qui se produirait alors.

3° Le chèque pourra être souscrit à ordre et par conséquent être négocié par voie d'endossement.

Cette faculté répond au vœu exprimé l'année dernière dans le sein du Corps législatif. Sans doute des précautions doivent être prises et sont prises effectivement par le projet, comme nous le dirons tout à l'heure, pour limiter autant que possible la perte que cette disposition imposera au Trésor; mais, sous la réserve de ces précautions, le Gouvernement a pensé, comme le Corps législatif, que la faculté d'endossement serait un des moyens les plus puissants de propager l'usage des chèques. Cette faculté, en effet, semble tellement inhérente à la fonction de cette espèce de papiers, qu'en Angleterre, avant l'époque où l'impôt du penny l'a procurée au chèque en le faisant rentrer dans le droit commun, le chèque l'avait pour ainsi dire usurpée par des moyens indirects et à l'aide de ces signes conventionnels qui constituaient les diverses sortes de chèques connus sous le nom de chèques barrés.

4° L'endos du chèque, même en blanc, sera réputé valable.

Les dispositions du Code de commerce, qui, pour la lettre de change, refusent à l'endos en blanc les effets d'un endossement régulier sont depuis longtemps discutées. Sans examiner une question, délicate en ce qui concerne la lettre de change, on reconnaîtra, nous le pensons, que pour le chèque il n'y avait pas de raison suffisante pour proscrire l'endos en blanc, puisque le chèque peut indifféremment être souscrit à une personne dénommée ou au porteur.

5° Il peut être tiré, soit de la même place, soit d'un lieu sur un autre, sans être *par sa nature* dans l'un ou l'autre cas, un acte de commerce. Le projet dit *par sa nature*, parce que le chèque doit être considéré comme un acte de commerce ou comme un acte civil suivant la qualité des parties et les causes à raison desquelles il a été souscrit. La compétence sera réglée par les tribunaux suivant les principes du droit commun. La faveur du projet consiste en ceci : que, même d'un lieu sur un autre, l'émission d'un chèque ne constituera pas un acte de commerce comme celle d'une lettre de change; cette faveur s'explique par cette considération, qu'en fait, la fonction du chèque est très-souvent, et peut-être le plus souvent, de liquider des obligations contractées par des particuliers non négociants, et qui ne présentent aucun caractère commercial dans leurs causes.

Maintenant, Messieurs, après avoir muni le chèque de toutes les faveurs et de toutes les garanties qui peuvent en favoriser l'émission et la transmission, il reste à déterminer les garanties qui doivent s'opposer à ce qu'il ne devienne pas un instrument de fraude, soit vis-à-vis du Trésor, soit vis-à-vis des tiers.

1° Le chèque ne pourra être émis qu'avec provision préalable.

Il faut entendre par ces mots que la provision doit exister non-seulement au moment où le chèque sera présenté, mais au moment même où il aura été souscrit. Cette condition n'a rien d'exorbitant, le chèque ne doit être qu'un moyen de paiement; s'il devenait un instrument de crédit, il perdrait son caractère, il usurperait une immunité fiscale à laquelle il n'aurait plus droit et tromperait la confiance des tiers qui doivent y voir l'équivalent d'une monnaie réelle.

Si le projet ne s'était placé qu'au point de l'intérêt du Trésor, une amende purement fiscale aurait pu suffire pour sanctionner l'obligation de la provision préalable; mais comme l'intérêt des tiers et la foi des transactions se trouvaient aussi engagés, le projet édicte les peines de l'article 405 du Code pénal contre l'émission d'un chèque faite de mauvaise foi sans provision préalable. Les chèques seront reçus avec d'autant plus de confiance et feront d'autant mieux office de monnaie que les preneurs seront mieux garantis contre la mauvaise foi possible de certains tireurs. Il est bien clair que le projet ne prévoyant et ne punissant que l'émission faite de mauvaise foi, ne peut en rien menacer les erreurs de compte, par suite desquelles le montant des chèques émis viendrait à dépasser accidentellement la provision existante.

2° Le chèque ne peut être tiré qu'à vue; il est payable à présentation.

Cette disposition est essentielle pour sauvegarder les droits du Trésor. Si le chèque, négociable par voie d'endossement, et particulièrement le chèque tiré d'un lieu sur un autre, pouvait encore être payable à une échéance plus ou moins éloignée, ou à un certain nombre de jours de vue, il est évident qu'il ne différerait presque plus de la lettre de change, se substituerait à elle dans la plupart des cas, et que le produit de l'impôt du timbre souffrirait de cette substitution une diminution notable qui ne serait entrée ni dans les prévisions ni dans les vœux du législateur. Au surplus, Messieurs, il ne vous échappera pas que cette obligation du payement à vue ne peut avoir rien d'excessif quand il s'agit d'un chèque; qu'elle est, au contraire, tout à fait en harmonie avec la nature de ce papier. Le chèque suppose la provision préalable; les caisses de dépôts, préalablement nanties de fonds, ne doivent les employer qu'en placements sûrs et à courte échéance. Il nous a été déclaré à l'enquête qu'il en était toujours ainsi; par conséquent, le roulement des opérations doit toujours laisser à la disposition des caisses dépositaires les ressources suffisantes pour faire face à leurs engagements sur la présentation du titre. Même avec cette condition, Messieurs, il ne faut pas se dissimuler qu'un certain nombre de lettres de change, celles qui, dans l'état actuel des choses, se tirent à vue ou à de si courtes échéances qu'il leur sera facile de se transformer en lettres à vue, pourront bien emprunter la forme du chèque et se dérober à l'impôt : mais il semble établi par l'enquête que cette catégorie de lettres de change est peu nombreuse et n'a pour objet que des sommes de faible importance ; la perte du Trésor sera donc, il faut l'espérer, peu considérable, et dès lors, l'Etat peut l'accepter dans un intérêt économique qui paraît actuellement supérieur.

3° Le chèque doit être daté, et daté sincèrement.

Si le chèque pouvait être émis sans date ou post-daté, il serait en vain déclaré payable à vue dans sa formule, il ne le serait plus en réalité. L'absence de date ou la post-date ayant ainsi pour effet de faire disparaître la différence principale au point de vue de l'impôt entre le chèque et la lettre de change, la pénalité doit naturellement être celle que la loi prononce lorsqu'une lettre de change n'a pas été revêtue du timbre auquel elle est assujettie.

4° Le porteur d'un chèque qui n'en réclame pas le paiement dans le délai de trois jours ou de cinq jours, suivant que le chèque est tiré de la place où il est payable ou d'un autre lieu, perd son recours contre les endosseurs et même contre le tireur, si celui-ci avait fait provision.

Cette disposition du projet a un double objet : en premier lieu elle tend à différencier de plus en plus le chèque de la lettre de change au point de vue de la perception de l'impôt. En second lieu, elle a pour but, au point de vue des intérêts et des droits privés, d'empêcher que la négligence du porteur ne prolonge indéfiniment la garantie des endosseurs et ne compromette la responsabilité du tireur lui-même, dans le cas où la provision par lui faite viendrait à disparaître par la faillite du banquier dépositaire. La nécessité d'un court délai pour la réalisation du chèque s'est fait sentir en Angleterre, comme elle nous paraît devoir se produire en France. En Angleterre, la loi veut que le chèque soit réalisé dans un délai raisonnable ; la jurisprudence a fixé ce délai à quarante-huit heures. La commission spéciale avait proposé des délais de cinq et de huit jours ; le Conseil d'État a cru devoir les réduire à trois et à cinq. Le chèque n'est pas destiné à une longue circulation ; l'intérêt même du porteur est de le réaliser promptement, car tant que le chèque n'est pas réalisé, c'est au profit du tireur et non au profit du porteur que courent les intérêts. L'essentiel est de dégager promptement les endosseurs. Au surplus, le chèque présenté après le délai n'est pas pour cela caduc, le porteur perd seulement les garanties spécifiées plus haut.

Tel est, Messieurs, l'ensemble des dispositions par lesquelles la commission spéciale, le Gouvernement et le Conseil d'État ont pensé qu'il serait possible de concilier les faveurs réclamées au profit des chèques avec les garanties que le Corps législatif ne voudrait, pas plus que le Gouvernement, enlever au recouvrement de l'impôt. Ces dispositions se composent, ainsi que nous l'avons dit, de facilités accordées et de précautions prises, de priviléges importants et de mesures non moins importantes contre l'abus possible des priviléges ; elles sont connexes entre elles, et vous reconnaîtrez, nous l'espérons, que, destinées à se faire mutuellement contre-poids, toutes sont nécessaires, au moins dans ce qu'elles présentent d'essentiel, à l'équilibre du projet. Maintenant, Messieurs, quel sera, dans la pratique, le résultat de la loi ? Pouvons-nous nous flatter de voir l'usage des comptes courants et des chèques prendre immédiatement en France l'immense développement qu'il a acquis en Angleterre ? Les dépositions recueillies par l'enquête ont fait connaître qu'au 30 juin 1863 le montant des fonds déposés en compte courant dans six des principales banques d'Angleterre dépassait le chiffre de quatorze cent millions de francs. En France, au 31 décembre 1863, nos cinq principaux établissements de crédit ne réunissaient dans leurs caisses qu'un ensemble de dépôts représentant un peu plus de cent vingt et un millions de francs. Arriverons-nous prochainement à faire disparaître cet énorme écart? Il serait peut-être téméraire d'y trop compter. Indépendamment de toute disposition législative, il y a entre les mœurs anglaises et les nôtres des différences que le temps seul peut effacer. En Angleterre, presque tout le monde, commerçant ou non commerçant, a son banquier; il n'y a pour ainsi dire pas de caisses privées.

Il en résulte que tout débiteur, qui veut se libérer, donne un chèque sur le banquier qui lui sert de caissier; le créancier, qui a lui-même un banquier pour caissier, accepte volontiers le chèque, qu'il envoie tout de suite à ce banquier pour être porté au crédit de son compte courant; enfin l'organisation du Clearing-House permet d'effectuer chaque jour rapidement et économiquement la liquidation générale des chèques, qui, presque tous, arrivent pour ainsi dire naturellement entre les mains des banquiers faisant partie de cette institution. On comprend comment la simplicité de ce mécanisme a dû propager l'usage des chèques; mais il repose tout entier sur cette habitude essentiellement anglaise de ne pas avoir de caisses privées. En France, chaque particulier, commerçant ou non, a sa caisse; les rapports avec le banquier sont accidentels; on ne dépose guère en compte courant que l'excédant de ses besoins prévus; les chèques émis ont plus fréquemment pour objet d'alimenter la caisse privée que de faire des paiements aux tiers; lorsqu'un chèque est offert en paiement à un tiers, ce tiers, qui n'a lui-même ni compte courant ni banquier, préférerait du numéraire. Dans cette situation, on comprend que la propagation de l'usage du chèque rencontre d'autres difficultés que celles qui résultent de la loi fiscale. Est-ce une raison pour décourager le législateur? Nullement. Il n'appartient pas sans doute à l'État de violenter les habitudes, de contraindre les mœurs, ni de suppléer par des prescriptions légales à l'activité privée; mais son devoir, toutes les fois que cela est possible, est de faire disparaître les obstacles qui s'opposeraient à la spontanéité de l'initiative individuelle, et surtout les obstacles qui, nés de la loi fiscale, peuvent être considérés comme de son fait. Le chiffre de 121 millions de francs que nous signalions tout à l'heure comme étant celui des dépôts dans cinq établissements français à la fin de 1863, s'il est peu considérable relativement aux termes de comparaison pris en Angleterre, a cependant en lui-même une certaine importance; il annonce un mouvement dans les habitudes, une tendance qui promet de se développer avec le temps; en tout cas, il révèle un besoin à satisfaire, et la satisfaction de ce besoin est le but du projet de loi ci-joint que nous avons l'honneur de présenter à votre approbation.

Le conseiller d'État, rapporteur.
Victor DE LAVENAY.

Les commissaires du Gouvernement sont: MM. de Lavenay et Biché, conseillers d'État.

(Supplément du *Moniteur*, du 24 février 1865).

5°

RAPPORT DE M. ALFRED DARIMON

(Au nom de la commission chargée d'examiner le projet de loi concernant les chèques. — Annexé à la séance du 26 avril 1865) (1).

Messieurs, depuis un an que la question des chèques est à l'ordre du jour, il s'est répandu dans les esprits une foule de préjugés, tant sur la nature de cet instrument, nouveau chez nous, ancien chez nos voisins, que sur les services qu'il est appelé à rendre dans les transactions. On semble avoir oublié peu à peu le rôle que joue le chèque dans les pays où il est d'un usage général ; on ne voit plus en lui seulement un moyen commode de liquidation et de paiement ; on voudrait l'élever aux honneurs de la circulation et en faire une sorte de suppléant du billet de banque. Il est dans notre tâche de ramener l'opinion à la vérité en rappelant à ceux qui paraissent l'avoir oublié, quelle est la véritable fonction du chèque et en traçant les limites dans lesquelles il se meut habituellement. Pour cela il serait utile de montrer comment les choses se passent en Angleterre, où le chèque a en quelque sorte pris naissance et d'où il a tiré son nom. Mais, avant d'aborder cet ordre d'idées et de faits, il nous a paru nécessaire de retracer, en peu de mots, les phases diverses qu'a traversées le projet de loi actuellement soumis à vos délibérations. Cette façon de procéder offre un double avantage : en premier lieu, elle prépare les moyens de dissiper les erreurs que nous venons de signaler ; en second lieu, elle permet, en montrant les difficultés légales en présence desquelles la commission s'est trouvée placée, de mieux apprécier la valeur des solutions auxquelles elle a cru devoir s'arrêter.

I

Au cours de la session de 1864, le Gouvernement, mû par une pensée de progrès qu'on ne saurait trop approuver, présenta au Corps législatif, sous la forme des dispositions additionnelles à la loi de finances de 1865, un projet de loi destiné à répandre l'usage des ordres de paiement connus sous le nom de chèques, et à favoriser ainsi le développement des banques de dépôts. La forme naturelle de ces ordres de payement est celle du mandat ; c'est la seule qui soit admise là où le chèque est répandu dans les habitudes. Mais, à cause des exigences de nos lois fiscales, les établissements de crédit qui, depuis quelques années, cher-

---

(1) Cette commission est composée de MM. Seydoux, président ; Maurice Richard, secrétaire ; Darimon, Pouyer-Quertier fils, Maghin, Douesnel, Martel, Gros, de Montagnac.

chaient à vulgariser chez nous l'emploi de cet instrument, avaient été conduits à adopter la forme menteuse et incommode du reçu. En effet, s'ils s'étaient servis pour leurs chèques de la forme du mandat, ils se seraient heurtés à la loi du 5 juin 1850, qui soumet à un droit de timbre proportionnel, lequel s'élève à 50 centimes pour 1,000 francs, tous les effets de commerce, quels qu'ils soient. A la vérité, aux termes de la loi du 13 brumaire an VII, le reçu au-dessus de 10 francs est lui-même imposé au droit fixe de 50 centimes pour le plus petit format ; mais, dans l'usage et depuis longtemps, ce droit, à cause de son exorbitance, ne se paye plus, sauf dans le cas où le reçu arrive à la connaissance du fisc à la suite d'une contestation judiciaire ou par les voies légales. Cette substitution du reçu au mandat, outre qu'elle habituait le public à tourner la loi, était la source d'inconvénients nombreux qu'il fallait se hâter de faire disparaître, si l'on voulait inspirer une confiance entière dans le système de paiement par chèques.

Le projet de loi proposé accordait la faculté de donner au chèque la forme du mandat et ne l'assujettissait plus qu'à un timbre fixe de 10 centimes. Mais en même temps il le soumettait à des conditions gênantes : ainsi les chèques-mandats devaient être extraits d'un livre à souche préalablement timbré sur la souche et sur le talon ; ils ne pouvaient être payables qu'à une personne dénommée ou au porteur ; par une disposition formelle, ils étaient déclarés non négociables par voie d'endossement.

Dans le sein du Corps législatif comme au dehors, tout en rendant justice aux intentions bienveillantes qui avaient inspiré le projet, on trouva que, tel qu'il était, il allait précisément contre son but, et qu'au lieu d'étendre l'usage des chèques, il devait avoir pour résultat de le restreindre. D'une part, on considérait comme un singulier expédient de soumettre une pratique nouvelle à une perception d'impôts pour la vulgariser ; d'autre part, les commerçants et les banquiers demandaient pourquoi on refusait au chèque l'avantage dont il jouit en Angleterre d'être transmissible par voie d'endos. La commission du budget s'émut de ces réclamations, et chercha à leur donner satisfaction dans une certaine mesure. Elle abaissa à un centime le droit de timbre sur les chèques, elle accorda qu'ils pourraient être au porteur ; mais elle maintint les autres clauses restrictives, et notamment celle qui interdisait la faculté d'endossement. Sa décision fut motivée sur cette opinion : « Qu'admettre le chèque à l'endossement ce serait supprimer indirecte« ment l'impôt du timbre sur les lettres de change et les billets à ordre. » Cette objection prenait d'autant plus de force aux yeux de la commission du budget, qu'elle avait introduit, dans le projet primitif, un amendement tendant à débarrasser le chèque de l'obligation d'être payable à présentation. Il est certain que du moment que le chèque est ainsi à échéance plus ou moins éloignée, il est facile de le substituer aux titres de crédit et d'éluder la législation qui les rend passibles d'un timbre proportionnel. Pourtant la commission du budget ne put s'empêcher de reconnaître les questions complexes que soulevait le développement des chèques et d'en recommander l'étude à l'attention du Gouvernement.

C'est sur le terrain tracé par la commission du budget que s'engagea la discussion publique au Corps législatif. Dans cette discussion à laquelle prit part notre regretté président, M. le duc de Morny, un certain nombre de députés revendiquèrent avec énergie pour le chèque le double privilége de la transmissibilité, par voie d'endossement et de l'exonération absolue de l'impôt. C'est alors que la question fiscale, restée jusque là dans l'ombre, se posa en termes nets et précis. Le Gouvernement, cela résulte de toutes ses déclarations, ne demandait pas mieux que d'entourer de faveurs le nouvel instrument, et d'accorder toutes les facilités nécessaires à son émission et à sa transmission. Mais il craignait que le chèque prît la place de certains effets de commerce, qu'il se substituât notamment aux traites et aux lettres de change à vue, et qu'il n'en résultât un préjudice pour les recettes du Trésor. Ceux qui combattaient le projet déclaraient que c'étaient-là des craintes mal fondées ; ils démontraient qu'il n'y avait point de confusion possible, entre le chèque et la lettre de change à vue ; ils insistaient, d'ailleurs, sur ce point, que les traites à vue avaient presque complétement disparu et que le Trésor, ne percevant rien de ce chef, n'avait rien à perdre ; comme dernier argument, ils faisaient valoir les avantages que le commerce et l'industrie retireraient du développement qui serait donné à l'usage des dépôts en banque, avantages qu'il serait impossible d'obtenir, si l'on persistait à soumettre le chèque à des restrictions gênantes.

Dans cette occurrence, un honorable député fit remarquer qu'à côté de la question fiscale se posait une question légale, et qu'il était nécessaire de fixer les conséquences qu'entraînait après soi la faculté d'endossement, si elle était accordée au chèque. On s'aperçut alors que, de part et d'autre, on n'avait pas mûri suffisamment la question, et qu'il était indispensable de l'étudier de nouveau dans son ensemble. On proposa l'ajournement. Cet ajournement, auquel consentit le Gouvernement, fut prononcé par le Corps législatif.

Aussitôt après la clôture de la session, un arrêté de M. le ministre des finances institua une commission spéciale, chargée de procéder aux études relatives au timbre des chèques. Cette commission spéciale placée sous la présidence de M. le ministre d'Etat, et composée en grande partie des députés qui avaient soulevé le débat et des représentants du Gouvernement qui avaient soutenu la discussion, soumit la question à un examen approfondi. Dans le but de s'entourer des lumières de la pratique et de l'expérience, elle procéda à une sorte d'enquête, dans laquelle furent entendus successivement les chefs et les représentants des principales institutions de crédit de Paris et de Lyon, plusieurs chefs des grandes maisons de banque de Paris et des départements, et, enfin, le directeur général de l'administration de l'enregistrement et des domaines.

Le programme de la commission spéciale était renfermé dans les limites que lui avait tracées la discussion du Corps législatif ; il lui fallait tout à la fois donner à l'émission et à la transmission des chèques toutes les sûretés et toutes les facilités possibles, et procurer à la perception de l'impôt sur les effets de commerce de vraies et sérieuses garanties. C'est en se plaçant à ce point de vue que la commission rédigea un projet de loi qui fut envoyé au conseil d'Etat. Ce projet est, sauf deux modifications peu importantes, celui que le conseil d'Etat a présenté au corps législatif, et qui a été renvoyé à l'examen de votre commission.

Cette revue rapide des antécédents du projet de loi permet de préciser nettement le caractère de ses dispositions. Comme le point de départ du projet est une question fiscale, la préoccupation de sauvegarder les intérêts du Trésor se reproduit nécessairement dans la plupart de ses articles, et tient la première place dans le projet. Mais il serait injuste de méconnaître les efforts sérieux qui ont été faits pour favoriser le chèque : les questions légales qu'il soulève dans la pratique, ont toutes été résolues de la façon la plus libérale. Pour les modifications que la commission a introduites dans le projet, il lui a suffi de suivre la ligne qui lui avait été tracée, et les améliorations qu'elle a proposées n'ont point altéré, comme on le verra tout à l'heure, le plan primitif.

Mais la commission ne s'est pas trouvée seulement en face du projet de loi, elle a rencontré devant elle des demandes et des prétentions qui s'étaient fait jour dans le public, et qui ont eu leur retentissement jusque dans son sein. Toutes ont pour fondement une erreur commune; elles partent de cette idée, que le chèque peut devenir un instrument de circulation, une sorte de monnaie courante, tandis qu'il est et ne peut être qu'un mode de paiement, ou bien un moyen de faire passer une somme du compte d'un particulier au compte d'un autre particulier. Pour avoir raison de cette confusion entre deux choses distinctes, il suffit de lui opposer la pratique. Rappelons donc, après tant d'autres, à quel usage est employé le chèque dans le pays où il est le plus répandu, quels services on en retire, à quelles ingénieuses combinaisons il a donné naissance, et à quelles règles on a été conduit à le soumettre.

II.

Il existe en Angleterre et en Ecosse, depuis plus d'un siècle deux usages qui ont contribué, bien certainement dans une large mesure, au puissant développement que l'industrie, le commerce et l'agriculture ont atteint dans ces deux pays. Le premier est l'habitude que tout particulier, négociant ou non négociant, a contractée d'avoir un banquier chez lequel il dépose les valeurs de toute nature qu'il a reçues dans la journée; espèces, bank-notes, traites ou effets arrivés à échéance, ne gardant dans sa caisse ou dans sa poche que les petites sommes nécessaires à ses besoins journaliers. Cette habitude est tellement enracinée qu'elle s'est en quelque sorte identifiée avec les convenances sociales. Payer en argent au delà du détroit n'est pas de *bon ton*. M. Alphonse Esquiros, dans ses curieuses études sur la vie anglaise, raconte ce trait caractéristique : Un boutiquier anglais auquel on demandait un jour quelle était la différence entre un *homme* et un *gentleman*, répondit sans hésiter : « Un *homme* est celui qui vient acheter mes marchandises et qui paye argent comptant, un *gentleman* est celui auquel je fais crédit, et qui me règle tous les six mois par un bon à toucher chez son banquier (*check*). » Avoir un banquier est en Angleterre la condition première de la *respectabilité*.

L'autre usage, non moins répandu, consiste à prendre domicile chez les banquiers pour les billets de commerce que l'on souscrit. De cette façon, le banquier se charge de payer tous les effets échus, sans qu'on ait à se préoccuper d'autre chose que tenir son compte courant à un chiffre suffisant pour faire face à tous les besoins.

Ces deux usages, dont l'un est la conséquence naturelle de l'autre, offrent des avantages qu'il est presque superflu de faire ressortir. En se dispensant de garder sur soi ce que l'on possède en numéraire ou en billets de banque, on se débarrasse des dangers de vol, d'incendie, de perte dans le transport ou d'erreurs dans les comptes, et, de plus, des ennuis de compter sans cesse, d'attendre le paiement, de passer des écritures, de surveiller des commis et des garçons de caisse. En chargeant un banquier d'opérer les recouvrements et d'effectuer le paiement des traites échues, on s'épargne des frais de caisse et de caissier, et on est dispensé de tenir une comptabilité plus ou moins compliquée. En outre, toutes les sommes déposées chez le banquier ou inscrites au compte d'un particulier n'ont pas besoin d'être constamment disponibles. Une portion est ordinairement confiée au banquier qui l'engage dans des opérations prudentes et à court terme, et qui paye alors un intérêt plus ou moins élevé. Plus les dépôts sont abondants, plus sont considérables les sommes qu'on peut ainsi tirer de leur disponibilité et consacrer à vivifier le commerce et l'industrie. Un capital énorme est de cette façon arraché à l'inaction, et, en même temps qu'il produit un intérêt au déposant, il contribue à accroître la richesse générale.

Il ne faut pas croire cependant que le premier venu soit admis en Angleterre à avoir un compte courant chez un banquier. Le postulant doit être recommandé par des personnes honorables et pouvoir donner des renseignements certains sur sa solvabilité, et de plus, sur sa moralité. Avant l'ouverture du compte, le nouveau client est tenu de verser, au minimum, une somme de 2,500 fr., et de s'engager à rester toujours créditeur, par conséquent à ne jamais tirer sur son banquier une somme plus forte que celle qui repose à son avoir. Ces conditions sont rigoureuses ; l'omission de l'une d'elles suffirait pour que le banquier refusât d'ouvrir ou de maintenir le compte courant.

Quand on s'est rendu compte de ces mœurs commerciales, on comprend quel est, dans cette habitude générale des dépôts en banque, le rôle que remplit le chèque. De temps immémorial, quand on avait à faire un règlement au comptant, on disposait d'une partie de ses fonds au moyen d'un mandat payable à présentation. C'est ce mandat, dont l'analogue existe en France dans le reçu de caisse, auquel on a donné le nom de *check*, dont nous avons fait le mot *chèque*. Tout déposant reçoit de son banquier trois carnets : 1° le *slip-book*, livre sur lequel il inscrit les remises faites au banquier ; 2° le *check-book*, ou livre des paiements opérés au moyen des chèques ; et 3° le *pass-book*, carnet qui va et vient sans cesse, tenu par le banquier et représentant le débit et le crédit du compte ; c'est, à proprement parler, le moyen de contrôler les deux autres livrets. Un particulier effectue-t-il un dépôt chez son banquier il le fait inscrire au *slip-book*. A-t-il un paiement à faire, il détache un feuillet du *check-book*, après avoir pris soin d'inscrire la somme sur le talon, et le donne à son créancier. Tous les quatre ou cinq jours, le mouvement des remises et des chèques est noté sur le *pass-book* ; de cette façon, le déposant et le banquier savent toujours à quoi s'en tenir sur leur situation respective.

Le chèque est donc, suivant une heureuse expression, la maîtresse-pièce des banques de dépôts. C'est lui qui permet d'avoir constamment à sa disposition les sommes dont on s'est dessaisi au profit du banquier, c'est autour de lui que pivote cette ingénieuse combinaison au moyen de laquelle les plus petits capitaux sont réellement productifs. Mais jamais il n'est entré dans l'esprit d'un commerçant d'outre-Manche de faire du chèque un moyen de circulation et de crédit. Le chèque pour un Anglais, c'est de l'argent, et comme tout retard apporté dans l'encaissement peut non-seulement assurer un risque de non-payement, mais causer une perte d'intérêt, il se hâte de remettre les chèques qu'il reçoit à son banquier, qui en opère le recouvrement et qui en inscrit le montant à son crédit.

Au reste, on se fera une idée plus exacte et plus complète du véritable rôle du chèque quand on connaîtra la jurisprudence qui s'est établie à son sujet, et qui, étant admise dans les usages, peut être considérée comme ayant force de loi. Un exposé rapide de cette jurisprudence ne saurait, à notre sens, être déplacé dans un rapport sur un nouvelle législation relative aux chèques.

Voyons d'abord dans quelle catégorie de valeurs commerciales se range habituellement le chèque. La loi anglaise reconnaît deux espèces d'effets ayant le caractère commercial et correspondant aux nôtres : la lettre de change (*bill of exchange*), et le billet à ordre (*promissory note*). Il y a peu de différence entre la législation anglaise et la nôtre, en ce qui concerne le billet à ordre. Mais, contrairement à ce qui a lieu chez nous, la lettre de change a deux destinations distinctes dans la loi commerciale de l'Angleterre. Elle a pour objet, soit les opérations limitées au territoire européen du Royaume-Uni, des îles de la Manche, de l'île de Man et des autres îles adjacentes : elle s'appelle alors *inland-bill* (lettre de change pour l'intérieur) ; soit les opérations dont le domaine est le monde entier, et dans ce cas elle s'appelle *foreign-bill* (lettre de change pour l'étranger). La condition d'une remise d'argent d'une place sur une autre place n'est pas exigible pour l'*inland-bill* ; un négociant de Londres peut tirer une lettre de change sur un marchand de cette ville. Les *foreign-bill* supposent, au contraire nécessairement une remise d'argent de place en place; on peut dire que ce sont là les véritables lettres de change, les seules dont les caractères concordent avec les caractères nettement déterminés de la loi française. En effet, à la différence de ce qui a lieu chez nous, la date n'est pas indispensable à la validité de l'*inland-bill*; il n'est nullement nécessaire que ce titre exprime la valeur reçue; enfin la loi anglaise admet l'*inland-bill* payable à une personne fictive ou à son ordre, et revêtu d'un endos en blanc. Une dernière remarque importante à faire, c'est que la lettre de change, quelle que soit sa nature, *inland* ou *foreign*, peut être tirée par procuration et pour le compte du mandant.

Le chèque étant, dans son contexte, un ordre à un banquier de payer une somme d'argent au porteur, est considéré comme une lettre de change à l'intérieur (*inland-bill*). A cause de cela, il est soumis à tous les règlements qui fixent les droits et les responsabilités des parties en ce qui concerne la lettre de change de cette nature. Depuis l'acte du 21 mai 1858, qui a soumis à un timbre fixe d'un penny toute traite ou ordre sur un banquier pour le paiement d'une somme d'argent au porteur sur demande (*on demand*), les distinctions qu'il pouvait y avoir entre la lettre de change payable à présentation et le chèque ont entièrement disparu. Ainsi, de même qu'il est interdit de créer un billet de moins de vingt shillings, de même il est défendu de faire un chèque qui n'atteindrait pas cette somme : la personne qui créerait un chèque de cette nature serait frappée d'une pénalité. L'assimilation entre les deux titres, au point de vue de la loi, est aujourd'hui complète.

Ce sont les usages admis dans l'emploi du chèque qui en font une valeur essentiellement distincte de l'*inland-bill*. Ces usages constituent une sorte de jurisprudence dont les tribunaux s'écartent rarement.

Voici les principaux :

1° Un chèque étant habituellement énoncé « payable sur demande » (*on demand*) est pour cette raison exempté de la formalité préalable de l'acceptation. Le banquier doit le payer tout de suite à la personne qui le présente.

2° Un banquier n'est obligé de payer les chèques tirés sur lui par son client qu'autant qu'il a une provision suffisante pour les couvrir. Le rigorisme anglais va si loin sur ce point, qu'un banquier serait en droit de refuser le paiement d'un chèque dont la provision aurait été faite seulement quelques minutes avant que le chèque lui eût été présenté. On n'admet pas qu'un chèque puisse être valablement créé si la provision fait défaut au moment de sa création.

3° Le chèque doit être présenté au banquier dans un temps raisonnable (*a reasonable times*), et on entend par là le jour qui suit celui où il a été émis. On a, du reste, une raison puissante pour ne pas dépasser ce délai, c'est que le banquier peut faire faillite, et que si on met de la négligence à présenter le chèque dans l'intervalle, le tireur est considéré comme entièrement déchargé et dégagé de toute responsabilité. Aussi le porteur qui peut encourir le risque de la faillite du banquier se hâte-t-il de poursuivre l'encaissement du chèque. Si donc le chèque circule en différentes mains ce n'est que dans un temps très-court, et qui ne dépasse guère quarante-huit heures.

4° Un chèque est considéré comme un paiement parfait. Une personne qui a accepté un chèque en acquittement d'une dette ne peut réclamer le montant de cette dette, à moins que, le chèque ayant été présenté, le banquier en ait refusé le paiement. En ce cas, le chèque est dit *déshonoré* (*dishonored*). Quand une dette est payée au moyen d'un chèque, la personne à laquelle on le rembourse est tenue de signer son nom au dos : cette précaution est prise afin qu'en cas de contestation le banquier puisse être appelé en témoignage et montrer que le chèque a bien réellement passé entre les mains du créancier.

5° Quelques commerçants se sont figuré que le chèque, étant la représentation exacte d'une somme d'argent, pouvait, comme le billet de banque, servir au paiement des effets de commerce, et que les garçons de caisse avaient tort de le refuser. En Angleterre, le chèque est, en effet, quelquefois employé à cet usage, mais avec des restrictions que notre législation sur les effets de commerce rend inapplicables en France. Un commerçant anglais est parfaitement admis à offrir un chèque en paiement d'un effet de commerce échu ; mais le porteur de l'effet prend le chèque et garde l'effet; il ne rend l'effet acquitté que lorsque le chèque a été payé par le banquier. Si le porteur alors donnait le billet avant l'annulation du chèque, il serait considéré comme s'étant fié entièrement à celui-ci, et il serait privé de tout recours pour son billet, dans le cas où le chèque serait impayé ou *déshonoré*.

6° Si un banquier paie un chèque contrefait (*forged*), c'est lui qui supporte la perte. On considère qu'il ne peut s'en prendre à son client que pour de l'argent délivré sur ses propres chèques, et qu'un chèque contrefait est en réalité le chèque d'un étranger. Mais le simple fait d'un endossement qui serait une fraude ne fait pas rejaillir la perte sur le banquier dans le cas où celui-ci serait dans l'ignorance de la fraude. Si la contrefaçon du chèque n'était que partielle, le banquier encourrait la même responsabilité. Le seul cas qui pourrait le décharger serait celui où le client, par sa négligence, aurait fourni en tirant le chèque un prétexte à la fraude ; par exemple, s'il avait négligé de remplir les blancs d'un chèque imprimé.

7° Les chèques étant habituellement payables au porteur sur sa demande, il était utile, quand on les expédie par la poste ou par d'autres voies, de prendre des précautions pour qu'ils ne tombassent pas entre les mains de personnes auxquelles il ne sont pas destinés et qui pourraient, en les présentant, en obtenir le paiement. Le moyen qu'on a considéré comme étant le plus efficace pour atteindre ce but, ça été d'écrire en travers du chèque le nom d'un banquier, ou entre deux lignes transversales les mots *et compagnie* ou simplement *et C*[e]. C'est ce qu'on appelle croiser ou barrer un chèque. Le chèque peut être croisé (*crossed*) indifféremment par le tireur ou par un des porteurs. Quand le chèque porte seulement les mots *et compagnie* ou *et C*[e], celui qui le reçoit peut y insérer le nom d'un banquier ou de toute autre personne à qui il désire que le chèque soit payé, et cette formalité a les mêmes effets que si le chèque avait été croisé par le tireur.

Un chèque croisé ne peut être payé qu'à un banquier. Si un chèque a été acquitté dans ces conditions, le banquier sur lequel il a été tiré non-seulement est déchargé de toute responsabilité, mais il est exempt de toute action qui pourrait lui être intentée par son client dans le cas où une personne supposée aurait touché l'argent.

Depuis l'acte du 24 mai 1858 qui a confondu la lettre de change à vue avec le chèque, l'usage s'est répandu d'énoncer à ordre le chèque qui n'avait été jusque-là qu'au porteur. Néanmoins, le chèque croisé est encore le plus habituellement usité. Mais il n'est pas inutile de faire remarquer que le croisement d'un chèque est un véritable endossement.

8° La faveur qui a été accordée aux chèques et aux lettres de change à vue de n'être soumis qu'à un timbre fixe d'un penny a conduit le législateur à prendre des précautions contre la faude. La principale est celle qui transformerait un *inland-bill* à vue ou un chèque en lettre de change ou en billet à terme par une fausse indication de date. Le fait de postdater, soit un chèque, soit un *inland-bill* à vue, est puni d'une amende de 100 livres prononcée contre le tireur.

9° Enfin, pour couronner toute cette jurisprudence, il a été admis que le fait d'émettre de mauvaise foi un chèque sur un banquier qui n'aurait point de provision peut être, dans certains cas qui se rapportent au droit commun, assimilé à l'escroquerie et puni d'une peine qui peut aller jusqu'à la déportation. Il n'y a point dans la loi de disposition spéciale ; le juge prononce d'après les circonstances. On rencontre peu d'exemples de l'application d'une pénalité aussi sévère. Les mœurs commerciales suffisent pour empêcher un commerçant anglais de se laisser aller à un acte aussi déshonorant.

Quand on voit le chèque aussi favorisé par la législation, et de plus protégé par des coutumes dont on ne saurait s'écarter sans nuire à son crédit ou sans forfaire à l'honneur, on comprend mieux comment l'usage des dépôts en banque s'est généralisé en Angleterre et comment c'est une marque d'honorabilité commerciale que de régler tous ses paiements sur un banquier. Cette jurisprudence rigoureuse donne la clef de l'immense développement qu'ont pris dans ce pays les banques de dépôts connues au delà du détroit sous le nom de *jointstock-banks*. C'est avec une certaine vérité qu'on a pu dire qu'en matière de crédit la Banque d'Angleterre ne joue plus aujourd'hui le plus grand rôle et que celui-ci appartient aux institutions qui déversent sur le commerce et l'industrie les capitaux réunis au moyen des dépôts (1). Le chiffre de ces dépôts s'accroît en effet de jour en jour. « En Écosse, dit M. Victor Bonnet, en 1845 et 1846, T. Wilson, le célèbre fondateur de l'*Economist*, estimait à 90 millions de livres sterling, ou à 750 millions de francs, les dépôts en comptes courants qui pouvaient exister dans les diverses banques du pays et dont on faisait usage par des chèques. En 1857, M. Mac Culloch les évaluait à 50 millions de livres sterling; ils sont au moins aujourd'hui de 60 millions de livres ou 1 milliard 500 millions de francs. En Angleterre la somme des dépôts qui atteignait, il y a vingt ans, à peine 100 millions de livres, était, il y a quelques années, au dire du même M. Mac-Culloch, de 200 millions de livres; elle est aujourd'hui certainement de 250 millions de livres, soit plus de 6 milliards de francs (2). Dans un ouvrage récent, M. L. Wolowski évalue à un milliard 700 millions au moins la masse des capitaux réunis par la voie des dépôts pour la seule ville de Londres (3).

On a publié dernièrement les résultats obtenus, pour l'exercice de 1863, par les six banques principales qui fonctionnent à Londres à côté de la Banque d'Angleterre. Voici quel est le montant de leur capital et le chiffre des dépôts :

		Capital souscrit.	Versé.	Dépôts.
1. London and Westminster.	l. s.	5,000,000	1,000,000	15,639,095
2. London joint-stock		3,000,000	600,000	14,656,731
3. Union-banc.		3,000,000	720,000	16,472,270
4. City-bank. . .		800,000	400,000	3,525,075
5. Bank of London.		600,000	300,000	4,179,294
6. Alliance-bank		3,000,000	595,745	2,788,093
	l. s.	15,400,000	3,615,745	56,561,457

Soit, pour les dépôts, un total de 1 milliard 416,286,675 francs.

L'émission des chèques donne des résultats non moins merveilleux. On évalue à 75 milliards environ la spéculation annuelle du Royaume-Uni. A cette circulation concourent, suivant M. J.-A. Rey (4) :

Les billets de banque pour 11 milliards environ;

Les espèces métalliques pour 4 1/2 milliards;

Les chèques pour 60 1/2 milliards.

On serait tenté de croire à l'exagération d'une pareille statistique.

(1) L. Wolowski, *La question des banques*, p. 320. Paris, 1864.
(2) V. Bonnet, *Le crédit et les finances*, p. 74. Paris, 1865.
(3) Ouvrage précité, p. 370.
(4) *Les crises et le crédit*, 1862, p. 96.

Cependant elle se trouve confirmée par des faits authentiques. M. Courcelle-Seneuil a publié dans le *Journal des Economistes*, numéro d'août 1864, un tableau qui peut être considéré comme inspirant toute confiance, puisqu'il est emprunté à l'enquête de 1858. Ce tableau présente les diverses formes de paiement dans une maison anglaise de premier ordre et donne les chiffres du mouvement effectif de valeurs qui avait eu lieu dans cette maison. Il en résulte que, sur 1 million de livres sterling, il y a eu :

En lettres de change.	422,918.
En chèques	510,691.
En banknotes.	45,649.
En espèces.	20,709.

Dans ce mouvement, qui comprend les paiements et les recettes, on voit que les effets de commerce et les chèques ont une importance de 92 p. 100, tandis que les billets de banque ne comptent que pour 4 1/2 et les espèces pour 2 p. 100 seulement,

Ces faits ont une grande signification ; ils prouvent que les chèques ont en quelque sorte chassé le numéraire et les billets de banque. Est-ce en prenant leur place et en devenant à leur tour monnaie courante, instrument de circulation ? Non, certes ; la jurisprudence et les usages plus puissants qu'elle s'opposent à ce que les chèques remplissent ce rôle. Comment se fait-il donc que les chèques aient réduit la monnaie métallique et ses suppléants à n'occuper qu'un rang infime dans le mouvement des valeurs ? C'est ici que se place, dans son ordre logique, une des conséquences les plus fécondes de l'habitude des dépôts en banque, dont le chèque est le plus actif auxiliaire.

Vers 1780, les banquiers de Lombard street reconnurent qu'il y aurait pour eux économie de temps et de travail, et en même temps bénéfice d'intérêts, si, au lieu d'envoyer leurs garçons de caisse les uns chez les autres, ils se bornaient à échanger journellement les chèques et les acceptations de leurs clients. A cet effet, ils établirent une chambre de liquidation (*Clearing house*) qui leur permettait de compenser entre eux non-seulement les chèques, mais tous les effets de commerce provenant de leurs clients. Tout se réglait par des virements de compte. Les soldes vérifiés, contrôlés par des inspecteurs appointés, se paient en un mandat sur la Banque d'Angleterre. On liquidait ainsi chaque jour pour des millions d'affaires sans manier un seul billet de banque, sans compter une pièce de monnaie.

Le *Clearing house* est devenu depuis le complément naturel des banques de dépôts. C'est grâce au *Clearing house* qu'on a pu restreindre de plus en plus l'usage du numéraire, généraliser l'emploi du chèque et permettre aux banques de dépôts de faire fructifier les capitaux qui leur étaient confiés. On a dit : Sans chèques, il n'y a pas de dépôts ; et réciproquement, il n'y a pas de dépôts sans chèques ; il n'y a pas de chèques sans *Clearing house*, et encore moins de *Clearing house* sans chèques. Il y a peut-être un peu d'exagération dans cette énonciation ;

mais il est certain que tout le système est lié d'une manière indissoluble.

Les banquiers de Lombard street, qui avaient pris le nom de *Clearing Bankers*, se montrèrent d'abord fort exclusifs. Ainsi ils firent attendre pendant vingt ans à la *London Westminster Bank* son admission aux avantages du *Clearing house*, et ils repoussaient absolument les *joint stock banks*, malgré l'importance qu'elles avaient prise; mais, le 8 juin 1854, cette résistence a été vaincue, et les *joint stock banks* ont été reçues au *Clearing house*. C'est à dater de cette mesure, complétée par l'usage de liquider les soldes par l'intermédiaire de la Banque d'Angleterre, que cet établissement a atteint rapidement tout son développement et a pu rendre les plus grands services. On calcule que le montant total des sommes compensées au *Clearing house* par les commis de trente et une maisons de banque qui y sont admises s'élève chaque année à 48 milliards de francs, et que, pour cet énorme mouvement d'affaires, les transferts journaliers des banquiers débiteurs aux banquiers créditeurs n'ont pas dépassé en moyenne 12,625,000 francs. Depuis le 19 avril 1864, la Banque d'Angleterre est entrée dans le système de la chambre de liquidation de Londres. Cela ne peut manquer de simplifier encore plus le travail de cet important établissement, et de donner un nouvel élan au mouvement des banques de dépôts.

Nous ne décrirons pas ici le mécanisme merveilleux du *Clearing house* de Londres. Outre que nous ne pourrions que nous livrer à des redites, un tel travail dépasserait de beaucoup les limites du cadre qui nous est imposé. Nous préférons renvoyer aux auteurs qui ont traité de cette matière, et notamment à une brochure récente de M. P.-J. Coullet, *les Chèques et le Clearing house*, où les faits sont expliqués de la façon la plus complète et la plus saisissante (1). Disons seulement que c'est à l'aide de ce système que l'Angleterre, avec un capital métallique de 1 milliard 500 millions, réalise sans peine, annuellement, une somme d'affaires montant à 80 milliards, tandis que nous, en France, nous n'arrivons qu'au chiffre de 50 milliards, tout en possédant 5 à 6 milliards de numéraire.

III.

Si nous nous sommes étendus aussi longuement sur les résultats produits chez nos voisins d'outre-Manche par l'usage des chèques et des dépôts en banque, ce n'est pas pour établir entre l'Angleterre et la France une comparaison qui ne serait pas à l'avantage de notre pays. Chaque peuple a son génie propre, et si, au point de vue des institutions de crédit, nous montrons parfois un excès de prudence et de timidité, nous avons dans l'industrie et dans l'agriculture des qualités qui ne le cèdent à nul autre, et qui constituent notre prépondérance à

(1) *Les chèques et le clearing-house*. Paris, Furne et Guillaumin, 1864.

l'étranger. Il n'en est pas moins vrai que, par un esprit de nationalisme exclusif, nous aurions tort de ne pas profiter des expériences qui se font et des progrès qui s'accomplissent chez les nations avec lesquelles nous entretenons des relations journalières. Il en est des institutions de crédit comme des chemins de fer; quand un peuple a adopté ce moyen de transport, il est impossible aux autres peuples de se passer de cet outillage perfectionné; bon gré, mal gré, il faut qu'ils se le donnent, sous peine de voir leur industrie et leur puissance déchoir. L'Angleterre est en train de se donner les moyens d'économiser de plus en plus, dans les transactions intérieures, l'usage du numéraire; il est nécessaire que nous la suivions dans cette voie; c'est pour nous une condition de succès commercial et industriel.

On ne peut point dire cependant qu'avant les essais tentés depuis quelques années, la France ait été complétement dépourvue d'établissements de crédit recevant des dépôts; sans compter la Banque de France, dont le chiffre des comptes courants particuliers a parfois dépassé, depuis douze ans, 200 millions et est rarement descendu au-dessous de 120 millions, il y a chez nous, depuis longtemps, une foule de banques privées qui reçoivent des capitaux en dépôt, et qui payent aux déposants un intérêt plus ou moins élevé. Le comptoir d'escompte, dont la fondation remonte à 1848, a introduit dans sa clientèle l'usage des dépôts en comptes courants : dans le bilan du 31 janvier 1865, ils figuraient pour une somme de 20,503,348 francs. Le Crédit foncier et le Crédit mobilier se livrent depuis longtemps aux mêmes opérations, et les capitaux qu'ils rendent ainsi à la circulation et au crédit sont assez considérables; ils se sont élevés, pour le Crédit foncier, à 222 millions en 1863.

Le chèque n'était point non plus complétement inconnu en France, avant que certains établissements de crédit cherchassent à le vulgariser. Le mandat rouge, que la Banque de France délivre à ses clients pour opérer les virements d'un compte à l'autre, et le mandat blanc, qui sert au retrait des fonds déposés à la Banque en compte courant, ne sont rien autre chose que des chèques. Les bons de caisse délivrés par les banquiers, sont des chèques sous une forme embryonnaire. Il en est de même des reçus ou récépissés qui servent à certifier les dépôts et à les retirer au fur et à mesure des besoins. Enfin, le Crédit foncier, le Crédit mobilier et le Comptoir d'escompte délivrent depuis longtemps aux clients avec lesquels ils sont en rapport d'affaires des carnets de reçus, qui sont de véritables chèques, au moyen desquels ces clients opèrent tous les mouvements de fonds qui se produisent dans leurs comptes courants.

Il n'y a pas jusqu'au *Clearing house* qui n'ait en France son analogue, qu'il suffirait d'étendre et de développer pour lui faire rendre les plus grands services. La Banque de France remplit, à l'égard de ses succursales et des maisons de banque avec lesquelles elle est en relation, l'office de chambre de compensation et de liquidation. La banque étant le dépositaire à peu près exclusif du fonds de roulement des maisons qui ont un compte courant chez elle, paye pour l'une, reçoit pour l'autre, au moyen de ses mandats de virement; de cette façon, des règlements considérables se réduisent à un seul article d'écriture intérieur, et se résument en une mention sur le carnet du négociant ou du banquier. La Banque de France ne se borne pas à cette liquidation de compte à compte et de client à client; elle se charge de toute espèce de valeurs à échéance; elle devient ainsi, à certaines époques, un liquidateur pour un grand nombre d'affaires, un compensateur pour une certaine quantité de paiements. En 1864, la Banque de France a fait pour 14,019,306,700 francs de virements; elle a opéré l'encaissement de 5,020,753,200 francs d'effets; elle a donc contribué à liquider pour plus de 19 milliards d'affaires.

Une autre liquidation, qui a lieu également par l'intermédiaire de la Banque de France et qui se rapproche beaucoup plus des procédés du *Clearing house* anglais, c'est celle qui se fait au profit des agents de change. Un agent de change peut avoir à lever des titres pour 7 ou 8 millions, et il ne possède à son compte courant à la Banque qu'un million. Par contre, il a à livrer 9 millions de titres; son solde est, en définitive, d'un million à son profit. Pour opérer ces levées et ces livraisons, il lui faudrait posséder la somme intégrale des paiements à faire ou bien ne livrer les titres qu'au fur et à mesure des encaissements résultant de ses livraisons. Dans ces données, une liquidation exigerait un mouvement considérable de numéraire, un temps fort long, des démarches fort nombreuses et un travail de caisse très-compliqué. Pour écarter tous ces embarras, la chambre syndicale se livre à un premier travail de compensation entre les titres à lever et les titres à livrer. Ce travail s'opère au moyen d'un double bordereau que chaque agent de change soumet à la chambre syndicale et qui indique tous les titres qui le concernent. Le solde des comptes a lieu alors par des mandats blancs sur la Banque de France. Le soir, chaque agent dépose à la Banque son carnet de compte courant sur lequel il a inscrit les sommes émises en mandats; il y joint les mandats qu'il a reçus. La Banque de France fait la compensation des soldes, et la liquidation est accomplie sans qu'on ait eu besoin de faire appel au numéraire.

Ainsi qu'on le voit, nous ne sommes point aussi étrangers qu'on pourrait le croire aux procédés des comptes de dépôts, des chèques, des virements et des compensations. Tous les éléments du mécanisme qui agit avec une si grande puissance chez d'autres peuples existent chez nous; il suffit, pour leur donner plus de force et pour leur faire produire des résultats plus considérables, d'un mouvement d'élan et d'initiative. Déjà nous commençons à entrer dans cette voie : un certain nombre d'établissements de crédit se sont formés depuis quelques années dans le but exclusif de réunir les capitaux éparpillés dans les caisses, dans les tiroirs, et, comme le disait l'année dernière M. de Morny, dans les bas de laine, et de les faire servir à féconder notre commerce et notre industrie. De louables efforts sont tentés pour répandre l'usage du chèque, seul moyen d'accroître le chiffre des dépôts. Au 31 décembre 1863, la somme totale des dépôts dans ces établissements s'élevait à 120 millions. C'est peu de chose en présence des milliards que comptent les *joint stock banks*. Mais nos banques de dépôts sont toutes récentes; la plus ancienne date de 1861. Il n'y a point de témérité à espérer pour elles les succès et la prospérité des banques de dépôts anglaises.

La plus grande difficulté que rencontrent chez nous ces utiles institutions, c'est l'habitude invétérée que l'on a en France de conserver chez soi des sommes et des valeurs inactives. Cette habitude existe non-seulement chez les simples particuliers, mais encore chez tous les commerçants et tous les industriels. Chacun a son caissier et sa caisse, malgré les pertes de temps que cela procure, les dangers de vol et d'incendie que l'on court, et le risque d'infidélités trop fréquentes. On n'a que peu ou point de rapports avec le banquier, et seulement au moment des escomptes ou des échéances. Si l'on a un compte courant, on n'y dépose juste que l'excédant de ses besoins prévus. Quant à ceux qui possèdent un compte courant à la banque et qui payent par voie de virements, ils composent une sorte de classe privilégiée fort restreinte; c'est en quelque façon l'aristocratie du commerce et de la banque.

L'année dernière, M. le ministre d'Etat évaluait à 600 millions la masse énorme de numéraire qui était ainsi frappée d'inertie. D'autres personnes vont plus loin; elles croient pouvoir évaluer à plus de 3 milliards la somme dormante et inoccupée répartie dans les mains du public pour les besoins des 38 millions d'habitants de la France.

Les pertes de temps et d'intérêts qui résultent de ce que chacun, au lieu de confier son service de caisse à un banquier, paye lui-même, à son domicile, tous ses engagements, se traduiraient par des chiffres non moins considérables. « A certains jours de chaque mois, disait l'année « dernière au Sénat, M. le comte de Germiny, les hommes préposés à « la recette de Paris quittent les bureaux (de la Banque de France), à la « première heure, emportent plus de 100,000 effets de commerce, vont « les encaisser dans 35 ou 40,000 domiciles et rentrent à la fin du jour, « rapportant à l'administration centrale plus de 100 millions, dont 4 ou « 5 millions en numéraire. Voilà ce que c'est qu'une journée, une seule « journée de la Banque centrale; voilà le concours que donnent ses « billets, c'est-à-dire son crédit, aux affaires. » Personne ne met en doute l'ordre et le zèle que la Banque de France met à effectuer les services si compliqués des recouvrements; mais, ce qu'on ne saurait nier, c'est que si les 100,000 effets de commerce qu'elle est chargée d'encaisser étaient payables chez les banquiers, les 40,000 domiciles se trouveraient réduits à quelques centaines, ce qui constituerait déjà une grande simplification; de plus, les débiteurs se trouvant la plupart du temps créanciers, il leur serait facile de s'entendre pour liquider par des compensations, comme le font déjà les agents de change. Non-seulement un temps précieux se trouverait ainsi épargné, mais on pourrait rendre à la production des capitaux tenus forcément dans l'inaction.

Contre ces habitudes le législateur est impuissant. Il n'y a point de prescriptions légales qui puissent suppléer à l'initiative privée. On ne peut point forcer les particuliers à déposer leurs fonds disponibles dans les banques de dépôts; ce serait le plus sûr moyen de leur inspirer une défiance légitime. Le seul rôle qu'un Gouvernement sage et prévoyant ait à remplir, c'est de faire disparaître tous les obstacles qui peuvent s'opposer au développement de ces utiles établissements. La loi sur les sociétés qui est soumise à votre examen aura pour effet d'ouvrir un champ en quelque sorte illimité à l'esprit de spontanéité; elle permettra, en outre, aux individus de se grouper suivant des formes nouvelles et de participer ainsi aux avantages multipliés qui résultent de l'union des forces. Il n'est pas improbable que les institutions de crédit destinées à répandre l'usage des dépôts ne rencontrent là des moyens nouveaux de se produire et de se développer. En attendant, la loi sur les chèques, en même temps qu'elle vient en aide aux établissements existants, prépare le terrain pour les établissements futurs.

Quelques personnes, frappées de la lenteur avec laquelle se répandaient en France les banques de dépôts, ont recherché les moyens de précipiter le mouvement. A leur avis, ce qui empêche les particuliers de déposer leurs fonds disponibles dans les banques, c'est d'abord parce que, par la nature des opérations auxquelles elles sont tenues de se livrer, elles ne peuvent fournir un intérêt assez élevé; c'est ensuite parce que le chèque inspire une certaine défiance, surtout lorsqu'il émane d'une personne peu connue. Les banques étant obligées d'avoir des sommes considérables à leur disposition pour faire face aux chèques qu'on tire sur elles, ne peuvent engager les fonds qui leur sont confiés que dans des opérations fort courtes, et comme le nombre en est très-restreint, elles ne servent aux sommes déposées qu'un intérêt en quelque sorte dérisoire, en présence de celui qu'offrent aux capitaux les autres placements. En ce qui concerne le chèque, tout le monde n'a pas la notoriété d'un Rothschild : il peut se faire que, si l'on offre un chèque en paiement, on se le voie refuser et qu'on soit obligé de remplacer le carnet de chèques par une bourse bien garnie.

Le remède à cette situation n'a pas coûté beaucoup de frais d'imagination à ses auteurs. Il est emprunté aux procédés des anciennes banques de dépôts. C'est le chèque soumis à un visa préalable. Les premières banques de dépôts, telles qu'elles furent établies à Genève, à Venise, à Amsterdam et à Hambourg, ne faisaient point usage des chèques; établies au seul profit des négociants, elles exécutaient leurs virements de comptes au moyen d'un autre instrument. En échange des sommes déposées chez elles en monnaie métallique de toute provenance, elles remettaient des certificats dans lesquels les sommes étaient exprimées en une monnaie idéale, qu'on appelait à cause de cela monnaie de banque. Ces certificats passaient de main en main, exactement comme les warrants des marchandises déposés de nos jours dans les magasins généraux; ils étaient préférés à l'argent, et le plus souvent faisaient prime. Quant à la banque, son rôle se bornait à recevoir des dépôts, à émettre des certificats et à opérer le virement des sommes déposées du compte d'un négociant au compte d'un autre négociant. Le chèque soumis à l'acceptation préalable et, comme on l'a appelé récemment de son véritable nom, le *chèque certifié*, n'est pas autre chose que l'instrument connu autrefois sous le nom de certificat de dépôt. Voici comment on procéderait à son émission : avant de délivrer un chèque, on irait à la Banque réclamer un visa constatant que la somme énoncée au chèque existe réellement ; le chèque ainsi revêtu d'un visa prendrait la valeur de la monnaie métallique; il inspirerait une confiance entière ; il n'y aurait aucune limite à sa circulation; il deviendrait bien vite le suppléant commode des billets de banque. Dès lors, la banque des dépôts, n'étant plus menacée d'un remboursement immédiat, pourrait placer les capitaux qui lui sont confiés à des échéances plus longues l'intérêt servi aux déposants ne tarderait pas à s'élever et la quantité de dépôts par suite à devenir plus considérable.

Nous soulèverons contre cette combinaison une objection préjudicielle, c'est qu'elle repose sur une fausse idée que l'on s'est faite de la banque de dépôts et de la nature d'opérations auxquelles elle se livre. La banque de dépôts n'est point destinée, comme on pourrait le penser, à recevoir les capitaux qui cherchent un placement et qui vont naturellement là où un intérêt plus fort leur est offert ; elle tend à grouper et réunir tous les capitaux flottants qui sont momentanément sans emploi, et les fonds de roulement que les particuliers gardent habituellement dans leurs tiroirs et dans leurs caisses. Son but n'est point de commanditer les entreprises ou d'entrer dans des opérations aléatoires ; la seule fonction qui lui incombe et qui puisse cadrer avec le genre de travail qui lui est confié, c'est d'engager les fonds qui lui sont remis dans des opérations à courts termes, par exemple l'escompte des valeurs de premier ordre et à échéance très-rapprochée.

La banque des dépôts ne doit jamais oublier qu'elle remplit avant tout un service de caisse et qu'elle doit à ses clients la disponibilité de leurs fonds. Le paiement d'un intérêt attribué aux sommes que les particuliers déposent chez elle est sans doute un appât qu'il ne faut pas absolument négliger ; c'est le moyen de stimuler le zèle et de triompher de la négligence ; de plus, c'est une rétribution juste pour l'emploi que la banque est autorisée à faire des capitaux qu'elle détient en compte courant. Mais là n'est pas l'unique attrait que doive présenter la banque des dépôts : la sécurité qu'elle promet aux commerçants, en les dispensant de tous les soucis et de tous les dangers que leur fait courir le service d'une caisse particulière, et l'économie qu'elle donne en se chargeant des frais de garde, de comptabilité et de liquidations sont des avantages qu'il faut faire entrer en ligne de compte et qui peuvent se chiffrer facilement. Aussi, en Angleterre, les capitaux déposés dans les *joint-stock*-

banks et dans les banques privées ne sont-ils point nécessairement productifs d'intérêts; pour les sommes constamment disponibles, l'usage est de point payer d'intérêt du tout ou du moins de ne payer qu'un intérêt excessivement minime. S'il en est autrement ailleurs, et notamment en Écosse, cela tient à ce que les banques de dépôts sont en même temps banques d'émissions et banques d'épargnes, et que ce qu'on y recherche c'est un placement sûr et non une provision permanente.

La substitution du chèque certifié au chèque ordinaire offrirait-elle les avantages qu'on en espère? Nous ne le pensons pas. Nous ferons remarquer d'abord que le cas où le particulier de qui émane le chèque ne serait pas connu de la personne qui le reçoit sera excessivement rare; la plupart du temps, le chèque servira à couronner une opération entre deux personnes qui sont en relations habituelles d'affaires; dans ces circonstances, la précaution du visa préalable ne serait qu'une perte de temps inutile. Le visa préalable mettra-t-il les commerçants à l'abri de ce qu'on appelle d'avance le *vol au chèque?* Pas le moins du monde; si un fripon a assez d'audace pour émettre un chèque sur un banquier chez qui il n'a point de fonds déposés, il ne lui en coûtera rien d'imiter le visa du banquier; ce ne sera qu'un pas de plus vers un acte criminel. Au lieu de faciliter l'emploi du chèque, le visa préalable d'acceptation lui susciterait des entraves gênantes. En effet, du jour où la nécessité du visa serait admise pour une certaine catégorie de personnes, le visa serait bientôt, au même titre, exigé par tout négociant recevant un chèque. Que de complications! que de démarches multipliées! L'émission du chèque deviendrait alors presque impossible.

Si le visa préalable n'offre aucun avantage appréciable, il présente des inconvénients de plus d'une sorte. En premier lieu, il tend à dénaturer le chèque; au lieu de le maintenir dans les limites rationnelles d'un paiement au comptant, il le pousse à en sortir pour entrer dans le domaine des valeurs de circulation. Le chèque, on l'a répété cent fois, c'est de l'argent; c'est l'ordre donné à un banquier de payer à un particulier une somme d'argent qui existe constamment à la disposition du déposant. A cause de cela, il est destiné par sa nature et son usage à être payé à l'instant, dans le jour même. Les longs délais, en pareille matière, ne servent guère qu'à multiplier les difficultés et à faire naître les procès. Le banquier peut faire faillite, la provision peut être retirée par une inspiration mauvaise ou par une erreur de compte. L'intérêt du porteur d'un chèque est de le recouvrer au plus vite, ne fût-ce que pour grossir son compte courant. D'ailleurs, il ne faut pas qu'il y ait confusion dans les différentes espèces d'instrument; autre chose est le certificat de dépôt constatant qu'une somme d'argent existe chez un banquier, certificat de dépôt qui, en se généralisant, est devenu le billet de banque, et le chèque donnant au porteur la faculté de retirer à son profit des fonds disponibles. Il n'y a aucune analogie entre les banques dépôts, ou *joint-stock-banks* actuelles, et les banques de dépôts qui ont existé du 14e au 18e siècle; ces dernières étaient des banques de virement plutôt que de véritables banques de dépôt; les *joint-stock-banks* ont un caractère différent et se livrent à des opérations plus étendues.

Enfin, dans l'intérêt même des banques de dépôt, il n'est pas bon d'encourager les moyens de laisser un long intervalle entre l'émission du chèque et son encaissement; ce serait leur inspirer l'idée de sortir de leur rôle et créer un péril dont, en temps de crise, on ressentirait bientôt les effets. Il ne faut pas que les banques de cette espèce se livrent à des placements à long terme, et leurs opérations doivent être marquées au coin d'une excessive prudence. Le visa préalable d'acceptation, en faisant du chèque un instrument de circulation, leur donnerait une sécurité trompeuse dont elles ne tarderaient pas à abuser. Qu'une crise éclate, et la confiance faisant défaut, les chèques certifiés se présenteraient en masse au remboursement; comme les dépôts seraient engagés à longue échéance, les banques ne pourraient faire face aux paiements; les porteurs de chèques se trouveraient n'avoir plus en main que des chiffons de papier sans valeur, auxquels il serait impossible de donner le privilége, accordé parfois au billet de banque, du *cours forcé*.

Ce n'est point au moyen de combinaisons factices et plus ou moins ingénieuses qu'on amènera le public à comprendre les avantages des dépôts en banque. Il y a là des sentiments moraux sur lesquels les réglementations les plus savantes ne peuvent rien. La nécessité, l'expérience et par-dessus tout l'intérêt sont, en pareille matière, les incitateurs les plus puissants et les plus sûrs du progrès. La seule chose utile et légitime qu'il y ait à faire, c'est de mettre à la portée des initiatives individuelles les moyens de satisfaire un besoin qui certainement se développera tôt ou tard. Tel est l'objet du projet de loi dont il nous reste à vous expliquer les différentes dispositions.

IV.

L'Angleterre a, comme la France, soumis les effets de commerce de toute nature à un droit de timbre proportionnel; mais sa législation offre sur la nôtre un avantage, c'est, comme on l'a vu plus haut, qu'elle établit une distinction entre les lettres de change de l'intérieur sur l'intérieur et les lettres de change de l'intérieur sur l'étranger ou de l'étranger sur l'intérieur. Les *inland-bill* et les *foreign-bill* offrent deux catégories de valeurs qui sont soumises à des règles différentes et qu'il n'est pas possible de confondre. Chez nous, il n'y a qu'une seule espèce de lettres de change; le change est la remise de place en place d'une somme d'argent; quand ce caractère se rencontre, le titre qui donne lieu à l'opération est une lettre de change, qu'elle vienne de l'intérieur ou de l'étranger. A cause de la distinction qui existe dans la législation anglaise et aussi à cause des immunités qu'elle accorde à l'*inland-bill*, il a été facile de régler en Angleterre les conditions d'existence du chèque; on l'a purement et simplement assimilé à l'*inland-bill* payable à vue, et pour que cette assimilation fût complète, quand après cinquante années d'exemption, on a cru devoir le frapper d'un timbre d'un penny, on a soumis au même droit la lettre de change à vue. Un *stamp* commun est affecté aux deux espèces de valeurs.

En France, il ne nous serait pas possible de procéder de la même manière. Pour assimiler le chèque à la lettre de change à vue, il nous faudrait remanier tout le titre VIII du livre Ier, et en partie le titre II du livre IV du Code de commerce. Il avait paru, l'année dernière, à un certain nombre de personnes, que c'était là une entreprise facile. Mais, après mûre réflexion, on s'aperçoit qu'elle est plus compliquée qu'on ne le croit à première vue, et que d'ailleurs on peut arriver à un résultat utile et pratique sans avoir recours à une révision complète de notre législation en matière de lettre de change.

Quoique ayant entre eux des caractères communs, on ne peut point dire en effet que le chèque et la lettre de change à vue soient absolument une seule et même chose. La lettre de change crée une obligation, il y a promesse de payer ou de faire payer par un tiers. Le chèque est un paiement en papier au lieu de numéraire; il ne crée rien, il constate seulement l'existence d'un fonds disponible et indique au dépositaire une somme à livrer ou un virement de compte à opérer. Il est donc facile d'établir les différences qui séparent les deux titres. C'est là le point auquel la loi s'est plus particulièrement attachée.

Art. 1er. Pour éviter toute confusion à l'avenir, il a paru utile à la commission, non-seulement de soumettre le chèque à des règles particulières, mais encore d'en donner une définition qui permît aux idées de se fixer. Mais alors plusieurs questions se sont présentées : le chèque doit-il être uniquement employé à retirer des sommes déposées en compte courant? Ne peut-il pas se trouver une foule de cas où des fonds deviennent disponibles, sans qu'il y ait eu un dépôt préalable? Le chèque ne doit jamais se substituer aux valeurs de crédit; mais ne peut-il arriver que, par suite d'une opération de change et d'escompte, d'une vente d'immeubles ou d'une remise de marchandises, un particulier ait à sa disposition des sommes qu'il peut transférer immédiatement à un tiers? Le chèque, en un mot, doit-il être seulement l'instrument des banques de dépôt, ou doit-on généraliser son usage et l'employer au retrait de tous les fonds disponibles, quelle que soit leur origine?

Ces diverses questions ont été résolues par la commission dans le sens de l'affirmative. Il lui a paru qu'une définition du chèque restreinte aux seules banques de dépôts serait un obstacle à ce que l'usage s'en répandît rapidement. D'ailleurs les banques de dépôts elles-mêmes retireront un avantage d'une définition plus large; les fonds en compte courant peuvent provenir non-seulement des dépôts, mais encore des recouvrements et des opérations faites par elles aux lieu et place de leurs clients.

Le projet de loi laissait la faculté de donner au chèque la forme, soit du mandat de paiement, soit du récépissé. La commission, revenant à l'idée qui avait inspiré le premier projet de loi soumis au Corps législatif, a cru devoir se borner à la forme du mandat de paiement. L'option laissée entre le mandat et le récépissé n'offre, à son avis, aucun avantage et présente divers inconvénients. Le récépissé constitue un mensonge commercial, puisqu'il est émis non après que l'encaissement est effectué, mais avant même que le tiré connaisse l'ordre de paiement; il est énoncé au passé quand il s'agit d'un fait futur. La coexistence, dans les usages de deux titres si différents, amènerait, en outre, des complications et créerait bien certainement des difficultés. La forme du récépissé ne peut d'ailleurs s'accorder avec les immunités que le projet de loi accorde au chèque : comment peut-on faire entrer le nom du bénéficiaire dans un récépissé? Comment appliquer à ce titre la faculté d'être transmissible par voie d'endossement? Comment le faire protester en cas de non-paiement?

Par toutes ces considérations, la commission a cru devoir s'arrêter à la rédaction suivante :

« Le chèque est l'écrit qui, sous la forme d'un mandat de paiement, sert au tireur à effectuer le retrait à son profit ou au profit d'un tiers, de tout ou partie des fonds portés au crédit de son compte chez le tiré et disponibles. »

Cette définition, adoptée par le Conseil d'État, forme le premier paragraphe de l'article 1er.

Le chèque ne peut être tiré qu'à vue. C'est là un point sur lequel on a insisté le plus fortement dans la discussion qu'a soulevée au sein du Corps législatif le premier projet de loi. Les honorables orateurs qui attachaient une importance capitale à cette clause avaient raison de tout point. Si le chèque était à un ou plusieurs jours de vue, il serait impossible de le distinguer du mandat ou de la lettre de change, et le Trésor se verrait frustré d'une partie de ses recettes. En imposant au chèque l'obligation d'être à vue, une pareille confusion n'est pas à craindre. Il ne se fait presque plus de lettres de change à vue, si ce n'est pour de petites sommes. Quand il s'agit de sommes considérables, on a recours aux lettres de crédit ou aux délégations sur une maison de banque. Mais ce ne sont pas seulement les intérêts du Trésor qui sont sauvegardés par la clause à vue, ce sont ceux du porteur des chèques. Le chèque est un paiement, or, quand on veut faire un paiement, il ne suffit pas de le promettre. Le chèque à date suppose que les fonds dont on dispose ne sont pas libres au moment où le chèque est émis. Il rentre alors dans la catégorie des titres de crédits, auxquels s'attache un certain risque. Ainsi que le faisait remarquer, d'ailleurs, l'honorable M. Pouyer-Quertier dans la séance du 25 mai 1861, le chèque doit être considéré comme un moyen de compensation; or, comment serait-il possible de compenser entre eux des chèques qui auraient des échéances différentes! Le chèque doit être à vue, si l'on veut qu'il remplisse son office, le jour où l'on établira chez nous une chambre de liquidation (*Clearing-house*).

Non-seulement le chèque peut être souscrit au porteur ou à une personne dénommée, mais encore il peut être souscrit à ordre et transmis par voie d'endossement. Cette dernière faculté répond au vœu qui avait été exprimé dans le sein du Corps législatif; elle a, d'ailleurs, été réclamée par la presque unanimité des représentants du commerce et de la banque entendus par la commission spéciale. Il est inutile d'insister longuement sur les avantages qu'elle doit produire. Quoique le chèque ne soit pas destiné à avoir une longue existence et à circuler entre un grand nombre de mains, il se rencontre des cas fréquents où l'endos est une condition de sécurité. L'endos permet au bénéficiaire d'un chèque nominatif de remettre le chèque à son banquier et de se dispenser ainsi des frais et des pertes de temps, auxquels il serait assujetti s'il était obligé d'aller lui-même réclamer le paiement. L'endos est du reste indispensable pour le chèque, émis d'un lieu à un autre et transmis par la poste de l'expéditeur au destinataire.

Il y a lieu de remarquer qu'en France comme en Angleterre, on avait cherché à suppléer à l'absence d'endos par des moyens indirects. Quelques maisons de banque ont tenté d'introduire chez nous l'usage du chèque barré, qui est un véritable endossement.

Le tireur d'un chèque est dispensé d'indiquer la valeur fournie, et de plus l'endossement peut être en blanc. Des doutes se sont élevés dans beaucoup d'esprits sur l'utilité de la mention de la valeur fournie en ce qui concerne la lettre de change; du reste, elle n'a d'autre but que de constater le caractère commercial de l'opération, caractère qui n'accompagne pas toujours l'émission d'un chèque. Quant à l'endossement en blanc, il convient mieux à la nature du chèque, qui doit être avant tout un instrument simple et rapide, et qui ne se propagera qu'à la condition d'offrir aux porteurs une sécurité sans réserve.

Art. 2. Cet article stipule deux des conditions principales par lesquelles le chèque se distingue de la lettre de change; la première, c'est de ne pouvoir être tirée que sur un tiers ayant provision préalable; la seconde, c'est d'être toujours payable à présentation.

En ce qui concerne la provision préalable, l'exposé des motifs dit « qu'il faut entendre par ces mots, que la provision doit exister, non-seulement au moment où le chèque sera présenté, mais au moment même où il aura été souscrit. » Cette déclaration est conforme aux vrais principes, et l'on a vu précédemment qu'une interprétation de ce genre est admise par la jurisprudence anglaise. Cette condition, rigoureuse en apparence, est l'expression même d'un fait: le chèque, on ne saurait trop le répéter, est un moyen de paiement; l'absence de provision préalable en ferait un instrument de crédit et lui ôterait son caractère. Non-seulement elle constituerait une fraude vis-à-vis du fisc, mais encore une tromperie vis-à-vis des tiers, qui doivent voir dans le chèque l'équivalent d'un capital existant. L'obligation d'une provision préalable résulte, du reste, de la définition que nous avons donnée du chèque. Cette définition indique en même temps quelle peut être l'origine de cette provision.

Le chèque est payable à présentation. Ce n'est pas seulement l'intérêt fiscal qui a dicté cette condition, c'est encore et surtout l'intérêt commercial. Sans doute, le chèque payable à une échéance plus ou moins éloignée ou à un certain nombre de jours de vue, s'il était tiré d'un lieu sur un autre, ne différerait presque plus de la lettre de change, et le produit de l'impôt du timbre souffrirait, de cette substitution, une diminution notable. Mais le commerce serait atteint plus vivement que le Trésor, si le chèque n'était pas déclaré payable à présentation. Quand un commerçant donne un chèque, il fait un règlement au comptant, et c'est pour cette raison que son chèque est accepté. Mais si le chèque était à date, le règlement au comptant se transformerait en un règlement à terme; peut-être le chèque serait-il encore accepté, mais alors le tireur serait obligé de tenir compte du retard de paiement au bénéficiaire, ce qui se traduirait en une bonification d'intérêts. Conçoit-on, du reste, le trouble et la perturbation que jetterait dans toutes les relations commerciales ce défaut de disponibilité, de tous les capitaux flottants qui constituent le fonds de roulement de l'industrie et du commerce? La somme d'avantages qu'on retire des dépôts en comptes courants serait surpassée par la masse des inconvénients, si les chèques n'étaient pas toujours payables à présentation. Mieux vaudrait alors avoir sa caisse chez soi et ses fonds constamment sous sa main. Ce serait la mort des banques de dépôts.

Art. 3. « Le chèque peut être tiré d'un lieu sur un autre ou sur la même place. »

On ne peut qu'applaudir à cette disposition, qui permettra aux virements et aux compensations de s'accomplir de place à place et qui diminuera ainsi la nécessité des transports de numéraire. On peut se faire une idée de la monnaie métallique qui voyage, par le tribut payé aux compagnies de chemins de fer pour transports d'espèces; ce tribut s'élève à 2 millions, ce qui représente un capital de 3 milliards.

Art. 4. Deux questions avaient été soulevées l'année dernière dans la discussion sur les chèques : le chèque devait-il être considéré comme un acte de commerce, et les contestations qui naîtraient à son sujet ressortir toujours des tribunaux consulaires? La faculté d'endossement si elle était accordée au chèque, devait-elle entraîner la solidarité du tireur et des endosseurs comme cela a lieu en matière de lettres de change? Ce sont là des questions délicates sans doute; mais il ne faut pas s'en exagérer l'importance, et la solution à laquelle se sont arrêtés la commission spéciale et le conseil d'État nous paraît devoir résoudre toutes ces difficultés.

Au premier abord il semble que, pour empêcher tout conflit entre les compétences, il soit nécessaire de stipuler que les contestations relatives aux chèques dirigées contre le tireur ne seront du ressort du tribunal de commerce que si celui-ci est un commerçant. Mais en examinant les choses d'un peu plus près, on voit bien vite que cette disposition augmenterait les complications. Que déciderait-on, en effet, dans le cas où le tireur étant non commerçant, le chèque serait endossé par un ou plusieurs commerçants? Les mots *par sa nature* introduits dans la rédaction du projet enlèvent toutes les équivoques : ils indiquent nettement que le chèque sera considéré comme un acte de commerce ou comme un acte de l'état civil, suivant la qualité des parties et les causes à raison desquelles il aura été souscrit. La compétence sera réglée par les tribunaux suivant les règles ordinaires du droit commun. Mais le projet de loi va plus loin : quoique le chèque émis d'un lieu sur un autre ait le cachet extérieur d'une lettre de change, il n'est point néanmoins nécessairement assimilé à cette dernière en ce qui concerne la compétence. Il eût été difficile, du reste, de faire une pareille assimilation; en fait, le chèque tiré d'un lieu sur un autre servira le plus souvent à liquider des obligations contractées par des particuliers non commerçants, obligations qui n'auront aucun caractère commercial dans leurs causes.

Une assimilation plus naturelle est celle qui est relative à la garantie solidaire du tireur et des endosseurs, au protêt et à l'exercice de l'action en garantie. Ici, on comprend que les dispositions du Code de commerce en matière de lettres de change, reçoivent leur application. Au point de vue économique, une telle solidarité est nécessaire au succès des chèques et à leur adoption générale. Le porteur du chèque doit avoir une sécurité complète : la nécessité de la provision lui garantit que le tireur ne peut abuser de sa bonne foi; la solidarité des endosseurs lui garantit, en outre, le paiement de son chèque. Si l'on repoussait cette solidarité, on aboutirait à des conséquences absurdes. Faudrait-il n'admettre, dans aucune hypothèse, le recours du porteur du chèque contre celui qui le lui a remis? Mais en considérant le chèque comme une monnaie, on ne peut arriver à une conclusion aussi radicale, le porteur d'une pièce fausse ayant parfaitement un recours contre celui de qui il la tient. La solidarité est indispensable; elle résulte de la nature même des choses.

L'art. 162 du Code de commerce dit que « le refus de paiement doit être constaté le lendemain du jour de l'échéance, et que le protêt est fait le jour suivant, si le jour de l'échéance est un jour férié légal. Cette procédure a paru renfermer quelques lenteurs. Les tribunaux s'habitueront sans doute à considérer les contestations relatives aux chèques comme devant être résolues dans le plus bref délai et les rangeront parmi les sommaires. En attendant, il était bon d'accorder au porteur du chèque la faculté de faire constater le refus de paiement à l'instant même, afin de lui permettre de se mettre en règle vis-à-vis du tireur. En conséquence, la commission a proposé d'ajouter à l'art. 4 un troisième paragraphe ainsi conçu :

« Cependant le protêt pourra suivre immédiatement le refus de paiement. »

Cette modification a reçu l'assentiment du Conseil d'État.

Art. 5. Cet article est le plus important du projet. C'est celui qui détermine le plus complétement la différence qu'on a voulu mettre entre le chèque et la lettre de change. Aux termes de l'art. 160 du Code de commerce, le porteur d'une lettre de change doit, suivant les cas indiqués à cet article, en réclamer le paiement dans les délais de l'échéance, sous peine de perdre son recours sur les endosseurs et même sur le tireur, si celui-ci avait fait provision. On n'a jamais pu songer à accorder au porteur du chèque des délais aussi longs. Outre qu'ils lui seraient inutiles, ils changeraient complétement la nature du chèque, qui n'est pas destiné à une longue circulation.

Deux considérations conduisent à abréger les délais le plus possible pour la réalisation du chèque : en premier lieu, il importe que la négligence du porteur ne prolonge pas indéfiniment la garantie des endosseurs et ne compromette pas la responsabilité du tireur lui-même, ce qui arriverait infailliblement dans le cas où la provision viendrait à disparaître par suite de la faillite du banquier ; en second lieu, il ne faut pas, qu'en augmentant la circulation du chèque, on en fasse un instrument qui le substituerait aux valeurs de crédit. L'intérêt du porteur est d'accord ici avec celui du fisc ; car, tant que le chèque n'est pas réalisé, c'est au profit du tireur et non du porteur que courent les intérêts.

Mais quels doivent être les délais pour la présentation du chèque ? La commission spéciale avait proposé de les fixer à cinq jours pour le chèque tiré sur la même place et à dix jours pour le chèque tiré sur un autre lieu ; le Conseil d'État a cru devoir le réduire à trois jours et à cinq jours. Votre commission a trouvé que ces délais étaient trop rigoureux. Il peut se rencontrer des cas où le fait de ne pas présenter un chèque au bout de trois jours, s'il est émis sur la même place, ne soit pas le résultat d'un oubli ou d'une négligence ; tel est le cas où celui à qui il a été remis en paiement demeure à quelque distance, ou bien dans le cas où l'on a été obligé d'avoir recours à la poste pour le faire parvenir ; tel est encore celui où plusieurs jours fériés se suivent et où on ne peut procéder à l'encaissement. S'il s'agit d'un chèque tiré d'un tiré sur un autre, les cas de ce genre se multiplient encore, et, pour mieux dire, ils varient suivant les temps et les lieux. Par ces motifs, la commission a proposé de fixer les délais à cinq jours, y compris le jour de la date, si le chèque est tiré de la place sur laquelle il est payable, et à huit jours, y compris également le jour de la date, si le chèque est tiré d'un autre lieu.

Un membre de la commission a proposé d'ajouter à la fin de l'art. 5 ces mots : « *Sauf les réserves indiquées à l'art. 171 du Code de commerce.* » Il s'appuyait sur ce que, l'art. 4 déclarant que les règles concernant la garantie solidaire du tireur et des endosseurs en matière de lettre de change sont applicables aux chèques, on pouvait croire que l'art. 5, en reproduisant une des déchéances contre le tireur, sans mentionner les réserves indiquées à l'art. 171, avait eu pour but d'écarter les dispositions de cet article, ce qui ne serait pas juste. La commission a adopté cette addition.

Le Conseil d'État a consenti aux amendements introduits dans l'art. 5 par la commission.

ART. 6 et 7. Les art. 6 et 7 du projet du Conseil d'État ont trait aux contraventions et aux délits qui peuvent se commettre dans l'émission des chèques.

La loi du 5 juin 1850 prononce des amendes contre les personnes qui, en émettant des effets de commerce, cherchent à se soustraire au paiement du droit de timbre proportionnel. L'art. 6 du projet est l'application des dispositions pénales de cette loi aux fraudes qui peuvent avoir lieu en matière de chèques.

Ces fraudes se rangent sous trois chefs distincts :

1° Le chèque est revêtu d'un fausse date ; 2° le chèque ne porte point de date ; 3° la prévision préalable fait défaut. L'effet produit par ces fraudes est le même ; elles font disparaître la différence qui existe, au point de vue de l'impôt, entre les effets de commerce et le chèque.

On a vu que la loi anglaise frappe d'une amende considérable le fait d'avoir postdaté un chèque. Il n'y a pas une grande distance entre ce fait et celui de l'avoir émis sans date. Dans les deux cas on commet un véritable mensonge au point de vue du fisc ; comme le dit, avec une grande force d'expression, l'exposé des motifs : « Si le chèque pouvait être émis sans date ou postdaté, il serait en vain déclaré payable à vue dans sa formule, il ne le serait pas en réalité. » L'analogie conduit à appliquer, en ces circonstances, la pénalité que la loi prononce lorsqu'un effet de commerce n'a pas été revêtu du timbre auquel il est assujetti.

Le projet de loi déclarait qu'en cas de fausse date, l'amende devait frapper solidairement le tireur et le premier porteur. On avait eu évidemment l'intention d'atteindre la connivence qui pouvait exister entre ces deux personnes. Mais, dans l'application, cette disposition parut renfermer des difficultés le plus souvent insurmontables. Comment, en effet, dans la plupart des cas, découvrir le premier porteur ? Quand le chèque est au porteur, cela est impossible, puisque le chèque passe de main en main sans qu'on puisse suivre la filière des porteurs successifs.

Quand le chèque est à ordre, la découverte de la fraude paraît plus facile ; il n'en est rien, cependant ; si le premier endos est en blanc et si plusieurs porteurs se succèdent, comment s'y prendra-t-on pour trouver le premier porteur ? Il peut arriver qu'un chèque au porteur soit transformé en chèque à ordre par l'un de ses porteurs : est-ce celui-ci qui sera déclaré passible de l'amende ? Il n'y a qu'un cas où la connivence puisse être atteinte sans peine : c'est celui où le chèque est à une personne dénommée ; mais, si l'on veut commettre une fraude, on n'ira pas choisir justement la forme où la connivence est la plus facile à découvrir. D'ailleurs, si l'on veut bien y réfléchir, on verra que le véritable coupable est le tireur, puisque c'est de lui que part l'idée de revêtir un chèque d'une fausse date, pour se soustraire au timbre qu'il eût dû payer. La commission, par ces motifs, a cru devoir restreindre le paiement de l'amende au tireur seulement.

Cette modification a été acceptée par le Conseil d'État.

Un membre de la commission a proposé d'ajouter à l'art. 6 le paragraphe suivant :

« En cas de protêt d'un chèque, le tireur devra payer le droit de timbre proportionnel et sera puni d'une amende de 6 p. 100. Il aura son recours contre le tiré pour le remboursement des frais de protêt, de timbre et d'amende, s'il prouve qu'il y avait provision. »

Le but de cette modification était d'assimiler le chèque impayé à une valeur de crédit. Le seul fait du refus de paiement constituait, aux yeux de son auteur, un défaut de provision, et transformait forcément le chèque en lettre de change.

Plusieurs objections se sont élevées contre cette rédaction. Si elle était admise, ce serait punir le tireur de bonne foi; ce serait frapper en outre injustement le tiré, s'il arrivait par hasard qu'un tiers eût fait opposition sur les fonds existant entre ses mains. Il y a chèque d'ailleurs jusqu'à ce que la preuve soit acquise par un jugement qu'il n'y avait pas provision. En ce cas, comme en tant d'autres, il vaut mieux rester dans le droit commun.

Le défaut de provision ne constitue pas moins une fraude punissable; sans adopter la forme de l'amendement, la commission en a retenu le principe, et, comme on le verra tout à l'heure, elle lui a donné une place dans la loi.

L'art. 7 du projet de loi du Conseil d'État est ainsi conçu :

« L'émission d'un chèque sans provision préalable et le retrait de la provision après la délivrance du chèque sont punis, en cas de mauvaise foi, des peines prononcées par l'art. 405 du Code pénal, sauf l'application, s'il y a lieu, de l'art. 463 du même Code. »

Cet article a paru à la commission dangereux et inutile. En édictant des pénalités sévères contre les délits qui pourraient se commettre par le moyen de chèques, on a pensé qu'on inspirerait une plus grande confiance au public dans ce mode de paiement. Le porteur du chèque trouverait en effet une certaine garantie dans cette législation rigoureuse. Mais à quels dangers alors serait exposé le tireur ! L'émission d'un chèque sans provision préalable peut être de sa part le résultat d'une erreur de compte.

Le retrait de la provision, après la délivrance du chèque, peut provenir d'un simple oubli. Un négociant n'aura pas toujours sur lui son carnet de compte; s'il crée un chèque dépassant la provision inscrite à son crédit, ou s'il retire tout ou partie de la provision destinée à couvrir un chèque, et cela parce que sa mémoire l'aura mal servi, sera-t-il l'objet de poursuites? Il le faudra bien; car il y a un fait matériel qui a l'apparence d'un délit. Assurément, dans la plupart des cas, la procédure n'aura pas de suites. Mais le seul fait pour un négociant d'avoir eu à obéir à un mandat de comparution ne constituerait-il pas une atteinte à son honorabilité commerciale? Les parquets montreraient en vain de la discrétion dans ces sortes de recherches; elles n'en constitueraient pas moins des tracasseries intolérables, et, pour y échapper, il est certain qu'un grand nombre de commerçants renonceraient à faire usage des chèques. La loi aurait ainsi manqué son but, qui est de développer cet instrument.

A l'unanimité, moins une voix, la commission s'est prononcée pour la suppression de cet article.

Un membre, que les raisons précédemment exposées n'avaient pu convaincre, a proposé alors la rédaction suivante :

« L'émission d'un chèque sans provision préalable et le retrait de la provision après la délivrance du chèque sont punis, en cas de mauvaise foi, d'un emprisonnement de trois mois à trois ans, sauf l'application, s'il y a lieu, de l'art. 463 du même Code. »

L'objet de cette modification était de bien indiquer que l'émission d'un chèque sans provision préalable ou le retrait de la provision après émission constitue un fait *sui generis* qui n'est prévu ni puni par aucune des dispositions du Code pénal.

La commission a vu dans cette rédaction les mêmes inconvénients que dans l'article primitif; elle a donc cru devoir l'écarter.

Mais elle a tenu à déclarer que les faits délictueux dans lesquels le chèque serait employé pour commettre une escroquerie étaient punissables, que les pénalités du droit commun leur étaient applicables, et elle a voulu que cette déclaration fût consignée dans son rapport, afin qu'en l'absence d'une disposition spéciale il ne pût y avoir le moindre doute sur ce point.

En proposant la suppression de l'article 7, la commission n'a pas eu davantage l'intention d'innocenter le fait d'avoir émis un chèque sans provision préalable. Mais elle a pensé que le plus souvent ce fait rentrerait dans la catégorie des simples contraventions. En conséquence, elle l'a compris dans les fraudes punies par l'art. 6. L'émission d'un chèque sans provision préalable sera, comme l'émission d'un chèque sans date ou revêtu d'une fausse date, punie d'une amende de 6 0/0 du montant du chèque.

Le Conseil d'État a admis la suppression de l'article 7 et a donné son assentiment à l'amendement qui consiste à frapper d'une amende de 6 0/0 l'émission d'un chèque sans provision préalable.

ART. 8. Le point de départ du projet avait été, on s'en souvient, une question fiscale. L'art. 8 et dernier du projet a pour but de résoudre cette difficulté. La question s'était posée l'année dernière entre un droit minime et l'exemption absolue. On objectait contre l'application d'un droit minime que, pour procurer une recette insignifiante au Trésor, on occasionnerait une grande gêne dans les transactions. A l'exemption absolue, on opposait les principes qui ont dicté la loi du 13 brumaire an VII; d'après cette loi, tout papier susceptible de faire foi en justice d'un engagement ou d'une libération doit être timbré; il n'y a d'exception que pour les actes politiques, les actes administratifs ou les actes de bienfaisance; or le chèque ne rentrait dans aucune de ces catégories, et, par conséquent, on ne pouvait l'exempter sans toucher à la législation sur le timbre. La solution à laquelle on s'est arrêté est une transaction ; au lieu d'une exemption totale et définitive, on a adopté une exemption totale, mais temporaire. On a considéré que le chèque était encore dans l'enfance ; qu'il cherchait à entrer dans les habitudes, et qu'il n'était pas, comme le chèque en Angleterre, mûr pour le droit commun. Chez nos voisins, en effet, le chèque a circulé pendant près d'un demi-siècle avec une complète immunité de droit ; c'est depuis 1858 seulement qu'il a été soumis à un timbre fixe d'un penny.

La commission spéciale avait proposé d'assigner à l'exemption du timbre une durée de dix ans ; le Conseil d'État avait pensé que le terme de cinq années était suffisant, sauf à en référer aux pouvoirs législatifs dans le cas où, à l'expiration de ce délai, la situation réclamerait une prorogation.

La commission n'a pas été de cet avis ; suivant elle, le terme de dix ans est nécessaire pour permettre au système des chèques d'acquérir tout son développement. Elle n'a pas cru, du reste, que ce terme de dix ans dût être considéré comme un maximum qui ne pourrait pas être dépassé, et elle a proposé d'ajouter à ce chiffre de dix ans les mots *au moins*, afin qu'il n'y eût pas d'équivoque à cet égard.

Le Conseil d'État n'a pas admis les mots *au moins*, tout en adoptant l'exemption pendant dix ans. La commission n'insiste pas, dans l'espérance que si, à l'expiration du terme de dix ans, de nouveaux délais étaient nécessaires pour permettre au système des chèques de prendre tout son développement, le Gouvernement n'hésiterait pas à les accorder.

Un certain nombre de nos honorables collègues ont saisi la commission de divers amendements. Nous allons les examiner successivement :

L'honorable M. Morin (de la Drôme) a proposé l'amendement suivant :

« Le chèque ne peut être tiré que sur un tiers ayant provision préalable ; il est payable à présentation. — La provision résultera soit d'un dépôt de fonds en compte courant chez un banquier ou autre commerçant, soit d'une créance reconnue exigible par le débiteur commerçant ou non commerçant. »

Il nous semble que la définition du chèque que nous avons placée en tête de l'article 1er de la loi donne une complète satisfaction à cet amendement.

L'honorable M. Dalloz a proposé de rédiger ainsi l'article 5 :

« Le porteur d'un chèque qui n'en réclame pas le paiement dans le délai de cinq jours, si le chèque est tiré sur la place sur laquelle il est payable, et dans le délai de huit jours, s'il est tiré d'un département sur un autre département, et de quinze jours, s'il est tiré de l'étranger sur Paris ou les départements, etc. »

Les délais indiqués dans cet amendement ont été adoptés en partie par la commission. Elle voit du danger à étendre les délais pour les chèques tirés des départements sur Paris. Quant aux chèques tirés de l'étranger, il lui a paru qu'ils rentraient dans la catégorie des lettres de change.

L'honorable M. Millet a présenté plusieurs amendements.

Le premier amendement est relatif à l'article 4, dont il propose de rédiger ainsi le premier paragraphe,

« L'émission d'un chèque, même lorsqu'il est tiré d'un lieu sur un autre, ne constitue pas un acte de commerce et ne soumet pas le tireur ou endosseur non négociant à la juridiction consulaire. »

M. Millet a voulu éviter les pertes de temps que pouvait causer l'application de l'article 636 du Code de commerce. La commission a pensé, au contraire, qu'il y avait là une complication plus grande. Le texte du projet offre, du reste, cet avantage qu'il maintient cette règle que, lorsqu'un endosseur est commerçant, il entraîne l'affaire devant le tribunal de commerce, quand même les autres seraient non commerçants. En conséquence, la commission n'a pas admis l'amendement.

Par un second amendement, M. Millet proposait d'ajouter à l'article 6 un paragraphe ainsi conçu :

« L'émission d'un chèque sans provision préalable est punie d'une amende de 12 0/0 contre le tireur. »

Sauf le chiffre de l'amende, qu'elle a abaissé à 6 0/0, la commission a adopté cet amendement.

Un troisième amendement de M. Millet propose de rédiger ainsi l'article 7 :

« Le retrait frauduleux de la provision après la délivrance du chèque est puni de peines prononcées par l'article 401 du Code pénal, sauf l'application, s'il y a lieu, de l'article 463 du même Code. »

Les motifs qu'elle a invoqués pour repousser toute pénalité spéciale et pour en référer au droit commun, ont déterminé la commission à écarter cet amendement.

M. Millet, par un quatrième amendement, aurait voulu qu'on stipulât que :

« En cas de protêt, les chèques fussent soumis au même droit de timbre et d'enregistrement que les lettres de change. »

Il n'y a pas de doute qu'en cas de protêt le chèque ne doive être soumis à l'enregistrement : il suit la loi de toutes les pièces susceptibles d'être produites en justice. Quant au timbre, il n'y a aucune raison de le lui faire payer, attendu que c'est un principe juridique que toute exemption de droit vaut paiement de droit, sauf toutefois lorsqu'il sera établi que le protêt a eu lieu par suite de défaut de provision ou de retrait de la provision.

La commission n'a pu admettre l'amendement.

Enfin les honorables MM. Garnier-Pagès, Ernest Picard, Jules Favre, vicomte Lanjuinais, Eugène Pelletan, Glais-Bizoin, Hénon, Carnot, Jules Simon, Paul Bethmont, ont proposé la suppression de l'article 7. La commission avait pris l'initiative de cette suppression avant que l'amendement lui fût parvenu ; par conséquent, il est devenu sans objet.

Outre les auteurs des amendements que nous venons d'énumérer, la commission a entendu un certain nombre de personnes placées à la tête d'établissements de crédits qui reçoivent des dépôts en comptes courants. Ces honorables banquiers trouvent excessivement rigoureuse l'obligation imposée au chèque d'être énoncé toujours à vue et d'être payable à présentation. Ils auraient voulu que la loi consacrât la faculté d'émettre ce qu'ils appellent des *chèques à échéance graduée,* et que le délai pour la présentation du chèque fût étendu à quinze jours au moins. Voici les motifs sur lesquels ils se fondent pour réclamer ces immunités :

Suivant eux, aux yeux des personnes qui confient leurs fonds aux banques de dépôts, la faculté de disposer à tout instant de leur argent est secondaire ; le point capital, c'est de retirer de leurs capitaux un intérêt élevé. Or cet intérêt ne peut être élevé, si les caisses de dépôts sont tenues d'avoir des fonds considérables constamment disponibles pour faire face aux demandes de paiements à vue. Il faut aussi prévoir les effets désastreux qui résulteraient d'une panique, si les banques de dépôts étaient mises en demeure de rembourser les dépôts dans un moment de crise ; les chèques à présentation mettraient alors leur existence en péril. Avec les chèques à échéance graduée, les établissements de crédits auraient, comme on dit, le temps de se retourner ; ils pourraient liquider peu à peu leurs opérations et faire face ainsi aux demandes d'argent dont ils seraient l'objet.

Malgré la haute compétence des personnes qui font valoir ces graves considérations, la commission n'a pas pu donner suite aux demandes qui lui étaient adressées. Elle n'a pas dû oublier que le projet soumis à son examen avait pour objet de protéger les recettes du Trésor tout en favorisant l'intérêt commercial. Or les chèques à échéance graduée se confondraient avec les lettres de change, et la recette de 12 millions que le Trésor retire du timbre proportionnel se trouverait exposée à une forte diminution.

Suivant elle, on s'exagère le danger que fait courir aux banques de dépôts l'obligation de payer les chèques à présentation. Si toute émission de chèque se traduisait en un retrait d'argent, les craintes seraient fondées ; mais le plus souvent le chèque donne lieu à un simple virement d'un compte à l'autre. Plus l'usage du chèque se répandra, moins on aura à redouter, pour les banques de dépôts, les conséquences des crises, puisque la plupart des opérations se liquideront par voie de compensation. Du reste, l'expérience a prononcé : il n'y a pas de pays où les crises soient plus fréquentes qu'en Angleterre, et bien que les chèques soient à vue, on ne croit pas que cela ait nui au développement des banques de dépôts, ni qu'elles en aient éprouvé quelque ébranlement.

On prétend en outre qu'en Angleterre il y a trois espèces de chèques : le chèque à vue, le chèque à sept jours ou à dix jours et le chèque à un mois. C'est là une erreur qu'il importe de rectifier ; il n'y a au delà de la Manche qu'une seule sorte de chèque, le chèque à vue ; toutes les autres valeurs rentrent dans la catégorie des traites ordinaires et payent le timbre proportionnel. La vérité, c'est que les banques de dépôts reconnaissent trois espèces de comptes : 1° le compte n° 1, donnant peu ou point d'intérêt, et sur lequel on tire à vue ; 2° le compte n° 2, donnant un intérêt plus fort et sur lequel on ne peut disposer qu'à dix ou quinze jours, et enfin le compte n° 3, auquel on attribue un intérêt élevé et qui n'est disponible qu'à un mois et même davantage. Par des combinaisons analogues il est facile aux banques de dépôts de parer aux dangers que peuvent leur faire courir des paniques exagérées ; mais la loi n'a rien à y voir : ce sont des arrangements à régler entre les banques et leurs clients.

Il en est de même de cette clause imposée par certains établissements de crédit aux déposants de ne tirer à vue sur leur caisse que pour une somme ne dépassant pas un certain chiffre, ou tout au moins d'aviser la banque trois, six et même quinze jours avant l'émission d'un chèque d'un chiffre élevé. Pour le succès de leurs opérations, les banques peuvent, en effet, avoir besoin de soumettre leurs clients à des règles de ce genre. Mais, de même qu'elles trouveraient fort mauvais que la loi empêchât ces conventions d'un caractère purement privé, de même elles doivent se résigner à voir la loi s'abstenir à leur égard de toute faveur inutile.

Avant de terminer ce long travail, nous tenons à repousser une dernière erreur : c'est celle qui voit dans l'usage généralisé des chèques la fin de toutes les crises monétaires et financières. Quand même les faits ne seraient pas là pour contredire cette erreur, les véritables notions économiques suffiraient pour en faire justice. En Angleterre et en Amérique, où les chèques sont répandus dans toutes les classes de la société, ils n'ont jamais arrêté une crise. C'est que, si le chèque économise l'emploi du numéraire métallique, il ne saurait jamais y suppléer, et que, dans les crises, ce ne sont point des chèques que l'on réclame, c'est de l'argent. Il n'est donc pas vrai que le chèque et les combinaisons auxquelles il donne lieu résolvent la question si compliquée de la circulation et du crédit.

Mais si le chèque ne peut empêcher les crises, il peut beaucoup pour en diminuer l'intensité. Son usage rend plus considérable la masse du numéraire disponible, et permet de faire servir ce numéraire à satisfaire des besoins urgents. Aussi, dans les pays où il est répandu, les crises sont-elles moins profondes et sont-elles plus facilement et plus rapidement réparées.

Ces considérations, que l'expérience constate, doivent nous exciter à ne point négliger un progrès qu'il ne tient qu'à nous d'accomplir. A ce point de vue le projet de loi qui vous est soumis, s'il ne satisfait pas toutes les exigences, laisse du moins le champ libre à toutes les initiatives. C'est en ce moment tout ce que nous avons à réclamer.

Par ces motifs, nous vous proposons l'adoption du projet tel qu'il a été amendé par la commission d'accord avec le Conseil d'État.

(Suppléments du *Moniteur* des 5, 6, 7 et 10 mai 1865.)

6°

RAPPORT SUPPLÉMENTAIRE DE M. A. DARIMON

(Annexé au procès-verbal de la séance du 20 mai 1865).

Messieurs, je viens, au nom de la commission des chèques, vous présenter les résultats du travail auquel elle s'est livrée sur les art. 4, 5 et 6, que vous avez renvoyés à son examen.

Art. 4. Cet article se terminait par un troisième paragraphe ainsi conçu :

« Cependant le protêt pourra suivre immédiatement le refus du paiement. »

La commission n'avait dérogé, en cette circonstance, aux règles du droit commun que pour environner le chèque d'une grande faveur et pour lui attirer la confiance du public, en l'assimilant plus complétement à l'argent comptant. Il lui paraissait d'ailleurs que le protêt immédiat était la conséquence logique de ces deux conditions essentielles du chèque, d'avoir une provision préalable et d'être payable à présentation.

La commission conserve ses convictions à cet égard ; mais, en présence des craintes manifestées dans la Chambre, la majorité a consenti à la suppression du troisième paragraphe de l'art. 4.

Art. 5. La discussion qui a eu lieu à propos de cet article a porté sur certains points relatifs à la rédaction du deuxième paragraphe. Ce deuxième paragraphe était ainsi conçu :

« Si le porteur n'en réclame pas le paiement dans les délais indiqués au paragraphe précédent, il perd son recours contre les endosseurs, et même contre le tireur, dans le cas où celui-ci aurait fait provision, sauf les réserves indiquées à l'art. 171 du Code de commerce. »

Dans l'esprit de la commission, comme du Gouvernement, de qui cette rédaction émanait en partie, ce paragraphe signifiait seulement que, si le porteur d'un chèque laissait passer les délais, il perdait le recours en garantie qui résultait de son titre. Jamais ni la commission, ni le Conseil d'Etat n'avaient eu la pensée que le fait d'avoir négligé de présenter le chèque en temps utile entraînât pour le porteur une déchéance absolue et définitive et que celui-ci n'eût plus le droit d'agir par les voies ordinaires. L'opinion contraire était exprimée en termes très-explicites dans l'exposé des motifs du projet de loi, et si le rapport de votre commission ne l'avait pas reproduite, c'est qu'elle jugeait qu'il ne pouvait pas y avoir le moindre doute à cet égard.

Cependant il a suffi que, dans le Corps législatif, on ait cru voir que, dans son texte, le paragraphe laissait planer, sur ce point, une certaine équivoque pour que la commission se rendit aux observations qui étaient présentées et pour qu'elle s'associât elle-même à la demande de renvoi.

En examinant avec soin la question, la commission a pensé que le meilleur moyen de dissiper toutes les obscurités était de se borner à indiquer le cas où la forclusion absolue était encourue par le porteur du chèque qui ne l'aurait pas présenté dans les délais légaux. En conséquence, d'accord avec le Conseil d'Etat, elle a adopté la rédaction suivante :

« Le porteur d'un chèque qui n'en réclame pas le paiement dans les délais ci-dessus perd son recours contre les endosseurs ; il perd aussi son recours contre le tireur, si la provision a péri par le fait du tiré après lesdits délais. »

ART. 6. On a fait à cet article différentes critiques portant sur sa rédaction :

1° Conformément aux observations présentées, la commission a substitué le mot *passible* au mot *puni*, qui était dans le projet du Conseil d'Etat ;

2° En soumettant à une amende l'émission d'un chèque sans provision préalable, la commission n'avait voulu frapper que la simple contravention fiscale, consistant à déguiser, sous la forme du chèque, une véritable valeur de crédit. Mais il n'avait pas entendu innocenter le cas où une pareille émission serait accompagnée de circonstances qui lui donneraient le caractère d'un délit. Quoique le rapport se fût expliqué à cet égard de la façon la plus claire et la moins équivoque, la commission, prenant en considération les observations qui se sont produites, a introduit un changement dans le texte de l'article.

Voici la nouvelle rédaction qui vous est soumise :

« Le tireur qui émet un chèque sans date ou qui le revêt d'une fausse date est *passible* d'une amende égale à 6 p. 100 de la somme pour laquelle le chèque est tiré.

« L'émission d'un chèque sans provision préalable est passible de la même amende, *sans préjudice de l'application des lois pénales, s'il y a lieu.* »

Plusieurs de nos honorables collègues, usant de la faculté que leur confère l'art. 60 du décret impérial du 3 février 1861, ont envoyé des amendements à la commission.

L'honorable M. Millet a envoyé trois amendements.

Le premier, portant sur l'art. 6, est ainsi conçu :

« L'usage du chèque est subordonné au consentement préalable du tiré. Son émission, même d'un lieu sur un autre, ne constitue pas, par sa nature, un acte de commerce.

« Toutefois, les dispositions du Code de commerce, relatives à la garantie solidaire du tireur et des endosseurs, au protêt et à l'exercice de l'action en garantie, en matière de lettres de change, sont applicables au chèque.

« Si le chèque a été indûment émis, le refus motivé de paiement, inscrit et signé par le tiré sur le billet au moment de sa présentation, tiendra lieu de protêt. »

L'idée formulée dans le premier paragraphe de cet amendement s'est produite dans le sein du Corps législatif. Un membre a demandé que, si l'on adoptait la faculté de faire suivre le refus de paiement du chèque d'un protêt immédiat, la loi déclarât que l'émission d'un chèque serait subordonnée au consentement préalable du tiré.

La commission a conclu à l'inutilité d'une disposition qui constituerait un véritable pléonasme légal. La renonciation que la commission a faite du protêt immédiat en cas de non-paiement du chèque, diminue singulièrement l'importance de la question ; il y avait entre ces deux choses, la convention préalable et le protêt immédiat, une parfaite corrélation ; la seconde condition disparaissant, la première n'a plus de raison d'être. De plus, l'idée de la convention préalable entre le tireur et le tiré, qu'on voudrait introduire dans la loi, s'y trouve exprimée déjà de la façon la plus claire. En effet, aux termes de l'article 1er, le chèque ne peut être tiré que sur des fonds disponibles, et l'article 2 déclare que le chèque doit être exclusivement tiré sur un tiers ayant provision préalable. Evidemment la disponibilité des fonds ne doit s'entendre que de fonds dont on peut disposer, à la suite du consentement du tiré ; évidemment encore, il n'y aurait pas de provision préalable là où il n'y aurait pas eu de convention préalable.

On a attribué à la commission cette opinion que, par cela seul qu'une créance serait exigible, on aurait le droit d'en réclamer le paiement en tirant un chèque. La commission se doit à elle-même de repousser une pareille prétention qu'elle n'a jamais eue, qu'elle n'a jamais pu avoir. A ses yeux, une créance exigible constitue une dette, et non cette provision préalable qui est le caractère essentiel du chèque. Dans les usages du commerce, un mandat, une traite, une lettre de change ne peuvent être valablement lancés qu'autant qu'on a le consentement du tiré. Si cette condition n'est pas remplie, le tiré a parfaitement le droit de refuser de faire honneur aux valeurs dont on dispose sur lui, et un refus de paiement, dans ces circonstances, n'entraînerait pour lui aucune conséquence fâcheuse. Il n'en sera pas autrement du chèque. L'émission d'un chèque et l'absence d'une convention entre le tireur et le tiré sont deux choses qui s'excluent.

Par ces motifs, la commission n'a pas pu admettre la première partie de l'amendement de l'honorable M. Millet. Elle a dû repousser également la seconde partie qui se rattache par des liens étroits à la première.

Par un second amendement, l'honorable M. Millet a proposé de rédiger ainsi l'article 5 :

« Le porteur d'un chèque doit en réclamer le paiement dans le délai de cinq jours, si le chèque est tiré de la place sur laquelle il est payable, et dans le délai de huit jours s'il est tiré d'un autre lieu. Ces délais passés, le porteur perd tout recours contre les endosseurs. Il perd aussi contre le tireur, à moins que celui-ci n'ait pas fait provision, ou qu'il n'ait opéré le retrait de cette provision, ou qu'il n'en ait indirectement profité avant ou après l'expiration des délais.

« Le porteur déchu ne conservera d'action que contre le tiré, sauf le cas où il pourrait agir contre les endosseurs dans les termes de l'article 171 Cod. comm. »

Sur la première partie de l'amendement, il n'y a, entre l'honorable M. Millet et la commission, qu'une nuance imperceptible. Si, en cette circonstance, la commission s'est écartée des termes usités pour indiquer les délais légaux, c'est parce qu'il s'agissait d'un instrument nouveau, et qu'elle a pensé qu'à cause de cela il fallait être aussi clair et aussi précis que possible.

De même, sur la seconde partie de l'amendement, la commission partage l'avis de l'honorable M. Millet, sur les cas où le porteur conserve son recours soit contre le tireur, soit contre les endosseurs. Seulement elle considère que ces cas rentrent dans le droit commun, et que l'article 4 du projet en discussion les a prévus, puisqu'il déclare que les dispositions du Code de commerce relatives à l'exercice de l'action en garantie en matière de lettre de change sont applicables aux chèques.

Le troisième amendement de M. Millet porte sur l'article 6. Il est ainsi conçu :

« Est passible d'une amende de 6 p. 100 du montant de la valeur souscrite, en outre du paiement du droit de timbre pour tous effets négociables ou de commerce :

« 1° Celui qui émet un chèque sans provision disponible chez le tiré ou sans le consentement préalable de ce dernier ;

« 2° Le tireur qui, après l'émission d'un chèque, opère le retrait de sa provision avant l'expiration des délais fixés pour le paiement ;

« 3° Le tireur qui émet un chèque sans date ou avec une fausse date. »

Le timbre est dû toutes les fois que l'amende est encourue pour infraction aux dispositions de la loi ; c'est là un fait inutile à énoncer. Quant aux cas énumérés par l'honorable M. Millet, s'il en est qui peuvent être admis, il en est qui doivent être écartés. On ne saurait toujours ranger parmi les simples contraventions fiscales le fait d'avoir émis un chèque sans le consentement préalable du tiré ou celui qui consisterait à retirer la provision avant l'expiration des délais. Ces faits constituent non-seulement une contravention fiscale, mais ils peuvent en outre donner lieu à des poursuites correctionnelles, suivant les circonstances dans lesquelles ils se produisent.

Au moment où la commission allait clore ses travaux, elle a reçu trois autres amendements.

Le premier, émané de l'honorable M. Nogent-Saint-Laurens, est ainsi conçu :

Article unique. « Les chèques sont exempts de timbre. »

Un second amendement, envoyé par M. Berryer, porte :

Article unique. « Les mandats délivrés à ordre ou au porteur, sous forme de récépissés sur les maisons et établissements de banque et de dépôt, ne seront soumis au timbre que lorsqu'ils seront produits en justice. »

Sans examiner la question de savoir si le règlement autorise la discussion sur des amendements qui modifient des articles déjà votés par la Chambre, la commission repousse ces amendements par les raisons suivantes :

Le projet de loi n'a pas seulement pour but d'exonérer le chèque du droit de timbre ; il tend à créer un nouvel instrument de liquidation et de paiement ; il fixe les conditions légales de son existence ; il indique, en outre, en quoi cet instrument diffère des autres valeurs de crédit en usage aujourd'hui dans le commerce sous le nom de mandats, lettres de change, billets à ordre, récépissés, etc.

L'amendement de l'honorable M. Berryer aurait de plus l'inconvénient d'établir un privilége, en faveur des établissements de banque, et en même temps d'arriver, d'une manière indirecte, à la suppression du droit de timbre proportionnel sur les effets de commerce.

Enfin l'honorable M. Garnier a fait parvenir à la commission l'amendement suivant :

« Remplacer tous les articles en discussion, par la disposition suivante :

« Les mandats à vue, endossés ou non endossés, sont exempts de timbre et d'enregistrement.

« Ils n'auront droit à cette immunité que lorsqu'ils auront été présentés au paiement dans le délai de cinq jours, y compris le jour de la date, si le mandat est tiré de la place sur laquelle il est payable, et dans le délai de huit jours y compris le jour de la date s'il est tiré d'un autre lieu. »

Cet amendement soulève les mêmes difficultés que ceux des honorables MM. Berryer et Nogent-Saint-Laurens en ce qui concerne l'application du règlement. Toutefois la commission, voulant s'éclairer sur la question de l'exemption du droit d'enregistrement, qui est l'objet principal de l'amendement, a prié le Gouvernement de vouloir bien s'expliquer à cet égard. Voici la réponse qui nous a été faite :

« En ce qui concerne le timbre, l'Administration doit s'abstenir, en cas de protêt, de percevoir les droits de timbre et de soumettre à des amendes tout effet négociable ayant les caractères extérieurs du chèque. Ce n'est que lorsqu'un jugement sera intervenu, qu'il aura établi qu'un effet avait emprunté la forme du chèque, n'était pas un véritable chèque ; ce n'est, en un mot, que lorsque le caractère de l'effet aura été juridiquement déterminé que l'Administration réclamera, lors de l'enregistrement du jugement, le droit de timbre et les amendes.

« Quant au droit d'enregistrement, il n'y a aucun intérêt à ce que l'immunité en soit prononcée, tandis qu'il est d'utilité publique d'exempter les chèques du droit de timbre. Ce droit, en effet, pèse sur tous les chèques, tandis que le droit d'enregistrement n'atteint que les chèques protestés ou produits en justice.

« Il est vrai que l'exemption d'enregistrement a été habituellement le corollaire de l'immunité du timbre ; mais il n'y a aucune anomalie à ce qu'il n'en soit pas ainsi. Les deux impôts ne procèdent pas des mêmes principes. En matière d'effets négociables, le timbre est un véritable impôt, qui ne confère à l'écrit aucun caractère et que les besoins du Trésor seuls justifient. L'enregistrement, au contraire, ne frappe que les écrits qui acquièrent l'authenticité par leur annexe à un acte public ou qui sont produits devant la justice. Le droit qui les atteint peut donc être considéré comme le prix de la protection de l'Etat et d'un service rendu.

« Il n'apparaît pas d'ailleurs que la perception du droit d'enregistrement puisse présenter des difficultés quant à l'application du tarif.

« Que le chèque soit endossé ou non, il restera toujours un effet négociable (*art. 1er de la loi*). Il ne peut donc pas être soumis au droit de 1 p. 100 (*droit des obligations pures et simples*).

« Le chèque ne reste pas non plus une lettre de change, puisqu'il exige la provision préalable et qu'il ne constitue pas un acte de commerce. Il ne saurait donc être soumis au tarif de cette nature d'effets.

« Le droit qui, dans tous les cas, sera dû pour le chèque protesté ou produit en justice sera donc celui de 50 centimes, établi par l'art. 69, § 2, n° 6, de la loi du 22 frimaire an VII pour tous les effets négociables. »

(ARTICLES 4, 5 et 6.)

(*Nouvelle rédaction adoptée par la commission et le Conseil d'État.*)

ART. 4. L'émission d'un chèque, même lorsqu'il est tiré d'un lieu sur un autre, ne constitue pas, par sa nature, un acte de commerce.

Toutefois les dispositions du Code de commerce relatives à la garantie solidaire du tireur et des endosseurs, au protêt et à l'exercice de l'action en garantie, en matière de lettres de change, sont applicables aux chèques.

ART. 5. Le porteur d'un chèque doit en réclamer le paiement dans le délai de cinq jours, y compris le jour de la date, si le chèque est tiré de la place sur laquelle il est payable, et dans le délai de huit jours, y compris le jour de la date, s'il est tiré d'un autre lieu.

Le porteur d'un chèque qui n'en réclame pas le paiement dans les délais ci-dessus, perd son recours contre les endosseurs ; il perd aussi son recours contre le tireur, si la provision a péri par le fait du tiré, après lesdits délais.

ART. 6. Le tireur qui émet un chèque sans date, ou qui le revêt d'une fausse date, est passible d'une amende égale à 6 p. 100 de la somme pour laquelle le chèque est tiré.

L'émission d'un chèque sans provision préalable est passible de la même amende, sans préjudice de l'application des lois pénales, s'il y a lieu.

(Supplément du *Moniteur* du 4 juin 1865.)

7°

RAPPORT DE M. LE COMTE DE GERMINY

(*Fait au Sénat le* 9 *juin* 1865).

M. LE COMTE DE GERMINY, *rapporteur.* — Messieurs les sénateurs, la loi sur les chèques, que le Corps législatif a votée dans sa séance du 23 mai dernier, est-elle en quoi que ce soit contraire à la Constitution? Votre commission n'a, au point de vue constitutionnel, aucun reproche à lui faire; il n'y a donc pas lieu de s'opposer à sa promulgation; nous vous demanderons de le déclarer. Mais, en sa qualité de moyen de crédit, si ce n'est tout à fait nouveau, du moins peu pratiqué en France, sous le nom de chèque, nous avons pensé qu'il vous conviendrait de ne pas adhérer aux dispositions destinées à en réglementer l'usage, sans appréciation de l'idée en elle-même et de ses conséquences possibles. Reconnaissons, dès à présent, d'une part, que si le chèque peut devenir l'origine de questions contentieuses, la loi rendra des services et contribuera à fixer la jurisprudence. D'autre part, apercevons aussi que les rapports très-étudiés dont elle a été l'objet ont donné une notoriété jusqu'alors restée dans l'ombre à l'intéressant procédé qu'il s'agit de populariser.

On a pu dire que la loi était superflue; que le chèque irait bien seul et de soi, pourvu qu'il fût exempt de timbre, payable à vue et valable, comme en Angleterre, pendant quarante-huit heures seulement. Nous n'avons ni à combattre ni à partager cette manière de voir. Ce que nous savons, c'est que, jusqu'à présent, les chèques ne nous étaient apparus que de loin; nous avions entendu vanter leurs avantages, mais il restait assez difficile de juger s'ils seraient pour la France en particulier d'une utilité réelle.

Le Gouvernement et le Corps législatif nous les présentent aujourd'hui entourés de renseignements attrayants et précis; et le Sénat, quoiqu'il n'ait aucun droit d'amender la loi, peut encore ajouter au bienfait de ses dispositions, car, lorsque vous donnez les raisons d'un témoignage favorable, messieurs les sénateurs, les populations le remarquent, elles ont foi dans ce que vous approuvez. Or, si elles apprennent que pour le bien des affaires vous avez souhaité le développement des institutions qui ont ailleurs donné aux chèques le renom qu'ils ont acquis, elles en adopteront l'usage plus promptement.

Nous allons essayer par des considérations et quelques chiffres, non de justifier la loi, qui ne peut être discutée dans cette enceinte, mais de montrer qu'elle est opportune, et dans quelles circonstances elle deviendra utile.

Et d'abord, rappelons qu'en peu d'années notre pays a subi de grandes modifications commerciales, et qu'une activité inusitée dans les affaires et les entreprises a produit un mouvement extraordinaire, on pourrait dire une immense consommation de numéraire et de crédit ; cette vérité a frappé tous les yeux et a préoccupé bien des intelligences d'élite.

Comment maintenir les instruments de travail, l'argent et le crédit, au niveau de l'impulsion donnée ? Car, malgré des avis très-sages d'entreprendre un peu moins, l'ardeur n'a pas cessé d'être vive, et beaucoup de publicistes, les uns dignes par leur science d'être lus et médités, les autres moins pratiques, ont donné le jour à de nombreux systèmes.

Que de fois n'a-t-on pas répété que l'or et le crédit, le premier dans sa quotité, le second dans son organisation, n'étaient plus que des voies et moyens au-dessous de leur tâche ! Que de fois n'a-t-on pas écrit qu'il était urgent d'imaginer quelque chose ! et chacun alors d'inventer et d'avoir qui une idée, qui un projet. Celui de modérer les entreprises s'est produit sans doute, nous venons le dire ; il semble avoir fait quelques progrès, mais il a moins de popularité que l'action, et cela se comprend : l'action a réalisé de si remarquables choses depuis quatorze ans ! Les théories ont donc abondé ; en est-il beaucoup qui survivront au jour qui les a vues naître ? Espérons le contraire, tant il y en a d'étranges.

Quoi qu'il en soit, nous n'hésitons ni à dire, ni à croire, que le chèque sera, lui, une heureuse exception ; seulement jouera-t-il de suite en France le rôle important qu'il a en Angleterre ? En le souhaitant sincèrement, il nous semble utile de remarquer pourquoi ce peut être une question. Il faut tenir compte des habitudes commerciales des deux nations, de la différence de richesse métallique des deux pays ; il faut se souvenir, par exemple, que la France possède pour 5 ou 6 milliards de numéraire, et qu'elle tient à conserver ce trésor avec sollicitude. Si elle pouvait penser que le chèque serait un moyen de substituer une valeur en papier au numéraire, elle ne l'accepterait qu'avec un extrême réserve : elle aurait le sentiment que cet instrument de paiement et de compensation lui est moins nécessaire qu'à l'Angleterre, qui passe pour n'avoir que 1 milliard 500 millions de métaux précieux.

Il est aisé de comprendre que le peuple anglais a dû s'appliquer à organiser des formes de crédit suppléant à l'or et à l'argent ; et malgré tout le parti qu'il tire de ces formes, la question de savoir si elles nous sont aussi nécessaires, si nous ne devons pas nous estimer heureux d'en avoir moins de besoin, ne sera pas chez nous résolue sans réflexions. Elle le sera cependant, nous le croyons du moins, dans le sens de l'adoption des chèques, car il y a place pour eux, si nous savons les employer sans leur permettre de nous faire oublier qu'ils doivent servir d'appoint, rien de plus, à notre circulation métallique toujours digne de nos préférences. Ce n'est pas de nos jours seulement qu'on a l'habitude de rendre hommage au numéraire et de le tenir en honneur. Un grand génie, il y a quatre siècles de cela, qui ne regardait pas avec moins de science et de rectitude d'esprit sur la terre que dans les astres, Copernic, a dit quelque part, et nous aimons ce propos, que les pays qui ont de la bonne monnaie fleurissent, tandis que ceux qui n'en ont que de la mauvaise tombent en décadence et dépérissent ; la bonne monnaie, c'est la nôtre. C'est nos 5 ou 6 milliards de numéraire.

D'ailleurs, en sommes-nous aussi dépourvus qu'on veut bien le supposer de ces formes exceptionnelles pour faire, à défaut de métaux précieux, le service de nos affaires !

Nous n'avons pas depuis longtemps le mot, mais nous avons la chose. Les mandats rouges et les mandats blancs que la Banque de France réunit en carnets et met aux mains des banquiers, des commerçants, de ses créanciers, en compte courant, ne s'appellent pas des chèques, mais équivalent ; ils ne servent pas moins à payer à vue, à solder des comptes par compensation, que des chèques, dont les Anglais font usage ; or, durant l'exercice de 1864, des affaires à la Banque, et de la Banque aux affaires, ces mandats rouges et blancs ont été les intermédiaires d'un mouvement dont le total accusé par les livres de service s'élève à 14 ou 15 milliards.

Le Crédit foncier, le Comptoir d'escompte, le Crédit industriel, le Crédit mobilier, la Société générale, le Comptoir Donon, quelques banques de dépôt, presque toutes les maisons de banque, mettent à la disposition de leurs correspondants des reçus reliés aussi en carnet, faciles à détacher successivement, et qui font à merveille et très-rapidement l'office du *check* anglais. A eux seuls le Crédit foncier et le Crédit agricole, qui, on le sait, opèrent sous les auspices du même conseil d'administration et sous le même toit, ont satisfait depuis 15 mois par le même procédé à un mouvement de va-et-vient de dépôts qui ne s'est pas élevé à moins de 363 millions ; le solde disponible de leurs dépôts, en compte courant, est à l'heure où nous écrivons ces lignes de 93 millions.

Il ne faudrait donc pas croire, Messieurs les sénateurs, que la loi qui vous est présentée a importé le moyen, puisqu'il nous appartient déjà sous d'autres dénominations ; mais nos ingénieux voisins ont une manière de s'en servir, d'en tirer parti, par les soins d'institutions si puissantes et si actives, qu'à la condition de ne jamais perdre de vue le sentiment de notre supériorité en métaux, et de retenir religieusement cette richesse, il est tout simple que nous ayons été nous inspirer de leur expérience, afin de ne rien négliger de ce qui peut grandir la fortune de la France et en faciliter l'emploi.

Nous avions l'honneur de vous dire, à l'instant, que par votre appréciation de la loi et de ses dispositions, vous la populariseriez et la feriez goûter du public ; elle est courte, simplement rédigée ; permettez-nous de rappeler les termes de son premier article seulement. Il exprime à lui seul presque toute l'économie du système :

Art. 1er. Le chèque est l'écrit qui, sous la forme d'un mandat de paiement, sert au tireur à effectuer le retrait, à son profit ou au profit d'un tiers, de tout ou partie de fonds portés au crédit de son compte chez le tiré, et disponibles.

« Il est signé par le tireur et porte la date du jour où il est tiré.

« Il ne peut être tiré qu'à vue.

« Il peut être souscrit au porteur ou au profit d'une personne dénommée.

« Il peut être souscrit à ordre et transmis même par voie d'endossement en blanc. »

Vous le voyez, Messieurs les sénateurs, telles sont les premières et les principales dispositions de cette loi; vous avez entendu comment elle définit le chèque : *un écrit* sous forme de mandat.

Ajoutons qu'en cette qualité, il est, comme nous l'avons déjà dit, un instrument de paiement et de liquidation, d'une extrême simplicité, ce qui n'est pas son moindre mérite.

Mais quel sera l'effet de cet instrument, lorsque nous l'aurons adapté à nos habitudes autant que le peuple anglais?

Si nous devons prévoir qu'il tirera de leur oisiveté quelques métaux immobiles ou improductifs, faut-il en conclure que nous devons avoir moins de souci de l'ardeur des entreprises, que tout sera pour le mieux dans le meilleur des mondes possibles? que nous aurons une fortune nouvelle et inépuisable? Cela ne peut être vrai que jusqu'à un certain point, et sous réserve des réflexions qui vont suivre.

Lorsqu'un chèque intervient comme instrument de paiement, vous avez vu qu'une provision de fonds disponibles doit être sans cesse à sa disposition et l'attendre; il a le droit, pour se faire payer, de vouloir des espèces, car, Dieu merci ! le cours forcé est loin de nous, alors le numéraire est toujours indispensable ; mais si le chèque agit par voie de compensation, comme le mandat rouge, dit de virement, de la Banque de France, qui sert à passer une somme d'un compte à un autre compte, c'est autre chose.

Alors, il devient un moyen de règlement entre le marchand et le consommateur, entre le manufacturier et l'ouvrier, entre négociants de toute espèce, et tandis qu'il joue ce rôle, les dépôts d'or et d'argent qui sont le point de départ du droit qu'on a de tirer un chèque, et de compenser par son intervention ces dépôts, sont prêts, dans une certaine mesure, à recevoir une autre destination; en observant cela, il devient évident qu'ils peuvent, si ce n'est doubler, il y aurait imprudence alors, mais accroître les moyens d'entreprendre et de travailler. Voilà ce qu'elle peut être, cette fortune nouvelle.

C'est ainsi que dans un pays, sinon pauvre, il s'en faut de beaucoup quand il s'agit de l'Angleterre, mais moins riche que le nôtre en numéraire, le chèque a un mérite réel et incontesté. Instrument de paiement, si l'on considère qu'il est remboursable à vue et en espèces, il est une valeur analogue au billet de banque. Instrument de compensation, il prend la place du numéraire, et alors le crédit de ceux qui l'emploient doit être l'objet d'une vigilance constante et spéciale. En Angleterre, le premier venu n'est pas admissible avec un chèque à ce comptoir de compensation. Il faut être le mandataire d'une banque respectable et présenter des garanties.

Pourquoi encore inclinons-nous à croire qu'en France l'usage du que ne sera pas pratiqué sans hésitation? Parce que nous avons des habitudes dont nous nous départirons difficilement. Ce n'est pas sans raison et sans respect pour de saines traditions que les populations stipulent, dans la plupart de leurs baux, l'obligation d'en payer le prix principal en espèces sonnantes d'or et d'argent et non autrement; et comme on dit que l'homme a l'instinct de sa conservation, on peut dire que le peuple français a l'instinct national de la conservation du numéraire. Ajoutons que, depuis qu'il y a plus d'or que d'argent dans la circulation (autrefois c'était le contraire), on n'a pas même, pour s'en servir moins, le prétexte de l'incommodité, et souvenons-nous que pour payer les soldes débiteurs de nos relations internationales on ne peut se passer d'espèces.

On peut donc croire que les chèques sont pour nous une question de mesure et de temps. Qu'ils soient les bien-venus, lorsqu'ils nous arrivent sous les auspices d'une bonne loi et d'une savante discussion au Corps législatif.

Nous en usons déjà sous des formes propres à notre nation; je l'ai prouvé tout à l'heure par des chiffres décisifs.

Maintenant, si le Sénat le permet, et si nous ne nous imposons pas trop à son attention, nous lui ferons en peu de mots faire connaissance avec les institutions anglaises, qui, par l'emploi des chèques, attirent des capitaux dont l'importance ne concourrait pas sans elles à l'activité des affaires, et nous précéderons nos renseignements de quelques réflexions générales, exprimées dans des termes d'autant plus dignes d'être signalés qu'ils ne sont pas de nous, mais du secrétaire distingué de la commission d'enquête (1) dans laquelle a été préparée la loi soumise aujourd'hui à votre sanction.

Les voici ces réflexions, telles que M. le ministre d'État qui présidait la commission les a agréées et en a ordonné la communication à son honorable collègue, M. le ministre des finances.

« S'il est, en économie politique, un principe élémentaire, et dans la pratique une règle vulgaire, c'est assurément qu'un capital quelconque, disponible entre les mains de celui qui en est propriétaire, ne dégage pour ainsi dire sa valeur intrinsèque qu'autant qu'on l'applique à un emploi productif.

« La thésaurisation est le préjugé d'un peuple arriéré, ou une nécessité imposée à une nation troublée par la guerre, ou inquiétée par l'anarchie; aussitôt que des conditions d'ordre, de sécurité, de progrès, se manifestent, celui qui possède un capital cherche à le faire fructifier, en l'immobilisant soit dans des acquisitions territoriales, soit en l'engageant dans des entreprises industrielles ou commerciales; plus tard, il le place en valeurs mobilières, ou le confie à des maisons de banque; en un mot, au lieu de le conserver inactif, il le livre à la circulation afin de bénéficier de l'intérêt.

(1) M. de Bosredon.

« On sait combien tous ces genres de placements sont répandus aujourd'hui ; mais il est un progrès auquel on n'est arrivé que récemment.

« Si de tout temps, pour ainsi dire, on avait cherché à tirer parti des fonds qui pouvaient être engagés pour une longue durée, on regardait comme une nécessité et même comme un acte de prudence de conserver tous ceux qui devraient être nécessaires prochainement, pour servir de fonds de roulement ou pour payer les dépenses courantes ; dans chaque maison, dans chaque boutique, on conservait ainsi une certaine somme, moins pour l'employer immédiatement que parce que l'on voulait être assuré de l'avoir.

« Toutes ces réserves, dont le chiffre est minime si l'on considère isolément chaque fraction, énormes si on les suppose accumulées, restaient ainsi stériles. Par une combinaison ingénieuse on a résolu le problème, qui consistait à rendre cette masse de numéraire productive, sans qu'elle cessât pour cela de rester disponible. C'est là l'office des banques de dépôts, et particulièrement de celles qu'on a appelées, en Angleterre, *Joint-Stock Banks*. Elles servent un intérêt à l'argent, un intérêt minime, parfois aussi n'en servent aucun, mais le rendent à l'instant s'il est demandé. Or, le mécanisme ingénieux qui facilite cette restitution, en ménageant le temps et les pas de chacun, c'est le chèque, tel que le définit la loi qui vous occupe. »

Le Sénat comprend de suite ce que peut être la mission d'une banque de dépôts et son utilité ; mais il ne comprend pas moins quelle doit être la scrupuleuse modération avec laquelle cette banque doit employer l'argent qu'on lui confie, car elle en doit le remboursement à vue ; et si, par la force naturelle des choses qui permet aux versements d'être sans cesse un peu plus abondants que les retraits, une part de numéraire reste disponible, la différence disponible ne doit pas être immobilisée ou risquée dans des affaires aléatoires. C'est un dépôt sacré qu'on peut faire valoir, s'il y a sécurité, mais jamais compromettre ou engager à trop long terme.

Les devoirs d'une banque de dépôts sont donc aussi impérieux que délicats ; il est important de formuler sévèrement les statuts qu'on lui octroie, et le respect qu'elle doit avoir pour ces statuts doit grandir avec son crédit.

Il y a un bon conseil à donner, en passant, à ceux qui, ayant des capitaux oisifs, iront les déposer à ces banques : ce conseil, il doit être, selon nous, d'accorder la préférence de leur confiance aux établissements qui servent l'intérêt le moins élevé, car il tombe sous le sens qu'il est impossible de garder en caisse, et toujours disponible, un capital qui obligerait à un lourd sacrifice celui qui le garde, lorsqu'à chaque heure il peut être redemandé et par conséquent rendu à tout ayant droit.

Les banques de dépôts bien dirigées sont donc utiles à plusieurs points de vue : d'une part, par la sécurité qu'elles donnent, si elles la donnent, aux capitaux qu'on leur confie ; de l'autre, par l'emploi prudent et modéré qu'elles peuvent faire de la part de numéraire que le roulement de leurs opérations laisse disponible.

Ce n'est pas tout, Messieurs les sénateurs : à côté des banques de dépôts, l'Angleterre possède une institution remarquable et que nous ne saurions trop signaler à votre intérêt. Elle a nom *Clearing-house* ou chambre de liquidation. Cet établissement est le rendez-vous de la plupart des chèques émis par les banquiers, et, chaque jour, à une certaine heure, les porteurs de chèques viennent y opérer par compensation.

Nous avons bien aussi à la Banque de France des opérations analogues; j'ai eu l'honneur de le dire, et de montrer qu'elles témoignaient pour 1864 d'un mouvement de 14 milliards; en 1863, il avait été de 15 milliards; mais qu'est-ce que cette somme en comparaison de celle dont le Clearing-house de Londres, par exemple, règle le mouvement, et qui est annuellement de 50 milliards? Ainsi, en juillet 1863, six banques anglaises pouvaient justifier d'une somme totale de dépôts, s'élevant à un milliard 899 millions, et un seul clearing-house, celui de Londres, installé, ce qui est très-commode, dans le voisinage de la banque d'Angleterre, déclarait que, sans l'intervention d'aucune monnaie métallique ou fiduciaire, il accomplissait pour 15 milliards de compensations. Or si, par la pensée, Messieurs les sénateurs, on essaye de juger quel peut être, chaque jour, aux heures où de tels faits s'accomplissent, le mouvement d'hommes et de chiffres qui les réalise; si par la réflexion on tente de comprendre comment des négociants, des banquiers, le crédit que méritent leur position, leur fortune, leurs aptitudes, sont assez connus de chacun, pour qu'une mutuelle confiance permette de régler autant d'intérêts avec sécurité, que doit-on voir et constater? qu'il faut, pour en arriver là, une grande science des hommes et des choses, une présence d'esprit, un ordre digne d'admiration.

Et puis, comme les résultats que nous venons de citer sont d'une incontestable vérité, on se dit qu'une nation qui, dans un seul de ses comptoirs, règle pour 50 milliards d'opérations, sans toucher à une pièce d'or ou d'argent, on se dit que cette nation possède un instrument de crédit d'une puissance exceptionnelle, dont on regrette de n'avoir chez soi que des fac-simile en miniature. Il nous semble que, mieux compris, après l'étude de la loi que nous venons d'apprécier, l'usage du chèque nous permettra d'avoir autant de succès que nos ingénieux voisins.

Il faut mieux faire que de l'espérer, il n'en faut pas douter. Tel est, Messieurs les sénateurs, le but vers lequel la loi des chèques va diriger les hommes d'affaires de notre pays, elle a donc sa très-intéressante raison d'être. Faisons, en terminant, une dernière remarque. Lorsqu'elle a été discutée au Corps législatif, on s'est inquiété de savoir si l'avénement du chèque, exempt de timbre pendant dix ans, compromettrait une part des recettes que perçoit le trésor public sur les lettres de change et les billets à ordre; pour qu'il en fût ainsi, il faudrait que le chèque pût tenir lieu de ces deux natures de valeur; or, à quelques rares exceptions près, telle ne doit pas être sa destinée.

Nous avons vu qu'il était un instrument de paiement et de compensation, qu'il n'avait que cinq jours d'existence, y compris le jour où il naît, lorsqu'il est tiré de la place sur laquelle il est payable ; elle est de huit jours, y compris le jour de la date, s'il est tiré d'un autre lieu ; la lettre de change et le billet à ordre, au contraire, sont des valeurs de crédit qui fonctionnent communément pendant 90 jours, de place en place, d'un lieu sur un autre. La lettre de change exprime, par son nom, sa signification ; elle donne lieu à un bénéfice ou à une perte au change, suivant que le pays dont elle acquitte la dette est créancier ou débiteur du lieu vers lequel on la dirige ; par l'échéance qu'on lui donne, elle ajourne le règlement d'une opération aussi longtemps qu'il convient aux parties intéressées de l'ajourner ; elle paye un impôt proportionnel dont la loi double l'importance, si, en cas de contestation ou de protêt, elle apparaît devant le juge, impayée et sans avoir été timbrée. Quant au chèque, tel que l'a fait la loi que nous examinons, il ne ressemblera à la lettre de change que par deux dispositions ; il est endossable et peut être tiré d'une place sur l'autre, mais sa durée légale est si courte, cinq jours dans un cas, huit dans l'autre seulement, qu'il ne peut réellement, que dans des circonstances assez rares, faire l'office de la lettre de change. Oui, sans doute, lorsqu'il s'agira de régler entre deux villes voisines, avec le concours des chemins de fer, qui, en quelques heures, portent une lettre et par conséquent un chèque, il pourra se faire que le tireur d'un chèque, de connivence avec son correspondant, pourra, par l'absence de date, le rendre utilisable pendant plus de cinq ou huit jours, et ce sera un moyen d'éluder l'impôt proportionnel dû par la lettre de change ou de billet à ordre. Mais que, par une circonstance imprévue, ce défaut de date soit révélé, l'art. 6 de la loi interviendra, et le tireur, soit qu'il n'ait pas daté, soit qu'il ait revêtu son chèque d'une fausse date, sera puni d'une amende de 6 p. 100 de la somme pour laquelle le chèque aura été tiré. Par cette mesure, les intérêts du trésor, s'ils ne doivent pas être protégés par la bonne foi des tireurs, le seront par la loi. Au reste, dans l'état actuel de leurs relations, lorsque les commerçants règlent à courte échéance, s'ils le font par voie de lettre de crédit ou de reçu, alors le titre qui prépare le règlement échappe aussi à l'impôt. Nous pensons donc que le chèque ajoutera peu au parti que le commerce retire de ce reçu ou de cette lettre de crédit non timbrés. En résumé que faut-il conclure des explications qui précèdent, Messieurs les sénateurs ? Une justice de plus à rendre au Gouvernement de l'Empereur qui ne perd pas une occasion de développer en France les procédés utiles. Il entreprend beaucoup, sans doute, mais reste-t-il sans souci des voies et moyens ? On peut en quelques chiffres compter ce qu'il a dépensé de milliards, depuis quatorze ans ; mais qui pourrait dire de quelle somme s'est accrue la fortune mobilière et immobilière de la France, pendant la même période ? car, pour être juste, il ne faut jamais parler de la dépense d'une nation, sans mettre en regard le développement de richesse dont cette dépense a été la source.

Qui pourrait dire encore le nombre des institutions utiles dont l'Empire a favorisé la fondation ? Elles naissent sous les pas de l'Empereur, comme les bonnes œuvres sous ceux de l'Impératrice. En mettant naguère le pied sur le sol de l'Algérie, l'Empereur n'a-t-il pas dit : « J'ai dès à présent la satisfaction d'annoncer aux hommes courageux qui ont apporté dans cette nouvelle France le progrès et la civilisation, qu'une puissante compagnie se propose de faire ici de grandes choses, ou plutôt de continuer les grandes choses qui ont été commencées. » Ainsi donc, encore une institution impériale, Messieurs, et ce ne sera pas le dernier bienfait d'un grand règne.

Si nos pressentiments ne nous trompent pas, nous croyons apercevoir que bientôt un établissement nouveau naîtra près de ceux qui, dans les affaires, sont réputés pour les plus sages et les plus secourables ; et cet établissement, il ne sera pas nécessaire, pour le désigner, d'emprunter un nom étranger ; il s'appellera caisse, ou comptoir, ou chambre de compensation ; on y comptera aussi par milliards.

Le Sénat porte bonheur aux vœux raisonnables et qu'inspire l'amour du progrès. Il doit se souvenir que le 30 mai de l'an dernier, il lui fut parlé des chèques. La voix qui en disait du bien exprimait la pensée que l'emploi dans les banques de dépôts, pour régler le prix des transactions du système des chèques, ne saurait être trop recommandé, trop encouragé ; et cette voix, dont la foi était vive, et l'est encore, croyait comprendre que peu de temps s'écoulerait sans l'initiative du Gouvernement pour cette intéressante question. Elle ne s'est pas fait attendre : la loi vient d'ouvrir la carrière, l'intérêt des capitalistes et l'intelligence industrielle feront le reste.

Ne vous opposez donc pas à la promulgation de la loi des chèques, Messieurs les sénateurs, elle n'a rien de contraire à la Constitution, et renferme plusieurs dispositions favorables au crédit.

Tel est l'avis unanime de la commission qui nous a fait l'honneur de nous choisir pour interprète.

Plusieurs sénateurs. Très-bien ! très-bien !

(La délibération a lieu immédiatement.)

M. le Sénateur Secrétaire lit le texte de la loi.

M. le Président. Personne ne demande la parole ?.... Il va être procédé au scrutin.

Cette opération a lieu et donne le résultat suivant :

Nombre de votants 97
Bulletins blancs. 97

(En conséquence, le Sénat ne s'oppose pas à la promulgation de la loi.

(Supplément du *Moniteur* du 10 juin 1865.)

FIN DES DOCUMENTS LÉGISLATIFS.

APPENDICE.

ERRATA.

A la page 27, dans le premier paragraphe de l'art. 1er, il faut mettre *sert* AU TIREUR *à effectuer le retrait....* Le mot TIREUR a été omis.

A la page 30 (*in fine*), même rectification.

TABLE.

(Les chiffres renvoient aux pages.)

PRÉFACE 5
TEXTE DE LA LOI DU 23 MAI 1865 9
OBSERVATIONS GÉNÉRALES 11

PREMIÈRE PARTIE.

Commentaire de l'article 1er 27
§ 1. Définition du chèque 30
§ 2. Forme matérielle du chèque 43
§ 3. Echéance du chèque 45
§ 4. Bénéficiaire du chèque 50
§ 5. Transmissibilité du chèque 54
§ 6. Modèle d'un chèque 62
Commentaire de l'article 2 63
Commentaire de l'article 3 69
Commentaire de l'article 4 71
§ 1. Nature du chèque 71
§ 2. Règles et usages concernant la lettre de change applicables au chèque 81
Commentaire de l'article 5 100
§ 1. Délais pour la présentation au paiement 101
§ 2. Déchéance contre le porteur négligent 106
Commentaire de l'article 6 116
§ 1. Émission d'un chèque sans date ou avec une fausse date 117
§ 2. Émission d'un chèque sans provision préalable 125
Commentaire de l'article 7 134

DEUXIÈME PARTIE.

1° 1er *projet de loi* inséré dans le projet du budget de 1865, présenté en 1864 au Corps législatif. 144

2° *Exposé des motifs*, inséré dans le projet du budget. 144

3° 2e *projet de loi* présenté au Corps législatif dans la séance du 16 février 1865. 146

4° *Exposé des motifs* de ce 2e projet, annexé au procès-verbal de la séance du 16 février 1865. 147

5° *Rapport de M. Darimon*, au nom de la Commission du Corps législatif, annexé à la séance du 26 avril 1865. 155

6° *Rapport supplémentaire de M. Darimon*, annexé au procès-verbal de la séance du 20 mai 1865. 187

7° *Rapport de M. le comte de Germiny*, présenté au Sénat dans la séance du 9 juin 1865. 193

APPENDICE.

Errata. 203

FIN DE LA TABLE.

TABLE

ALPHABÉTIQUE ET GÉNÉRALE DES MATIÈRES.

(Les chiffres renvoient aux numéros.)

A

ACQUIT faux, 111.

AMENDE : Elle est de 6 pour 100 du montant du chèque, s'il est émis sans date ou avec une fausse date, 130 ; — L'absence de date, ou la fausse date, constituent-elles un délit ou une contravention ? l'amende est-elle exagérée ? 131 ; — C'est une contravention : l'amende est encourue, même sans mauvaise foi, 132 ; — Dans ce système, ces mots du projet de loi, *puni* et *peine* étaient impropres, 133 ; — L'amende existe aussi en Angleterre quand il y a post-date, 134 ; — Motif fiscal pour interdire la post-date, 135 ; — Le taux de l'amende n'est pas exagéré, 137 ; — Le droit de timbre est dû en sus de l'amende, 138 ; — L'amende de 6 pour 100 frappe le tireur du chèque qui est émis sans provision préalable, 142 ; — Législation anglaise sur ce point, 147 ; — Le retrait de la provision n'est pas frappé de l'amende, 148 ; — Au contraire, l'envoi tardif de la provision donne lieu à l'amende, même quand le chèque est payé à échéance, 149.

ANTIDATE : V. *Date*.

ARGENT : Le chèque vaut de l'agent, 8 et 14.

AVAL : L'aval apposé sur un chèque, ou donné par acte séparé, serait-il valable ? 99.

B

BANQUES ANGLAISES, dites *Joint-Stock Banks*, 3.

BANQUES DE DÉPÔT, 2 ; — Leur objet et leur importance, 4 ; — Leur intérêt commande de limiter l'échéance du chèque à un très-court délai, 118.

Banque de France, ses mandats rouges, son virement ou compensation, ses mandats blancs équivalent au chèque, 7.

Bénéficiaire du chèque : qui on appelle ainsi, 33.

Besoins : Ils peuvent être indiqués dans le chèque aussi bien que dans la lettre de change, 104.

Bourse, ne pas confondre ses liquidations et celle du *Clearing-House*, 6.

Brevi manu, tradition, 13.

C

Carnet de chèques, ou chéquier : Carnet à souche, d'où on extrait les chèques, 15.

Chambres des compensations à Londres, 5.

Check : Nom anglais du chèque, 3.

Chèque : *Observations générales* : Son analogie avec la lettre de change dans sa nature primitive, 1 ; — Il est aussi ancien que les banques de dépôts, 3 ; — En Angleterre assimilé à l'Inland-Bill ; droit de timbre d'un penny ; 12 bills votés par le Parlement, 8 ; — Son origine, ses transformations successives, et sa perfection en France, 9 ; — Contrats divers qu'il contient, sa nature actuelle, 10 ; — Différences principales entre le chèque et la lettre de change, 11 ; — Différences entre le chèque et la simple lettre de crédit, 12 ; — Le chèque considéré comme tradition *brevi manu*, mode de virement, 13 ; — Citations sur le chèque empruntées aux documents législatifs : Avantages du chèque ; il est moyen de compensation, de liquidation, de paiement ; il vaut de l'argent et diminue la circulation du numéraire, 14 ; — Mode de fonctionnement du chèque, 15 ; — Différences avec la lettre de change, quant à la valeur fournie ; cette absence de mention fournie empêche le chèque de réaliser complétement la remise de place en place, 20 ; — On ne peut délivrer plusieurs exemplaires du chèque, 21 ; — Les dispositions du Code de commerce relatives aux suppositions, inapplicables aux chèques, 22 ; — Capacité nécessaire pour tirer un chèque, femmes mariées, mineur, failli, 23 ; — *Définition du chèque* contenue dans le 1er § de l'art. 1er, 24 ; — Le chèque est un écrit, pourquoi ? 26 ; — Le chèque ne peut plus être conçu comme un récépissé : il faut qu'il soit sous la forme d'un mandat de paiement ; motifs de cette disposition, 27 ; — Quoique les récépissés ne soient plus des chèques, leur usage n'est pas défendu, 28 ; — Le chèque diffère de l'effet de commerce appelé *mandat* : Signes distinctifs, 29 ; — Le chèque sert à opérer le retrait de fonds, 30 ; — Le chèque deviendra sorte de monnaie fiduciaire : peut-il servir à acquitter un effet de commerce ? 31 ; — Usage anglais quand on paye avec un chèque un effet de commerce échu, 32 ; — Bénéficiaire et porteur du chèque ; — Le tireur du chèque peut en être le bénéficiaire et le porteur, 33 ; — Le retrait des fonds peut être partiel : comment il s'opère, 34 ; — Somme à payer : où et comment elle est énoncée ; différence entre les chiffres et les lettres, 35 ; — Signification des mots : *compte, fonds disponibles*, 37 ; — Il peut y avoir compte entre simples particuliers et sans forme sacramentelle, 38 ; — La disponibilité réelle des fonds suppose nécessairement une convention préalable, expresse ou sous-entendue, entre le tireur et le tiré, 39 ; — La provision préalable peut être déposée au tiré par un tiers, pour le compte du tireur, 40 ; — *Forme matérielle du chèque*, 41 ; — La signature du tireur est nécessaire : un tiers peut signer pour lui, *par procuration*, 42 ; — Dans le chèque, la date est importante et indispensable, 43 ; — Pourquoi elle doit être sérieusement exprimée, 44 ; — Où et comment on l'inscrit : différence entre les chiffres et les lettres, 45 ; — Questions relatives à l'omission ou à la fausseté de la date ; renvoi, 46 ; — *Échéance du chèque* : différence entre la lettre de change et le chèque qui ne peut être payable qu'à vue, 47 ; — Cette condition est essentielle, 48 ; — Échéance graduée : usages anglais, 49 ; — Elle n'est pas admise en France, 50 ; — Motifs qui l'ont fait repousser, 51, 52 et 53 ; — *Bénéficiaire du chèque* : le chèque peut être au porteur, au profit d'une personne dénommée, ou à ordre, 54 ; — Quand le chèque est au profit d'une personne dénommée, le porteur, simple cessionnaire de cette personne, subit les exceptions opposables à son cédant, 55 ; — Utilité du chèque au porteur, 56 ; — Le chèque à ordre préférable au chèque au porteur, 57, 58 ; — L'ancien chèque, sous forme de récépissé, circulait comme un billet au porteur, 59 ; — *Transmissibilité du chèque*, 60 ; — Origine, utilité et effets de l'endossement, 61, 62 ; — Chèque *croisé et barré* : l'endossement le rend inutile, 63 ; — Les articles 137 et 138 du Code de commerce ne sont pas applicables à l'endossement du chèque : l'endossement même *en blanc* en transfère la propriété, 64 ; — Droit du porteur de remplir le blanc de l'endossement : ce droit est absolu, 65 ; — Le tiré est libéré par le paiement qu'il fait de bonne foi au porteur, même lorsque l'endossement a été frauduleux, 66 ; — La provision devient, par l'endossement, la propriété du porteur du chèque, 67 ; — Arrêt en ce sens rendu à l'occasion d'un *récépissé-chèque*, 68 ; — *Modèle d'un chèque*, page 62 ; — Le chèque ne peut être tiré que sur un tiers, 69 ; — Le tireur peut cependant fournir un chèque sur la maison dont il est membre, 70 ; — Omission du nom du tiré, 71 ; — On ne peut fournir un chèque qu'avec l'autorisation du tiré, ayant provision préalable, 72 ; — Différences entre la provision du chèque et celle de la lettre de change, 73 et 74 ; — Retrait de la provision avant l'échéance du chèque, 75 ; — Envoi de la provision avant l'échéance, mais après la création du chèque, 76 ; — Cas où la provision cesse d'être la propriété du porteur, 77 ; — La faillite du tiré anéantit-elle la provision ? 78 ; — Preuves à l'aide desquelles on établit l'existence de la provision, 79 ; — Le chèque étant payable à vue, l'usage des *visa* n'est plus applicable, 80 ; — La lettre de change doit toujours être tirée d'un lieu sur un autre : pour le chèque il peut en être autrement, 81 ; — Utilité du chèque tiré de place en place, 82 ; — *Nature du chèque ; compétence*, 84 ; — Règles générales de la compétence commerciale : sont-elles applicables au chèque ? 85 ; — Opinion du commissaire du Gouvernement : il concède que le chèque tiré de place en place contient le contrat de change, 86 ; — Cette concession n'est pas juste : motifs, 87 ; 2me raison : la lettre de change instrument de crédit, le chèque instrument de paiement, 88 ; — 3me raison : propagation du chèque, 89 ; — 1re espèce : demande contre un commerçant, 90 ; — 2me espèce : cas où le commerçant a créé ou endossé le chèque pour cause purement civile, 91 ; — 3me espèce : cas où c'est un simple particulier qui agit contre un commerçant, 92 ; — 4me espèce : incompétence des tribunaux de commerce quant au simple particulier, 93 ; — 5me espèce : signatures de commerçants à côté de la signature du simple particulier, 94 ; — *Quid* si le particulier est assigné seul et sans que les signataires commerçants soient appelés dans l'instance ? 95 ; — *Règles et usages concernant la lettre de change applicables au chèque*. — Il n'y a pas contradiction entre les deux paragraphes de l'art. 4, 97 ; — Garantie solidaire du tireur et des endosseurs, 98 ; — L'aval apposé sur un chèque, ou par acte séparé, serait-il valable ? 99 ; — Refus de paiement : sa constatation par le protêt : quand le protêt aura lieu, rejet d'une proposition autorisant le protêt immédiat, 100; — Exercice de l'action en garantie, 101; — On peut appliquer aux chèques d'autres règles ou usages en vigueur dans les lettres de change, 102; — *Retour sans frais*, 103; — Indication *de besoins*, 104; — Paiement par intervention, 105; — Paiement des chèques perdus, 106; — Chèques faux ou falsifiés: lacune de la loi et du Code de commerce, 107; — Chèques faux par usurpation de la signature du tireur, 108; — Altération de la somme à payer, 109; — Nécessité du concours à donner pour arriver à découvrir l'auteur du faux, 110; — Paiement du chèque sur faux acquit, 111; — Double résultat de l'obligation imposée au porteur de réclamer le paiement à l'échéance, 112; — Motifs de cette obligation, 113; — *Délais pour la présentation au paiement*, 114; — Tout le monde d'accord pour limiter l'échéance à un très-court délai, 115; — Divergence sur le délai lui-même, 116; — 1er motif d'urgence pris de la nature du chèque, 117; — 2me motif d'urgence: intérêt des banques de dépôts, 118; — 3me motif: intérêt du trésor, 119; — 4me motif: intérêt du tireur et des endosseurs, 120; — 5me motif: intérêt du porteur, 121; — Le jour de la date est compris dans le délai de l'échéance, 122; — *Déchéance contre le porteur négligent*, 123; — Déchéance du porteur en faveur du tireur: dans quel cas elle est juste, 124; — Il faut que la provision ait péri par le fait du tiré et non par le fait du tireur, 125; — La remise d'un chèque n'emporte pas novation de l'ancienne créance: sur quels principes est fondée la libération du tireur et dans quel cas elle est entière, 126; — Même sujet: résumé de la discussion au Corps législatif, 127; — Déchéance du porteur en faveur des endosseurs, 128; — Rédaction primitive de l'art. 6: division en deux paragraphes, changement et suppression de mots, 129; — *Emission d'un chèque sans date, ou avec une fausse date*, 130; — Questions posées: l'absence de date, ou la fausse date, constituent-elles un délit ou une contravention? l'amende est-elle exagérée? 131; — C'est une contravention: l'amende est encourue, même sans mauvaise foi, 132; — Dans ce système, ces mots: *puni* et *peine* étaient impropres, 133; — Pénalité, en Angleterre, quand il y a post-date, 134; — Motif fiscal pour interdire la post-date, 135; — L'omission de la date est aussi répréhensible que la post-date, 136; — Taux de l'amende: six pour cent, 137; — Le droit de timbre est dû en sus de l'amende, 138; — Fausseté intentionnelle de la date: antidate, 139; — La date du chèque fait foi jusqu'à preuve contraire, 140; — Chèque non daté, avec convention qu'il sera daté au moment de s'en servir, 141; *Émission d'un chèque sans provision préalable*, 142; —Suppression de l'art. 7 proposé par le Gouvernement considérant comme un délit la fraude en matière de provision, 143; — Cette suppression n'effacerait pas le délit commis contre le droit commun, 144; — Opinion de M. Millet, conforme, sur ce point, à celle du rapporteur de la commission, 145; — Renvoi à la commission; rapport supplémentaire; introduction dans l'art. 6 de ces mots: sans préjudice de l'application des lois pénales, s'il y a lieu, 146; — Législation anglaise quant aux chèques émis de mauvaise foi, sans provision préalable, 147; — Le retrait de la provision n'est pas frappé de l'amende fiscale, 148; — L'envoi tardif de la provision est frappé de l'amende, même quand le chèque est payé, 149; — Avant la loi actuelle, les chèques étaient soumis au timbre, 150; — Motifs de l'exemption actuellement accordée, 151; — Comment a été fixée la durée de l'exemption, 152; — La durée de l'exemption critiquée comme inconstitutionnelle: réponse, 153; — Difficultés pour reconnaître les chèques exemptés du timbre, 154; — Les chèques protestés et présentés en justice sont toujours soumis au droit d'enregistrement, 155.

CHÉQUIER : Carnet à souche d'où on extrait les chèques, 15.

CLEARING-HOUSE, son origine, son but, chiffre de ses compensations, 5.

COMPENSATIONS, leur chiffre en Angleterre, 5; — Celles du Clearing-House, autres que les liquidations de bourse, 6.

COMPÉTENCE : Règles générales de la compétence commerciale : sont-elles applicables au chèque? 85; — Opinion du commissaire du Gouvernement : il concède que le chèque tiré de place en place contient le contrat de change, 86; — Cette concession n'est pas juste : motifs, 87; — 1re *espèce* : Demande contre un commerçant, 90; — 2e *espèce* : Cas où le commerçant a créé ou endossé le chèque pour cause purement civile, 91; — 3e *espèce* : Cas où c'est un simple particulier qui agit contre un commerçant, 92; — 4e *espèce* : Incompétence des tribunaux de commerce quant au simple particulier, 93; — 5e *espèce* : Signatures de commerçants à côté de la signature du simple particulier, 94; — *Quid* si le particulier est assigné seul sans que les signataires commerçants soient appelés dans l'instance? 95.

COMPTE : Signification de ce mot dans l'art. 1er de la loi, 37; — Il peut y avoir compte entre simples particuliers et sans forme sacramentelle, 38.

COMPTOIR D'ESCOMPTE reçoit dépôt et donne chèques, 7.

CRÉDIT FONCIER donne chèques sous forme de récépissés; chiffre de ses dépôts, 7.

CRÉDIT MOBILIER : Il reçoit des fonds en dépôt et donne des chèques, 7.

D

DATE : Elle est importante et indispensable dans le chèque, 43; — Pourquoi elle doit être sérieusement exprimée, 44; — Où et comment on l'inscrit : différence entre les chiffres et les lettres, 45; — Questions relatives à l'omission et à la fausseté de la date : renvoi, 46; — Le jour de la date est compris dans le délai de l'échéance, 114, 122; — Emission d'un chèque sans date, ou avec une fausse date, 130; — L'absence de date, ou la fausseté de la date, constituent-elles un délit ou une contravention? 131; — C'est une contravention : l'amende est encourue, même sans mauvaise foi, 132; — Dans ce système, ces mots du projet de loi : *puni* et *peine*, étaient impropres, 133; — Pénalité, en Angleterre, quand il y a post-date, 134; — Motif fiscal pour interdire la post-date, 135; — L'omission de la date est aussi répréhensible que la post-date, 136; — Fausseté intentionnelle de la date : antidate, 139; — La date du chèque fait foi jusqu'à preuve contraire, 140; — Chèque non daté, avec convention qu'il sera daté au moment de s'en servir, 141.

DÉPÔT : Banques de dépôts, 3, 4, 5; — V. *Clearing-House*; — Nécessité de prouver le dépôt par écrit, 26.

DISPONIBILITÉ : V. *Fonds disponibles*.

E

ECHÉANCE du chèque : Elle ne peut être qu'à vue : différence avec la lettre de change, 47; — C'est une condition essentielle, 48; — Echéance graduée : usages anglais, 49; — L'échéance graduée n'est pas admise en France, 50; — Motifs qui l'ont fait repousser, 51, 52 et 53; —

Retrait de la provision avant l'échéance, 75 ; — Envoi de la provision avant l'échéance, mais après la création du chèque, 76 ; — L'échéance étant toujours à vue, l'usage des *visa* est aboli, 80 ; — Délai pour la présentation au paiement, 114 ; — Tout le monde s'accorde pour limiter l'échéance à un très-court délai, 115 ; — Divergence sur le délai lui-même, 116 ; — 1er motif d'urgence pris de la nature du chèque, 117 ; — 2e motif d'urgence : intérêt des banques de dépôts, 118 ; — 3e motif : intérêt du Trésor, 119 ; — 4e motif : intérêt du tireur et des endosseurs, 120 ; 5e motif : intérêt du porteur, 121 ; — Le jour de la date est compris dans le délai de l'échéance, 122.

ENDOSSEURS : Recours contre les endosseurs et de leur part quand le chèque n'est pas payé, 101 ;— Déchéance du porteur négligent en faveur des endosseurs, 128.

ENDOSSEMENT : Origine, utilité et effets de l'endossement, 61, 62 ; — L'endossement rend inutile le chèque *croisé et barré*, 63 ; — L'endossement, même en blanc, transfère la propriété du chèque, 64 ; — Le porteur a le droit absolu de remplir le blanc de l'endossement, 65 ; — Le tiré est valablement *libéré* par le paiement qu'il fait de bonne foi au porteur, même lorsque l'endossement a été frauduleux, 66 ; — L'endossement transfère au porteur la propriété de la provision, 67.

ENREGISTREMENT : Les chèques protestés et présentés en justice restent toujours soumis à l'enregistrement, 155.

F

FAILLIS : Ils ne peuvent délivrer des chèques, 23.

FAUX : Des chèques faux ou falsifiés ; lacune de la loi et du Code de commerce, 107 ; — Chèque faux par usurpation de la signature du tireur, 108 ; — Altération de la somme à payer, 109 ; — Nécessité du concours à donner pour arriver à découvrir l'auteur du faux, 110 ; — Paiement du chèque sur un faux acquit, 111.

FEMMES MARIÉES : Quand elles peuvent signer un chèque, 23.

FONDS DISPONIBLES : Signification de ces mots employés par l'art. 1er de la loi, 37 ; — La disponibilité réelle des fonds suppose une convention préalable, expresse ou sous-entendue entre le tireur et le tiré, 39.

I

INTÉRÊTS des fonds déposés, leur élévation, 2.

INTERVENTION : V. *Paiement*.

J

JOINT-STOCK BANKS, 3.

L

LETTRES DE CHANGE : Leur nature primitive, leur analogie avec le chèque, 1 ; — Différences principales avec le chèque, 11 ; — Les lettres de change à vue rapportent au Trésor 100 à 200,000 francs, 16 ; — Leurs différences avec le chèque quant à la valeur fournie, 20 ;—Différences entre les échéances de la lettre de change et celle du chèque, 47 ; — Différences entre la provision de ces deux valeurs, 73 et 74 ; — La lettre de change doit toujours être tirée d'un lieu sur un autre; pour le chèque il peut en être autrement, 81; — Le commissaire du Gouvernement concède que le chèque tiré de place en place contient le contrat de change comme la lettre de change, 86; — Cette concession n'est pas juste : différence à ce sujet entre le chèque et la lettre de change, 87; — La lettre de change instrument de crédit, le chèque instrument de paiement; la confiance en la lettre de change fondée sur la personne, la confiance dans le chèque établie sur la provision, 88; — *Règles et usages concernant la lettre de change applicables au chèque.* — Garantie solidaire du tireur et des endosseurs, 98; — L'aval donné sur un chèque, ou par acte séparé, serait-il valable? 99; — Refus de paiement; sa constatation par le protêt; quand le protêt aura lieu, 100; — Exercice de l'action en garantie, 101; — Retour sans frais, 103; — — Besoins, 104; — Paiement par intervention, 105; — Paiement des chèques perdus, 106; — Des chèques faux ou falsifiés, 107 à 111; — Différence entre la lettre de change et le chèque quant à l'antidate, 139.

Lettre de crédit : Différence avec le chèque, 12.

Loi concernant les chèques : son texte, 5; — Son point de départ était purement fiscal, son but est la propagation des chèques, 16; — Il y a dans la loi deux ordres de dispositions, 17; — Elle est éminemment utile, 18; — Ses épreuves législatives, son historique, les commissions qui l'ont préparée, 18.

M

Mandats : Les effets de commerce, dits *mandats*, diffèrent des chèques; signes distinctifs qui servent à les reconnaître, 29.

Mineurs : Quand ils peuvent signer des chèques, 23.

N

Numéraire en Angleterre et en France, 5; — Nécessité de diminuer son emploi, 7; — Le chèque a l'avantage de diminuer la circulation du numéraire, 14.

O

Ordre : Le chèque peut être à ordre, 54; — Le chèque à ordre préférable au chèque au porteur, 57, 58; — Le cardinal Richelieu inventeur de l'ordre, 61.

P

Paiement : Le chèque est mandat de paiement, 29; — Le paiement d'un effet de commerce peut-il être effectué au moyen d'un chèque? 31; — — Comment, en Angleterre, on paie un effet de commerce échu au moyen d'un chèque, 32; — Le paiement fait de bonne foi au porteur libère le tiré, même en cas d'endossement frauduleux, 66; — Refus de paiement : sa constatation par le protêt, 100; — Paiement par intervention, 105; — Paiement des chèques perdus, 106; — Double résultat de l'obligation imposée au porteur de réclamer le paiement à l'échéance, 112.

Perte du chèque. V. *Chèque, Paiement*, 106.

Porteur : Le chèque peut être au porteur, 54; — Dans le chèque au profit d'une personne dénommée, le porteur, simple cessionnaire, subit les exceptions opposables à son cédant, 55; — Utilité du chèque au porteur, 56; — Le chèque à ordre est préférable au chèque au porteur, 57, 58; — L'ancien chèque, sous forme de récépissé, circulait comme un billet au porteur, 59; — Le tiers porteur a le droit absolu de remplir l'endossement en blanc, 65; — Le tiré est valablement libéré par le paiement qu'il fait de bonne foi au porteur, même lorsque l'endossement a été frauduleux, 66; — Le porteur devient, par l'endossement, propriétaire de la provision, 67; — Arrêt en ce sens, rendu à l'occasion d'un *récépissé-chèque*, 68; — Fausse signature du porteur du chèque, ou faux acquit, 111; — L'intérêt du porteur commande de limiter l'échéance du chèque à un très-court délai, 121; — Déchéance contre le porteur négligent, 123; — Déchéance du porteur en faveur du tireur : dans quel cas elle est juste, 124; — Il faut, pour que le porteur soit déchu envers le tireur, que la provision ait péri par le fait du tiré, 125; — La remise d'un chèque n'emporte pas novation de l'ancienne créance; sur quels principes est fondée la libération du tireur, et dans quel cas elle est entière, 126; — Même sujet : résumé de la discussion au Corps législatif, 127.

Post-date : V. *Date*.

Protêt : Refus de paiement; sa constatation par le protêt; quand le protêt aura lieu; rejet d'une proposition autorisant le protêt immédiat, 100; — Le protêt ne suffit pas à faire encourir l'amende pour défaut de timbre : malgré le protêt il peut y avoir eu provision préalable, 154; — En cas de protêt et de présentation du chèque en justice, il y a toujours lieu à l'enregistrement, 155.

Provision préalable : Ces mots de l'art. 1er, *sert à opérer le retrait*, sont les premiers qui indiquent la nécessité de la provision préalable, 30; — Elle n'existe que quand, par une convention expresse ou sous-entendue, les fonds sont disponibles chez le tiré, 39; — Elle peut être versée par un tiers pour le compte du tireur, 40; — La provision devient, par l'endossement, la propriété du porteur du chèque, 67; — Arrêt en ce sens rendu à l'occasion d'un *récépissé-chèque*, 68; — La provision doit exister aux mains du tiré avant le tirage du chèque, 72; — Différences entre la provision du chèque et celle de la lettre de change, 73 et 74; — Retrait de la provision avant l'échéance du chèque, 75; — Envoi de la provision avant l'échéance, mais après la création du chèque, 76; — Cas où la provision cesse d'appartenir au porteur, 77; — La faillite du tiré détruit-elle la provision du chèque? 78; — Preuves à l'aide desquelles on établit l'existence de la provision, 79; — Emission d'un chèque sans provision préalable soumise à l'amende de 6 pour 100, 142; — Suppression de l'art. 7 proposée par le Gouvernement, considérant comme un délit la fraude en matière de provision, 143; — Cette suppression n'effacerait pas le délit commis contre le droit commun, 144; — Opinion de M. Millet conforme, sur ce point, à celle du rapporteur de la commission, 145; — Renvoi à la commission; rapport supplémentaire : introduction dans l'art. 6 de ces mots : *sans préjudice de l'application des lois pénales, s'il y a lieu*, 146; — Législation anglaise quant aux chèques émis de mauvaise foi, sans provision préalable, 147; — Le retrait de la provision n'est pas frappé de l'amende fiscale, 148; — Au contraire, l'envoi tardif de la provision donne lieu à l'amende, même quand le chèque est payé à l'échéance, 149.

R

RÉCÉPISSÉS : Ils ne sont plus de véritables chèques, 27 ; — Cependant leur usage n'est pas défendu, mais ils ne jouiront pas des immunités des chèques, 28 ; — L'ancien chèque, sous forme de récépissé, circulait comme un billet au porteur, 59 ; — Arrêt décidant que le porteur d'un *récépissé-chèque* est propriétaire de la provision, 68.

RECOURS du porteur et des endosseurs, 101.

RETOUR SANS FRAIS : Il est admissible dans le chèque aussi bien que dans la lettre de change, 103.

RETRAIT de fonds déposés : le chèque sert à l'opérer, 30 ; — Le retrait peut être partiel : comment il s'opère, 31.

S

SOLIDARITÉ : garantie solidaire du tireur et des endosseurs du chèque, 98.

SOMME à payer : Où et comment elle est énoncée ; différence entre les chiffres et les lettres, 35 ; — Son altération, 109.

T

TIMBRE : Le chèque anglais soumis au timbre fixe d'un penny, 8 ; — Le droit de timbre est dû, en sus de l'amende, quand le chèque est émis sans date ou avec une fausse date, 138 ; — Avant la loi actuelle, les chèques étaient soumis au timbre, 150 ; — Motifs de l'exemption actuellement accordée, 151 ; — Comment a été fixée la durée de l'exemption, 152 ; — La durée de l'exemption a été critiquée comme inconstitutionnelle ; réponse, 153 ; — Difficultés pratiques pour reconnaître les chèques exemptés du timbre, 154.

TIRÉ : Omission de son nom dans le chèque, 71 ; — On ne peut fournir un chèque qu'avec l'autorisation du tiré ayant provision préalable, 72 ; — La faillite du tiré anéantit-elle la provision ? 78 ; — Position du tiré qui paie un faux, 108 ; — ou le chèque dont la somme est altérée, 109 ; — ou sur un faux acquit du porteur, 111.

TIREUR : Les fonds peuvent être déposés au tiré par un tiers pour le compte du tireur, 40 ; — La signature du tireur est nécessaire ; un tiers peut signer pour lui *par procuration*, 42 ; — Le tireur ne peut tirer un chèque que sur un tiers et non sur lui-même, 69 ; — Cependant il pourrait tirer sur la maison dans laquelle il est intéressé, 70 ; — La faillite du tireur n'enlève pas la provision du chèque au porteur, 67 ; — Cas où il en est autrement, 77 ; — Fausse signature du tireur du chèque, 108 ; — L'intérêt du tireur commande de limiter l'échéance à un très-court délai 120 ; — Le tireur qui a fait provision est libéré à l'égard du porteur ; dans quel cas la déchéance est juste, 124 ; — Il faut que la provision ait péri par le fait du tiré et non par le fait du tireur, 125 ; — Pas de novation de l'ancienne créance : sur quels principes est fondée la libération du tireur et dans quel cas elle est entière, 126 ; — Résumé de la discussion au Corps législatif, 127 ; — L'amende de six pour cent frappe le tireur du chèque, s'il y a omission ou fausseté de la date, 137.

U.

USAGES anglais quant aux chèques; — Lettre de change pour l'intérieur (Inland Bill), lettre de change pour l'étranger (Foreign Bill); — droit de timbre d'un penny sur les chèques; le chèque est de l'argent pour un Anglais; 12 bills votés en Angleterre sur les chèques, 8; — Usage anglais quand on paie un effet de commerce échu avec un chèque, 32; — Usages concernant la lettre de change applicables aux chèques, 96 à 111; — Pénalité en Angleterre quand il y a post-date, 134; — Législation anglaise quant aux chèques émis de mauvaise foi, sans provision préalable, 147.

V

VALEUR FOURNIE : Sa mention n'est pas nécessaire dans le chèque, 20.

VIREMENT : Mandats rouges de la Banque de France, 7; — Chèque, mode de virement, 13.

VISA : Usages anciens quant aux visa, 80; — Ils sont abolis par la nécessité de payer le chèque à présentation, 80.

VUE : Le chèque ne peut être payable qu'à vue; différence avec la lettre de change, 47.

BIBLIOTHÈQUE IMPÉRIALE

FIN DE LA TABLE ALPHABÉTIQUE ET GÉNÉRALE DES MATIÈRES.

Chez les mêmes Éditeurs :

LETTRES DE CHANGE (DES) et des Effets de commerce; par Louis NOUGUIER, Avocat à la Cour impériale de Paris. 2e *édition*, revue, corrigée et augmentée du Commentaire théorique et pratique de la loi du 23 mai 1865 concernant les chèques. 2 vol. in-8. 16 fr.

TRIBUNAUX DE COMMERCE (DES) et des Actes de commerce, contenant : un Traité complet des droits et devoirs des commerçants; la Compétence des tribunaux consulaires sur les matières du droit; la Procédure suivie devant eux; un Formulaire général des actes du ressort des tribunaux de commerce, etc.; par Louis NOUGUIER, Avocat à la Cour impériale de Paris. 3 vol. in-8. 22 fr. 50

DES BREVETS D'INVENTION et de la CONTREFAÇON; par Louis NOUGUIER, Avocat à la Cour impériale de Paris, Auteur du *Traité des lettres de change et des Tribunaux de commerce.* 2e édition, augmentée du texte et de l'examen du nouveau projet de loi sur les brevets présenté au Corps législatif. 1 fort vol. in-8°. 1858. 8 fr.

CODE DE COMMERCE (Commentaire théorique et pratique du) et de la LÉGISLATION COMMERCIALE; par M. ISIDORE ALAUZET, Avocat, Chef de division au Ministère de la Justice. 4 vol. in-8°. 1857. 30 fr.

SOCIÉTÉS EN COMMANDITE PAR ACTIONS (Commentaire de la loi sur les), et de la loi sur l'ARBITRAGE FORCÉ; par M. ROMIGUIÈRE, Avocat à la Cour impériale de Paris. 2e tirage conforme au 1er. 1 vol. in-8. 1861. 5 fr. 50

SOCIÉTÉS A RESPONSABILITÉ LIMITÉE (Commentaire de la loi sur les) promulguée le 23 mai 1863, suivi d'un Appendice; par M. ROMIGUIÈRE, Avocat à la Cour de Paris. 1 v. in-8. 1863. 6 fr. 50

SOCIÉTÉS CIVILE ET COMMERCIALE (DES. Commentaire du titre 9 du livre III du Code civil; par M. TROPLONG, premier Président de la Cour de cassation. 2 vol. in-8. 1843. 18 fr.

FAILLITES ET BANQUEROUTES. Formulaire général et résumé pratique de législation, de jurisprudence et de doctrine pour rendre pratiques pour tous la procédure et l'exercice de tous les droits en matière de faillites, contenant : les modèles des requêtes, ordonnances, jugements, rapports, bilans, inventaires, etc.; par M. LAROQUE-SAYSSINEL, Avocat, ancien Rédacteur de la *Gazette des tribunaux de commerce.* 2e édition conforme à la 1re. 1862. 2 vol. in-8. 14 fr.

CODE DE COMMERCE ANNOTÉ DE SIREY, contenant toute la jurisprudence des arrêts et la doctrine des auteurs; par M. P. GILBERT, Rédacteur du *Recueil général des Lois et des Arrêts.* 1 vol. in-8. 1865. 10 fr.

ACTES DE COMMERCE (DES). Commentaire théorique et pratique des articles 632 et 633 du Code de Commerce; par M. F. BESLAY, Avocat à la Cour impériale de Paris. Gr. in-8. 1865. 3 fr.

Paris. — Impr. de COSSE et J. DUMAINE, rue Christine, 2.

www.ingramcontent.com/pod-product-compliance
Ingram Content Group UK Ltd.
Pitfield, Milton Keynes, MK11 3LW, UK
UKHW020213250726
13967UKWH00003B/1442